大国反腐

李坤政◎著

中国方正出版社

目　录

Contents

第一章
政治本色
中国共产党注定与腐败水火不容

廉洁政治是世界各国人民的共同愿景。中国共产党是一个以马克思主义科学理论武装起来的政党，是一个以“为中国人民谋幸福、为中华民族谋复兴”为初心使命的政党，是一个有着深厚文化积淀的政党，是一个没有自己的特殊利益的政党，是一个理论最彻底、行动最坚决、始终走在时代前列的政党，其性质宗旨、纲领目标都决定了，中国共产党与腐败水火不容。

第一节　崇高信仰信念锻造政治本色

信仰是一种深沉而笃定的精神力量和灵魂意志。有什么样的信仰，就有什么样的价值追求。信念是在一定的认识基础上确立的对某种思想或事物坚信不疑并身体力行的心理态度和精神状态。有了坚定的信念，就有了明确的前进方向，也就有了实现目标的信心。

一、信仰、信念、信心，任何时候都至关重要

习近平总书记在十八届中央政治局第一次集体学习时就指出：没有理想信念，理想信念不坚定，精神上就会“缺钙”，就会得“软骨病”。此后，多次在讲到党的建设、思想政治工作和党员干部队伍建设时，习近平总书记都要讲到共产党的理想、共产党人的信仰，反复强调理想信念的极端重要性，强调世界观、人生观、价值观的极端重要性，旗帜之鲜明，阐述之透彻，给人以深刻教育和启发。

2018 年 12 月，习近平总书记在庆祝改革开放 40 周年大会上的重要讲话中指出：“信仰、信念、信心，任何时候都至关重

要。小到一个人、一个集体，大到一个政党、一个民族、一个国家，只要有信仰、信念、信心，就会愈挫愈奋、愈战愈勇，否则就会不战自败、不打自垮。无论过去、现在还是将来，对马克思主义的信仰，对中国特色社会主义的信念，对实现中华民族伟大复兴中国梦的信心，都是指引和支撑中国人民站起来、富起来、强起来的强大精神力量。”2021 年 4 月，习近平总书记在广西考察时强调：“学史增信，就是要增强信仰、信念、信心，这是我们战胜一切强敌、克服一切困难、夺取一切胜利的强大精神力量。”回顾党的历史，正是靠着崇高信仰信念支撑，中国共产党带领中华民族迎来了从站起来、富起来到强起来的伟大飞跃，创造了中华民族从落后时代、赶上时代到引领时代的一系列伟大胜利。

二、理想信念之火一经点燃就会产生巨大的精神力量

20 世纪初，中国社会大小党团近两百个，每天成立的和解散的差不多一样多，中国共产党有何与众不同？答案是，中国共产党是按照马克思主义的革命理论和革命风格建立起来的无产阶级政党。马克思主义信仰、共产主义远大理想、中国特色社会主义共同理想，是中国共产党人的精神支柱和政治灵魂，也是保持党的团结统一的思想基础。

为什么中国革命能够成功？奥秘就是革命理想高于天，在最困难的时候坚持下去，才能不断取得奇迹般的胜利。

“我们的党不是从天上掉下来，不是从地上生出来，更不是从海外飞来，而是从困苦艰难的革命斗争中，生长出来，强大出来”，这是 1926 年《我们的生活》发刊词《告同志》里的一段话，

是共产党人的铮铮宣言。一代代共产党人在入党之时，就笃定了自己的志向，明确了自己的信念，抱定了自己的初心，并为之进行不屈不挠的斗争。李大钊追求“庶民的胜利”和“赤旗的世界”，不幸被捕后，面对各种酷刑，他严守党的秘密，承担所有责任，竭力掩护和解救同时被捕的同志，就义前唯一的愿望，便是“红花的种子，撒遍各地”，真正做到“勇往奋进以赴之”,“断头流血以从之”,“瘅精瘁力以成之”。“不能因为反动派今天绞死了我，就绞死了伟大的共产主义，共产主义在中国，必然得到光辉的胜利！”这是他在登上绞刑台后所作的人生最后一次演说。“敌人只能砍下我们的头颅，决不能动摇我们的信仰！因为我们信仰的主义，乃是宇宙的真理。”这是方志敏在敌人的监狱中写下的不朽名言。“砍头不要紧，只要主义真”，夏明翰认定共产主义是真理，甘愿抛头颅洒热血，在给妻子的家书中写下“坚持革命继吾志，誓将真理传人寰”的豪言壮语，其“品质的优美，永远是党员的模范，也永远是人民的模范”。第一届中央监察委员会的 10 名委员（委员 7 人、候补委员 3 人），王荷波、杨匏安、许白昊、张佐臣、刘峻山、周振声、蔡以忱、杨培森、萧石月、阮啸仙，8 名同志牺牲，1 名同志下落不明，只有 1 名同志目睹了新中国的诞生，无一人叛党投敌。王荷波被捕后，面对严刑拷打毫不屈服，鼓励难友们坚信旧制度一定灭亡，新制度必然诞生，共产主义终究会在中国胜利，高呼“中国共产党万岁”“世界革命万岁”，英勇就义。杨匏安被捕后，蒋介石几次派人劝降，都遭严词斥责，敌人以死威胁，他斩钉截铁地回答：“我从参加革命起，早就置生死于度外，死可以，变节不行！”“为苏维埃新中国流尽最后一滴血”，这是湘江之战陈树湘断肠明志的壮举，他以年轻的生命，兑现了自己的誓言。“革命成功万岁”，敌人在刑场上残忍地割下了刘仁堪的舌头，他用脚蘸着流下的鲜血写下这六个大字。“死到阴间不反水，保护共产党万万年”，江善忠在一座山崖被敌人团团围住，打光子弹，拒绝投降，咬破手指留下血书。“我的主义、我的信念，绝不更改”，赵一曼在日本侵略者惨无人道的酷刑折磨下坚贞不屈，留下了最后的生命绝唱。据民政部统计，新民主主义革命时期，有姓名烈士 370 多万，无名烈士 70 多万，牺牲的党员与解放时登记在册的党员几乎是 1∶1 的比例。

在强大精神力量指引下，中国共产党经受住了血与火、生与死的考验，愈挫愈勇，从一个胜利走向另一个胜利，直至把胜利的旗帜插遍全中国。

社会主义革命建设时期，崇高理想信念激励中国共产党人以生命和血汗书写“激情燃烧的岁月”。毛岸英坚决请求随志愿军入朝参战，入朝一个月零三天就牺牲了，他吃过苦、留过学、打过仗，又经过农村和工厂的锻炼，为了朝鲜人民献出了自己的宝贵生命。杨根思在坚守长津湖畔 1071.1 高地东南侧小高岭战斗中，率领三排打退美军 8 次进攻，最后只剩下他一人时，毅然抱起炸药包冲向敌群，与敌人同归于尽。他的名言是：“不相信有完不成的任务，不相信有克服不了的困难，不相信有战胜不了的敌人！”“钢铁战士”麦贤得在 1965 年“八六”海战中，因头部中弹失去知觉，苏醒后由于头部失血过多眼睛不能视物，他仍坚持作战，凭着练就的过硬技能，排除舰艇故障，保证轮机正常运转，坚守战位直到战斗胜利。以王进喜等为代表的大庆石油人，“宁肯少活二十年，拼命也要拿下大油田”,“有条件要上，没有条件创造条件也要上”，苦战 3 年摘掉了中国“贫油”的帽子。“林县人民多壮志，誓把河山重安排。”河南林县人民在县委领导下，在崇山峻岭之间劈山凿石、战天斗地，历经 10 年建成了长达 1500 公里的“人工天河”红旗渠，创造了一代中国农民改天换地的传奇。“生也沙丘，死也沙丘，父老生死系。”河南兰考，“心中装着全体人民、唯独没有他自己”的焦裕禄带领全县人民治沙治水治碱，把生命献给了这块他深爱着的土地。福建东山，谷文昌带领全县人民苦干 14 年，把一个荒岛变成了宝岛,“在老百姓心中树起了一座不朽的丰碑 ”。“人的生命是有限的，可是，为人民服务是无限的，我要把有限的生命，投入到无限的为人民服务之中去。”沈阳军区某部运输连班长雷锋，在平凡的岗位上“为社会主义添砖加瓦”。他在日记里写道：“过去，我是个孤苦伶仃的穷光蛋。现在，我是国家的主人。”核武器研制领域，被誉为“国产土专家一号”的于敏提出了从氢弹原理到构形基本完整的设想，而在研制氢弹的过程中，他曾三次与死神擦肩而过。

改革开放和社会主义现代化建设新时期，崇高理想信念鼓舞着中国共产党人继续奋勇前行。20 世纪 50 年代就享誉全国的劳动模范史来贺带领群众向高科技进军，建起 80 年代全国最大的生产肌苷的华星药厂，推动刘庄形成了以农促工、以工建农、农工商并举的商品经济的新格局，穷了几辈子的乡亲坚信：跟着共产党走，坚持走社会主义道路，就有奔头！“中央没有钱，可以给些政策，你们自己去搞，杀出一条血路来。”在中央决策下，来自四面八方的特区建设者披荆斩棘、艰苦创业，短短几年内，将深圳、珠海这些昔日落后的边陲小镇、荒滩渔村，建设成为生机勃勃的崭新城市，创造了敢闯敢试、敢为人先、埋头苦干的特区精神。西藏阿里，孔繁森把热血洒在雪域高原。“远征西涯整十年，苦乐桑梓在高原。只为万家能团圆，九天云外有青山。”孔繁森生前留下的诗篇，生动概括了他在高原的工作状态：在藏10年，由援藏到调藏，他为西藏的发展呕心沥血，倾尽所有。云南保山，杨善洲退休后主动放弃进省城安享晚年的机会，扎根大亮山，带领大家义务植树造林，建成面积5.6万亩、价值3亿元的林场，并将林场无偿捐献给国家。航天领域，王永志几十年如一日埋头苦干，主持研制了中国第二代液体远程战略导弹、固体远程战略导弹和地地战术导弹、长征三号甲和长征二号E捆绑式运载火箭，主持了载人航天工程设计、研制、4次无人飞行试验和神舟五号、六号载人航天飞行的技术工作，成为国防科研战线上的一面旗帜。巴山热土，王瑛奋战在纪检监察一线20年，探索创新纪检监察工作为民服务零距离、干群关系零隔阂、监督监察零空档、案件查处零搁置、再塑形象零起点的“五个零”工作法，严格监督执纪问责，坚决维护党的纪律和国家法律权威，身患肺癌战斗到生命的最后一刻。

中国特色社会主义新时代，崇高理想信念激励中国共产党人踔厉奋发、笃行不怠。马伟明瞄准国际科技发展前沿和武器装备发展需求，带领科研创新团队在“舰船能源与动力”“电磁发射技术”和“新能源接入技术”等领域开展了一系列应用基础理论研究、关键技术攻关和重大装备研制，取得了一批具有革命性意义的原创性成果，引领了舰船综合电力和电磁发射两大颠覆性技术的发展。黄大年秉持科技报国理想，把为祖国富强、民族振兴、人民幸福贡献力量作为毕生追求，回国后带领团队创造了多项“中国第一”，推动超高精密机械和电子技术、纳米和微电机技术、高温和低温超导原理技术等多项关键技术取得显著进步，攻克快速移动平台探测技术装备研发瓶颈，为中国“巡天探地潜海”填补多项技术空白，为深地资源探测和国防安全建设作出了突出贡献。廖俊波牢记党的嘱托，带领当地干部群众扑下身子、苦干实干，“不是在基层，就是在去基层的路上”，在政和县任职期间，创造了在传统农业县建起省级工业园区的“政和速度”，在群众最关切的脱贫攻坚、教育医疗、基础设施等方面都交出了出色答卷。“清澈的爱，只为中国”，这是守边护边时壮烈牺牲的18岁战士陈祥榕写下的战斗口号。班长孙涛曾问陈祥榕：“你一个‘00后’的新兵，口号这么‘大’？”陈祥榕坚定地回答：“班长，这跟年龄没关系，我就是这么想的，也会这么做的。”在脱贫攻坚战场，35年坚守太行山的“新愚公”李保国，献身教育扶贫、点燃大山女孩希望的张桂梅，用实干兑现“水过不去、拿命来铺”誓言的黄大发，回乡奉献、谱写新时代青春之歌的黄文秀，扎根脱贫一线、鞠躬尽瘁的黄诗燕……数百万扶贫干部倾力奉献、苦干实干，同贫困群众想在一起、干在一起，将最美的年华无私奉献给了脱贫事业，如期完成了新时代脱贫攻坚目标任务，用辛勤汗水和无私奉献创造了反贫困斗争的中国奇迹。

穿越历史时空，无数革命先烈和模范人物用生命和血汗诠释了“革命理想高于天”。从兴业路到复兴路，从嘉兴红船到井冈星火，从窑洞对答到新的赶考路上，充分彰显了中国共产党人以自身所拥有的真理力量和信仰力量引领人民创造伟业的红色基因。近代以来，没有哪一个政治团体像中国共产党这样，拥有如此众多为了胸中的主义和心中的理想前仆后继、舍生忘死、义无反顾、无私奉献的斗士。牺牲、奉献是共产党人的“特权”。只要理想之光不灭、信念之光永存，这种牺牲和奉献就将永远流淌在中国共产党人的血脉中，使他们拥有改天换地的精神伟力，不断谱写历史的辉煌。

三、信仰、信念、信心是最好的防腐剂

习近平总书记有一个重要论断，“信仰、信念、信心是最好的防腐剂”。这是习近平总书记 2021 年 4 月在广西考察时首次提出的，与他历来的思想一脉相承。2015 年 9 月，习近平总书记在十八届中央政治局第二十六次集体学习时强调：“我们共产党人的根本，就是对马克思主义的信仰，对共产主义和社会主义的信念，对党和人民的忠诚。立根固本，就是要坚定这份信仰、坚定这份信念、坚定这份忠诚，只有在立根固本上下足了功夫，才会有强大的免疫力和抵抗力。”2016 年 1 月，习近平总书记在十八届中央纪委六次全会上的重要讲话中指出：“‘身之主宰便是心’；‘不能胜寸心，安能胜苍穹’。‘本’在人心，内心净化、志向高远便力量无穷。对共产党人来讲，动摇了信仰，背离了党性，丢掉了宗旨，就可能在‘围猎’中被人捕获。只有在立根固本上下功夫，才能防止歪风邪气近身附体。”习近平总书记关于信仰、信念、信心的系列重要论述，彰显了新时代中国共产党人

树牢理想信念、坚决拒腐防变的清醒认识和坚定意志。

理想信念坚定是对党忠诚的思想基础。作为共产党人首要的政治品质，对党忠诚写入了党章和入党誓词，核心是忠诚于党的领导，坚定拥护“两个确立”，坚决做到“两个维护”。百年党史充分证明，党员干部有了这种忠诚，就能自觉听党话、跟党走，以身许党许国、报党报国；就能摒弃私心杂念，不让歪风邪气近身附体，专心致志地为党和人民履职尽责。忠诚不是凭空产生的，而是源自对党的信仰追求的理性认同和政治自觉。习近平总书记指出，“只有理想信念坚定，心中有党、对党忠诚才能有牢固思想基础。理想信念动摇了，那是不可能心中有党的”。从政治上看，全面从严治党就是要从党性出发，教育引导广大党员、干部坚定对马克思主义的信仰，对中国特色社会主义的信念，对实现中华民族伟大复兴中国梦的信心，塑造对党绝对忠诚的政治品格。

信仰、信念、信心本身具有强大的免疫防腐功能。大量案例表明，腐败的发生，起决定作用的是内因，是党员、干部自身的思想、党性、人格出了问题。与腐败较量，就是与信仰缺失、信念动摇、信心丧失、觉悟退化较量，与人内心对财、权、物、色、名等贪念私欲较量。我们所信仰的马克思主义，是在同各种反动观点、错误思想的斗争中发展起来的，包含了共产党人安身立命的真理、人生追求的道理、做人做事的常理，对各种消极有害的思想“病毒”有着天然的抵御“抗体”，确保我们在任何时候任何情况下能够不迷失、不迷茫。共产党人在内心植入了信仰、生长了信念、坚定了信心，就会有拒腐防变的内在坚守，就不会因为有一点风吹草动就左右摇摆，不会因为有一点污泥浊水就随波逐流。

把坚定信仰、信念、信心体现在时时事事处处。习近平总书记曾以“四个不容易”告诫全党：“功成名就时做到居安思危、保持创业初期那种励精图治的精神状态不容易，执掌政权后做到节俭内敛、敬终如始不容易，承平时期严以治吏、防腐戒奢不容易，重大变革关头顺乎潮流、顺应民心不容易。”在长期执政条件下，面对“四大考验”“四种危险”，如何永葆先进性和纯洁性，如何永远得到人民拥护和支持，是我们必须回答好、解决好的一个根本性问题。“求木之长者，必固其根本”，理论的土壤越肥沃，信仰、信念、信心的大树就越能根深叶茂、参天耸立。要全面深化思想建党、理论强党，教育引导广大党员、干部强化理论学习，深刻感悟真理伟力，把习近平新时代中国特色社会主义思想作为改造主观世界和客观世界的强大思想武器，锻造共产党人的钢筋铁骨，筑牢拒腐防变的思想政治根基。要教育引导广大党员、干部讲政德，既要明大德，坚定理想信念，锤炼坚强党性，做到旗帜鲜明、立场坚定；又要守公德，强化宗旨意识，践行初心使命，做到执政为民、用权为民；还要严私德，常怀律己之心，筑牢廉洁防线，做到戒贪止欲、克己奉公。

习近平总书记在庆祝中国共产党成立100周年大会上强调，“我们要牢记打铁必须自身硬的道理”,“确保党不变质、不变色、不变味”。用好信仰、信念、信心这个最好的防腐剂，对于继续推进党的伟大自我革命，永葆先进性和纯洁性，确保党在新时代坚持和发展中国特色社会主义的历史进程中始终成为坚强领导核心，具有十分重要的意义。

第二节　伟大初心使命塑造为民情怀

纵观五千多年中华文明史，“初心不改、志向不移”是仁人志士的重要品质。中国共产党人的初心和使命，就是为中国人民谋幸福，为中华民族谋复兴。习近平总书记强调：“事业发展永无止境，共产党人的初心永远不能改变。唯有不忘初心，方可告慰历史、告慰先辈，方可赢得民心、赢得时代，方可善作善成、一往无前。”党的二十大把“不忘初心、牢记使命”列为“三个务必”中的第一个“务必”，在党章修正案中增写关于党的初心使命的内容，就是要激励全党在新时代新征程上永远保持对人民的赤子之心，永远与人民同呼吸、共命运、心连心，团结带领人民为创造更加美好的生活而不懈奋斗。

一、为中国人民谋幸福、为中华民族谋复兴是中国共产党人的初心使命

为谁立心，为谁用命，始终是一个根本性、方向性问题。中国共产党从创立伊始，就把为中国人民谋幸福、为中华民族谋复兴写在自己的旗帜上。

1925年，毛泽东同志在《〈政治周报〉发刊理由》中旗帜鲜明地指出："为什么要革命？为了使中华民族得到解放，为了实现人民的统治，为了使人民得到经济的幸福。"1948年9月，在西柏坡召开的中共中央政治局扩大会议上，毛泽东对新中国的国体、政体进行了擘画。他特别强调：我们是人民民主专政，各级政府都要加上"人民"二字，各种政权机关都要加上"人民"二字，如法院叫人民法院，军队叫人民解放军。1949年10月1日，中华人民共和国成立。新中国的政权掌握在什么人手中，要为什么人谋利益？面对这些带有根本性的问题，中国共产党作出响亮的回答：中国人民掌握国家的权力，中国人民是国家的主人。"我们政权的阶级性是这样：无产阶级领导的，以工农联盟为基础，但不是仅仅工农，还有资产阶级民主分子参加的人民民主专政。"在全世界范围内，在人类历史上，有如此明确宗旨的党，并把这个宗旨贯彻了百年的党，只有中国共产党。

"江山就是人民，人民就是江山。"习近平总书记庄严宣告："中国共产党始终代表最广大人民根本利益，与人民休戚与共、生死相依，没有任何自己特殊的利益，从来不代表任何利益集团、任何权势团体、任何特权阶层的利益。"

我们党的初心和使命建立在马克思主义科学理论基础之上。人民性是马克思主义最鲜明的品格。马克思说，"历史活动是群众的活动"。让人民获得解放是马克思毕生的追求。马克思、恩格斯在共同起草的全世界共产党人的第一个纲领性文件《共产党宣言》中提出，共产党人始终代表无产阶级和劳动人民的利益，"没有任何同整个无产阶级的利益不同的利益"，明确了马克思主义政党的最高目标是实现共产主义，建立一个没有剥削、没有压迫、人人平等、人人自由的理想社会。《共产党宣言》指出：“过去的一切运动都是少数人的，或者为少数人谋利益的运动。无产阶级的运动是绝大多数人的，为绝大多数人谋利益的独立的运动。”这一鲜明的政治立场充分表明马克思主义不同于以往任何占统治地位的、为统治阶级服务的理论，是关于人民自身解放的思想体系，是人民的理论。马克思主义博大精深，归根到底就是一句话，为人类求解放。我们党是用马克思主义武装起来的政党，始终把为中国人民谋幸福、为中华民族谋复兴作为自己的初心和使命，并一以贯之体现到党的全部奋斗之中。忘记这个初心和使命，党就会改变性质、改变颜色，就会失去人民、失去未来。只要我们党牢牢坚持立党为公、执政为民，牢牢坚持为中国人民谋幸福、为中华民族谋复兴，不断增强自我净化、自我完善、自我革新、自我提高能力，坚决同一切弱化党的先进性和纯洁性、危害党的肌体健康的现象作斗争，就能够始终立于不败之地。

我们党的初心和使命建立在中华优秀传统文化之上。家国情怀是中华优秀传统文化的精髓所在。“国家”，世界上只有中国人采用这个表述，外国人所说的“国”，并没有“家”的意思。当家与国一体，就形成了家国情怀。《孟子》讲：“天下之本在国，国之本在家，家之本在身。”家是国的基础，国是家的延伸，在中国人的精神谱系里，国家与家庭、社会与个人，从来都是密不可分的整体。无论是《礼记》里修身齐家治国平天下的人文理想，还是《岳阳楼记》中“先天下之忧而忧，后天下之乐而乐”的大任担当，或者是陆游“家祭无忘告乃翁”的忠诚执着，家国情怀都是中国人内心深处的精神归属。中国人历来抱有家国情怀。在五千多年的中华文明史上，有政治昌明、风调雨顺的时刻，也不乏山河动荡、风雨飘摇的岁月。在每一个危难关头，都有毁家纾难、精忠报国的人挺身而出，都有先忧后乐、心系百姓的人奔走呼号，都有身虽平凡、亦足奋勇的人担当尽责。这使得中华民族成为一个特别有韧性的民族，即便经历无数的艰难险阻，依然不屈不挠、勇往直前。自 1840 年鸦片战争以来，中华民族饱经磨难，无数仁人志士为了救国救民奋起斗争，中国共产党自诞生之日起，就自觉肩负起了“为中国人民谋幸福、为中华民族谋复兴”的历史重任，这正是家国情怀的充分体现。

我们党的初心和使命建立在中国共产党人自觉奋斗之上。中国工人阶级及其政党——中国共产党是在中国人民和无数仁人志士接续探索和努力遭到失败后，登上中国政治舞台的。中国共产党一经诞生，就把为中国人民谋幸福、为中华民族谋复兴确立为自己的初心使命。因为有了中国共产党，从此中国人民的精神状态开始由被动转为主动，中国社会的发展就改换了方向，中国革命的面貌就焕然一新了。为了实现中华民族伟大复兴，无论是弱小还是强大，无论是顺境还是逆境，我们党都初心不改、矢志不渝，团结带领中国人民不畏强敌、不惧风险、敢于斗争、勇于胜利。为了实现中华民族伟大复兴，不管形势和任务如何变化，不管遇到什么样的惊涛骇浪，我们党都始终把握历史主动、锚定奋斗目标，沿着正确方向坚定前行。为了实现中华民族伟大复兴，一代又一代中国共产党人，前仆后继、浴血奋战，艰苦奋斗、无私奉献，谱写了气吞山河的壮丽史诗。不忘初心、牢记使命，成为贯穿我们党一百多年奋斗历史的一条红线。

红军长征故事是党的初心和使命一个鲜明的注脚。1934 年 10 月，红军第五军团团长董振堂率部参加长征，担任断后掩护红军长征主力部队的任务。行军至贵州的山区时，一名红军女战士恰巧分娩，还是难产。后面追兵穷追不舍，谁也不知道生孩子需要多少时间。“一定要打出一个生孩子的时间来！”当事情汇报到军团长董振堂这里时，他果断下令，“生孩子要多长时间，就给我顶多长时间！”迎着弹雨，顶着飞机的轰炸，董振堂率领战士们一次次打退敌人的进攻。两个多小时后，孩子终于出生了，许多英勇的红军战士却倒下了。为了一个孩子，让一个团的人去流血拼命值得吗？董振堂的答案震撼了所有人：“我们今天的革命打仗是为了什么？我们的流血牺牲，不就是为了孩子们将来能过上好日子吗！”长征途中，红军用了群众的粮食、蔬菜，会留下银元和字条；有时实在没钱了，就打个欠条。无论宿营还是离开，都要将老乡家打扫得干干净净。可以说，红军用实际行动诠释了什么叫对百姓“秋毫无犯”。红军的严明纪律，甚至引起了蒋介石的重视。1935 年 3 月，蒋介石致电正在同红军作战的刘湘、潘文华称，朱毛红军“窜川南时，对人民毫无骚扰，有因饿取食土中萝卜者，每取一头，必置铜元一枚于土中”。

2016 年 10 月 21 日，习近平总书记在纪念红军长征胜利 80 周年大会上深刻指出：“一部红军长征史，就是一部反映军民鱼水情深的历史。在湖南汝城县沙洲村，3 名女红军借宿徐解秀老人家中，临走时，把自己仅有的一床被子剪下一半给老人留下了。老人说，什么是共产党？共产党就是自己有一条被子，也要剪下半条给老百姓的人。同人民风雨同舟、血脉相通、生死与共，是中国共产党和红军取得长征胜利的根本保证，也是我们战胜一切困难和风险的根本保证。”

百年大党，初心如磐。习近平总书记指出：“回顾党的历史，为什么我们党在那么弱小的情况下能够逐步发展壮大起来，在腥风血雨中能够一次次绝境重生，在攻坚克难中能够不断从胜利走向胜利，根本原因就在于不管是处于顺境还是逆境，我们党始终坚守为中国人民谋幸福、为中华民族谋复兴这个初心和使命，义无反顾向着这个目标前进，从而赢得了人民衷心拥护和坚定支持。”一百多年来，正是紧扣民心这一最大的政治，中国共产党才能不断增强对方向和旗帜的正确认识，才能在胜利和顺境时不骄傲，在困难和逆境中不消沉，始终保持对远大理想和奋斗目标的清醒认知和执着追求，牢牢占据推动人类社会进步、实现人类美好理想的道义制高点。

二、“我将无我，不负人民”是新时代中国共产党人初心使命的真切表达

2019 年 3 月 22 日，在意大利众议院，习近平总书记同众议长菲科举行会见。临近结束时，菲科问道：“您当选中国国家主席的时候，是一种什么样的心情？”听到众人的笑声，菲科补充道：“因为我本人当选众议长已经很激动了，而中国这么大，您作为世界上如此重要国家的一位领袖，您是怎么想的？”

习近平总书记的目光沉静而充满力量，他说：“这么大一个国家，责任非常重、工作非常艰巨。我将无我，不负人民。我愿

意做到一个‘无我’的状态，为中国的发展奉献自己。”

“我将无我，不负人民”，彰显了习近平总书记人民至上的立场情怀、舍我其谁的担当精神、夙兴夜寐的奉献精神、大公无私的崇高境界。

2012 年 11 月 15 日，刚刚当选中共中央总书记的习近平在与中外记者见面时说：“责任重于泰山，事业任重道远。我们一定要始终与人民心心相印、与人民同甘共苦、与人民团结奋斗，夙夜在公，勤勉工作，努力向历史、向人民交出一份合格的答卷。”

2014 年 2 月，习近平总书记在接受俄罗斯电视台专访时表示：“我的执政理念，概括起来说就是：为人民服务，担当起该担当的责任。”

党的十八大以来，中华民族伟大复兴进入关键阶段，世界百年变局加速演变动荡，“四大考验”严峻复杂，“四种危险”尖锐深刻，党和国家事业又到了一个重要关口。习近平总书记郑重宣示，“党和人民需要我们献身的时候，我们都要毫不犹豫挺身而出，把个人生死置之度外”，“人民把权力交给我们，我们就必须以身许党许国、报党报国，该做的事就要做，该得罪的人就得罪”。可以说，坚持人民至上，是贯穿习近平新时代中国特色社会主义思想的一条红线。以习近平同志为核心的党中央不忘初心、牢记使命，以伟大的历史主动精神、巨大的政治勇气、强烈的责任担当，统筹国内国际两个大局，出台一系列重大方针政策，推出一系列重大举措，推进一系列重大工作，战胜一系列重大风险挑战，解决了许多长期想解决而没有解决的难题，办成了许多过去想办而没有办成的大事，推动党和国家事业取得历史性成就、发生历史性变革。

英国共产党总书记罗伯特·格里菲斯认为，中国在短短几十年时间里，不断发展成为一个现代化的、技术先进的、社会和谐稳定的国家，应归功于中国共产党的领导，“这是一个来自人民、由人民创建、始终贴近人民的政党”。秘鲁左翼政治力量资深理论家、革命家莫雷诺指出，“坚持人民至上，保持同人民群众的血肉联系，就有了取之不尽、用之不竭的力量”。白俄罗斯共产党中央第一书记阿列克谢·索科尔表示，“在百年历程中，中国共产党成长为一个拥有9000多万党员的大党。中国共产党不断发展壮大的重要原因，是把人民利益放在首位”。希腊前外长乔治·卡特鲁加洛斯直言，“中国共产党总是把自己和人民的关系当作鱼和水的关系。中国的发展奇迹得益于中国共产党以人民为中心的理念”。德国黑森州欧洲及国际事务司前司长博喜文指出，“西方应当意识到，中国共产党不是一个小众的精英政党，它对全体人民的代表性是世界上其他政党无可比肩的。9000多万名中国共产党党员来自各行各业，他们过去、现在和将来都全心全意为国家谋发展、为人民谋幸福”。俄罗斯人民友谊大学教授尤里·塔夫罗夫斯基认为：中国共产党“是各阶层及团体的利益公分母，是服务于全民族利益的生产和社会关系协调者”。

三、中国共产党是一个为了人民利益勇于自我革命的马克思主义政党

党的十九届六中全会深刻总结党的百年奋斗重大成就和历史经验，将“坚持自我革命”概括为党百年奋斗的十条历史经验之

一。勇于自我革命，是我们党最鲜明的品格。我们党穿越百年风风雨雨，始终为人民的利益坚持好的，为人民的利益改正错的，多次在危难之际重新奋起、失误之后拨乱反正，成为打不倒、压不垮的马克思主义政党。习近平总书记指出：“不谋私利才能谋根本、谋大利，才能从党的性质和根本宗旨出发，从人民根本利益出发，检视自己；才能不掩饰缺点、不回避问题、不文过饰非，有缺点克服缺点，有问题解决问题，有错误承认并纠正错误。”

2014 年 12 月，习近平总书记在江苏考察时，首次提出全面从严治党，并将其与全面建成小康社会、全面深化改革、全面依法治国一并部署，形成“四个全面”战略布局。党的十八大以来，以习近平同志为核心的党中央统揽伟大斗争、伟大工程、伟大事业、伟大梦想，弘扬彻底的自我革命精神，以“我将无我，不负人民”的使命担当，以“刀刃向内、刮骨疗毒”的坚强意志，坚定不移全面从严治党、正风肃纪反腐，消除了党、国家、军队内部存在的严重隐患，党在革命性锻造中更加坚强。我们党以全面从严治党的实际行动和卓著成效，赢得人民群众的信任、信心和信赖。国家统计局调查显示，2022 年 97.4% 的群众认为全面从严治党卓有成效，比 2012 年提高了 22.4%。99% 的群众认为，党中央正风肃纪反腐的举措，体现了我们党彻底的自我革命精神。

抚今追昔，展望未来，习近平总书记强调：“不忘初心、牢记使命，必须作为加强党的建设的永恒课题和全体党员、干部的终身课题常抓不懈。一个人也好，一个政党也好，最难得的就是历经沧桑而初心不改、饱经风霜而本色依旧。党的初心和使命是党的性质宗旨、理想信念、奋斗目标的集中体现，激励着我们党永远坚守，砥砺着我们党坚毅前行。”他警醒全党：“一个忘记来路的民族必定是没有出路的民族，一个忘记初心的政党必定是没有未来的政党。应该看到，在党长期执政条件下，各种弱化党的先进性、损害党的纯洁性的因素无时不有，各种违背初心和使命、动摇党的根基的危险无处不在，党内存在的思想不纯、政治不纯、组织不纯、作风不纯等突出问题尚未得到根本解决。”他深刻指出：“马克思主义政党的先进性和纯洁性不是随着时间推移而自然保持下去的，共产党员的党性不是随着党龄增长和职务提升而自然提高的。初心不会自然保质保鲜，稍不注意就可能蒙尘褪色，久不滋养就会干涸枯萎，很容易走着走着就忘记了为什么要出发、要到哪里去，很容易走散了、走丢了。我们查处的那些腐败分子，之所以跌入违纪违法的陷阱，从根本上讲就是把初心和使命抛到九霄云外去了。不忘初心、牢记使命不是一阵子的事，而是一辈子的事，每个党员都要在思想政治上不断进行检视、剖析、反思，不断去杂质、除病毒、防污染。”他强调：“要教育引导各级党组织和广大党员、干部经常进行思想政治体检，同党中央要求‘对标’，拿党章党规‘扫描’，用人民群众新期待‘透视’，同先辈先烈、先进典型‘对照’，不断叩问初心、守护初心，不断坚守使命、担当使命，始终做到初心如磐、使命在肩。要以党的创新理论滋养初心、引领使命，从党的非凡历史中找寻初心、激励使命，在严肃党内政治生活中锤炼初心、体悟使命，把初心和使命变成锐意进取、开拓创新的精气神和埋头苦干、真抓实干的原动力。”

今天，我们比历史上任何时期都更接近、更有信心和能力实现中华民族伟大复兴的目标。党的二十大强调，治国有常，利民为本。为民造福是立党为公、执政为民的本质要求。必须坚持在发展中保障和改善民生，鼓励共同奋斗创造美好生活，不断实现人民对美好生活的向往。我们要实现好、维护好、发展好最广大人民根本利益，紧紧抓住人民最关心最直接最现实的利益问题，坚持尽力而为、量力而行，深入群众、深入基层，采取更多惠民生、暖民心举措，着力解决好人民群众急难愁盼问题，健全基本公共服务体系，提高公共服务水平，增强均衡性和可及性，扎实推进共同富裕。全党必须牢记，全面从严治党永远在路上，党的自我革命永远在路上，决不能有松劲歇脚、疲劳厌战的情绪，必须持之以恒推进全面从严治党，深入推进新时代党的建设新的伟大工程，以党的自我革命引领社会革命。我们要落实新时代党的建设总要求，健全全面从严治党体系，全面推进党的自我净化、自我完善、自我革新、自我提高，使我们党坚守初心使命，始终成为中国特色社会主义事业的坚强领导核心。这是党中央向全党发出的进军号令，也要成为全体中国共产党人的政治自觉、思想自觉和行动自觉。

第三节　深厚文化土壤孕育廉洁基因

文化是一个国家、一个民族的灵魂。习近平总书记指出："中国特色社会主义文化，源自于中华民族五千多年文明历史所孕育的中华优秀传统文化，熔铸于党领导人民在革命、建设、改革中创造的革命文化和社会主义先进文化，植根于中国特色社会主义伟大实践。""在五千多年文明发展中孕育的中华优秀传统文化，在党和人民伟大斗争中孕育的革命文化和社会主义先进文化，积淀着中华民族最深层的精神追求，代表着中华民族独特的精神标识。"毫无疑问，廉洁是中国特色社会主义文化中蕴含的底层基因。

一、中华优秀传统文化中的廉洁基因历久弥新

中华文明绵延数千年，中华优秀传统文化是中华民族在漫漫历史长河中淘洗出来的智慧结晶。习近平总书记指出："从先秦子学、两汉经学、魏晋玄学，到隋唐佛学、儒释道合流、宋明理学，经历了数个学术思想繁荣时期。在漫漫历史长河中，中华民族产生了儒、释、道、墨、名、法、阴阳、农、杂、兵等各家

学说，涌现了老子、孔子、庄子、孟子、荀子、韩非子、董仲舒、王充、何晏、王弼、韩愈、周敦颐、程颢、程颐、朱熹、陆九渊、王守仁、李贽、黄宗羲、顾炎武、王夫之、康有为、梁启超、孙中山、鲁迅等一大批思想大家，留下了浩如烟海的文化遗产。中国古代大量鸿篇巨制中包含着丰富的哲学社会科学内容、治国理政智慧，为古人认识世界、改造世界提供了重要依据，也为中华文明提供了重要内容，为人类文明作出了重大贡献。”中华优秀传统文化是中华民族的精神命脉，特别是崇仁爱、重民本、守诚信、讲辩证、尚和合、求大同等思想理念和自强不息、敬业乐群、扶正扬善、清廉自守、扶危济困、见义勇为、孝老爱亲等传统美德，体现着中华民族世世代代在生产生活中形成和传承的世界观人生观价值观，塑造和培育着中华民族的思维方式、精神品格、价值取向和行为方式，作为一种基因深深地植根于中国人内心深处。

在中华优秀传统文化中，民本、修德、廉洁、节俭、公正等是关键词。

民本是我国廉政制度建设的重要思想基础。早在商周时期，我国政治家、思想家对民本思想就有非常深刻的认识。《尚书》载：“民惟邦本，本固邦宁。”《左传》载：“国将兴，听于民；将亡，听于神。”“所谓道，忠于民而信于神也……夫民，神之主也。是以圣王先成民而后致力于神。”西汉初期的贾谊指出：“民无不为本也。”东汉时期的政论家王符说：“国以民为基。”《贞观政要》记载，唐太宗说：“为君之道必须先存百姓，若损百姓以奉其身，犹割股以啖腹，腹饱而身毙。”“天子者，有道则人推而为主，无道则人弃而不用，诚可畏也。”唐代的陆贽说：“人事治而天降乱，未之有也；人事乱而天降康，亦未之有也。”“得众则得国，失众则失国。”北宋包拯认为：“民者，国之本也。”清代的思想家唐甄说：“国无民，岂有四政！封建，民固之；府库，民充之；朝廷，民尊之；官职，民养之。”

修德是古圣先贤修身的重要方面，选人用人重德才是治国理政的通则。《论语》提倡“修己以敬”“修己以安人”“修己以安百姓”。《易传》载：“山上有水蹇，君子以反身修德”，“德薄而位尊，知小而谋大，力小而任重，鲜不及矣。”《左传·庄公八年》载：“《夏书》曰：‘皋陶迈种德，德乃降。’姑务修德，以待时乎！”《史记·五帝本纪》载：“炎帝欲侵陵诸侯，诸侯咸归轩辕。轩辕乃修德振兵，治五气，蓺五种，抚万民，度四方，教熊罴貔貅貙虎，以与炎帝战于阪泉之野。三战，然后得其志。”《国语·周语上》载：“有不王则修德。”《素书》中有一句话“先莫先于修德”，意思是说人生最优先的要务，莫过于进德修业。德才兼备，方堪重任。司马光说：“君子挟才以为善，小人挟才以为恶。挟才以为善者，善无不至矣；挟才以为恶者，恶亦无不至矣”，“古昔以来，国之乱臣、家之败子，才有余而德不足，以至于颠覆者多矣。”可见，政治品德上有问题的人，能力越强、职位越高，危害就越大，这也是古人推崇修德的原因。

廉洁是中国社会几千年来对官吏的基本要求。“廉”字的本意是堂隅，就是房屋的侧角，这个角，看起来很尖锐、很锋利，后来才延伸出清白、公平、方正、高洁等意。《周礼》就提出，对官员考核有廉善、廉能、廉敬、廉正、廉法、廉辨。意思是说，一个官员必须具备善良、能干、敬业、公正、守法、明辨是非等基本品格，六个方面均以“廉”为冠。廉洁，最早出现在屈原的《楚辞·招魂》中：“朕幼清以廉洁兮，身服义尔未沫。”不接受他人馈赠的钱财礼物，不让自己清白的人品受到玷污，就是廉洁。《管子·牧民》说：“礼义廉耻，国之四维，四维不张，国乃灭亡。”春秋时期齐国政治家晏子认为：“廉者政之本也。”北宋包拯提出：“廉者，民之表也；贪者，民之贼也。勿以官小而不廉，勿以事小而不勤。廉洁方能聚人，无私方能感人。”南宋吕本中《官箴》讲：“当官之法，惟有三事：曰清、曰慎、曰勤。”明清《官箴》中，将“吏不畏吾严，而畏吾廉”置首，并指出“廉则吏不敢欺”,“廉生威”。古圣先贤关于“廉洁”的深刻阐述，讲明了廉洁从政的意义、道理和基本内涵，给今人以启迪警醒。

节俭要求人们克制自己奢靡享乐的欲望，否则会被别有用心的人加以利用，也就是“物必先腐，而后虫生”。《周易》有言：“君子以俭德辟难，不可荣以禄。”诸葛亮在《诫子书》提出：“夫君子之行，静以修身，俭以养德。”唐太宗李世民在《帝范》家训中告诫太子李治：“夫君者，俭以养性，静以修身。俭则人不劳，静则下不扰。人劳则怨起，下扰则政乖。”李商隐在《咏史二首》中总结：“历览前贤国与家，成由勤俭破由奢。”司马光也认为：“俭，德之共也，侈，恶之大也。共，同也，言有德者，皆由俭来也。”《宋名臣言行录》中记载范纯仁的概括：“惟俭可以助廉，惟恕可以成德。”可见，节俭既是古往今来君子必备的品质，也是官员廉洁自守的重要修养。

公正是从古至今人民群众对权力行使者的共同期待。孔子早就讲过："政者，正也。子帅以正，孰敢不正？"汉代思想家董仲舒说："为人君者，正心以正朝廷，正朝廷以正百官，正百官以正万民，正万民以正四方。"公正作为一种伦理意识，在《荀子·正论》中就有表述："上者"为"下之仪""下之本"，"上公正"则"下易直矣"。《荀子·不苟》提出，"公生明，偏生暗"；明清《官箴》提出，"公生廉，廉生威"，这两句话讲的是公与明、公与廉的关系。《史记·廉颇蔺相如列传》中有言，"奉公如法则上下平，上下平则国强"，讲的是公的政治意义。《淮南子·主术训》有言，"衡之于左右，无私轻重，故可以为平；绳之于内外，无私曲直，故可以为正"；《经书·贾谊传》有言，"国而忘家，公而忘私"，讲的都是公正的具体表现。中国古代有"公烛之下，不展家书"的佳话，也有"大道之行，天下为公"的愿景，反映的都是对公正的普遍追求。

在中华优秀传统文化中，还有"四知""三足""两止"等重要思想观点。关于"四知"。东汉杨震赴任东莱太守途中，昌邑县令王密半夜前往送礼，被杨震拒绝。王密说："暮夜无知者。"杨震回答："天知、神知、我知、子知，何谓无知？""四知"阐明了加强自我约束的道理，被传为佳话。关于"三足"。老子在《道德经》中讲："知足之足，常足矣。"其中第一个"足"是要知足，第二个"足"是知足的内涵，第三个"足"指什么是最终的满足。诸多反面典型往往都是由于不知足，常不知足，贪得无厌，最后出了问题。王船山在《读通鉴论》中讲"知足不辱"，意思是常知足常满足，保持清廉，就不会受辱。关于"两止"。两止，即当止则止。老子在《道德经》里讲"知止不殆"，即知道止就没有危险。司马迁在《史记·范雎列传》中讲，“欲而不知止，失其所以欲；有而不知足，失其所以有”。这些重要的思想观点，既是修身齐家之法，也是通达廉洁政治之径，对于21世纪的中国共产党人仍有强烈的教育警示意义。

二、革命文化中的廉洁基因震撼人心

革命文化是近代以来特别是五四新文化运动以来，在党和人民的伟大斗争中培育和创造的思想理论、价值追求、精神品格，是中国革命事业的精神遗产和文化传承，集中体现了马克思主义指导下的中国近现代文化的发展及其成果，传承着中华民族的优良传统，展现了中国人民顽强不屈、坚韧不拔的民族气节和英雄气概，是推进中华民族伟大复兴的强大精神动力。

革命文化既是革命斗争历史的高度文化凝练，也是中国精神在革命年代的主要表现形式，寄托着各族人民对美好生活的向往。习近平总书记指出：“在20世纪中国苦难而辉煌的历史进程中，涌现出一大批用特殊材料制成的优秀共产党人。”20世纪上半叶的中国历史是革命斗争的历史，中国共产党成立后面临的首要任务就是革命。有革命文化的引领，才会有革命运动。革命的胜利重新确立了中华民族近代以来一度受到损伤的文化自信，革命文化成为中国共产党和中国人民在革命斗争中培育出的最为璀璨耀眼、震撼人心的文化景观，最有益于洗礼精神、升华思想、鼓舞斗志的文化形态。

革命文化是近代以来中国共产党为实现革命理想不懈奋斗历程的文化写照，它联系中国共产党的昨天、今天和明天。中国共产党带领中国人民在革命、建设和改革过程中构筑和赓续的中国共产党人的精神谱系，是无数革命先烈、仁人志士、英雄模范用生命和鲜血铸就的红色资源和红色血脉。它具有马克思主义政党的革命本色、中华民族优秀传统文化底色，秉持着中国共产党人的初心和使命，体现出党领导人民在革命、建设和改革过程中的精神气概和磅礴伟力，是中国共产党的红色基因和鲜亮特色。

习近平总书记在庆祝中国共产党成立100周年大会上，第一次鲜明提出了伟大建党精神和中国共产党人精神谱系。他指出："一百年前，中国共产党的先驱们创建了中国共产党，形成了坚持真理、坚守理想，践行初心、担当使命，不怕牺牲、英勇斗争，对党忠诚、不负人民的伟大建党精神，这是中国共产党的精神之源。""一百年来，中国共产党弘扬伟大建党精神，在长期奋斗中构建起中国共产党人的精神谱系，锤炼出鲜明的政治品格。"

在新民主主义革命时期，中国共产党在追求共产主义理想信念、探索中国革命道路、实现民族独立和人民解放而进行的斗争中，孕育了井冈山精神、苏区精神、长征精神、遵义会议精神、延安精神、抗战精神、红岩精神、西柏坡精神、照金精神、东北抗联精神、南泥湾精神、太行精神（吕梁精神）、大别山精神、沂蒙精神、老区精神、张思德精神等，为中国共产党人的精神谱系打下了鲜明的红色底色。

在社会主义革命和建设时期，中国共产党为了捍卫和保护新生的红色政权，开展改天换地的社会主义革命和建设伟大实践，构筑了抗美援朝精神、"两弹一星"精神、雷锋精神、焦裕禄精神、大庆精神（铁人精神）、红旗渠精神、北大荒精神、塞罕坝精神、“两路”精神、老西藏精神（孔繁森精神）、西迁精神、王杰精神等精神成果，绽放出丰富多彩、绚丽夺目的精神之光。

在改革开放和社会主义现代化建设新时期，中国共产党人发扬和赓续中国革命精神，在翻天覆地重大变化中开拓中国特色社会主义新局面，勇敢面对各种风险挑战，铸就改革开放精神、特区精神、抗洪精神、抗击“非典”精神、抗震救灾精神、载人航天精神、劳模精神（劳动精神、工匠精神）、青藏铁路精神、女排精神等精神成果，为中国共产党人的精神谱系注入新的内容和时代色彩。

中国特色社会主义进入新时代，中国共产党人弘扬光荣传统、赓续红色血脉，矢志不移为实现“两个一百年”奋斗目标、实现中华民族伟大复兴的中国梦而不懈奋斗，创造了脱贫攻坚精神、抗疫精神、“三牛”精神、科学家精神、企业家精神、探月精神、新时代北斗精神、丝路精神等精神成果，为迈进新征程、奋进新时代鼓起了精气神。

中国共产党人精神谱系的构筑与赓续，既坚守了中国革命精神的红色底色，同时又根据时代发展和历史使命的不同，增添更加丰富的红色资源和红色血脉，成为中国共产党人精神谱系永葆青春的真正密码和内在动力。

习近平总书记指出：“红色资源是我们党艰辛而辉煌奋斗历程的见证，是最宝贵的精神财富。红色血脉是中国共产党政治本色的集中体现，是新时代中国共产党人的精神力量源泉。”加强新时代廉洁文化建设，要传承好革命文化的优良传统，学习践行其中蕴含的对党忠诚、信念坚定的政治品格，热爱人民、服务人民的宗旨意识，不怕牺牲、无私奉献的革命精神，艰苦奋斗、敢于拼搏的意志品质，清正廉洁、永葆本色的道德操守，使红色基因融入党员干部的精神血脉，使共产党人的理想信念变得深沉而执着，精神品格变得高尚而坚毅，廉洁意识变得持久而坚定。

三、社会主义先进文化中的廉洁基因树规立矩

社会主义先进文化萃取了中华优秀传统文化和革命文化的精华，是对中华优秀传统文化和革命文化的深度融合，也是中华文化在当代中国的最新发展，是党领导人民在推进中国特色社会主义伟大实践中，在马克思主义指导下形成的面向现代化、面向世界、面向未来的，民族的科学的大众的社会主义文化，代表着时代进步潮流和发展要求。中国特色社会主义共同理想和共产主义远大理想、马克思主义中国化的制度和理论成果、社会主义核心价值观、以爱国主义为核心的民族精神和以改革创新为核心的时代精神等，共同熔铸了社会主义先进文化。

社会主义先进文化孕育了正确的权力观。国家之权乃是“神器”，是个神圣的东西。公权力姓公，也必须为公。共产党就是为人民服务的，就是为老百姓办事的。毛泽东同志说，我们共产党人不是要做官，而是要革命。邓小平同志当年复出时说，这次出来工作，不是为做官，是为了做事。习近平总书记强调：“要立志做大事，不要立志做大官，保持平和心态，看淡个人进退得失，心无旁骛努力工作，为党和人民做事。”权力就是责任，有多大权力就要承担多大责任。各级国家机关和公职人员要牢记手

中的权力是党和人民赋予的，是上下左右有界受控的，切不可随心所欲、为所欲为，做到秉公用权、依法用权、廉洁用权、为民用权。

社会主义先进文化孕育了正确的地位观。地位是社会人与人关系中自己在别人心中的位置。树立正确的地位观，就是要正确对待个人的名利地位。有一些干部比较急功近利、心浮气躁，干工作不是从党和人民的利益出发，而是过多地考虑如何增加自己的声誉、声望，如何得到提拔重用。如果有了这样的思想，不仅工作干不踏实，容易患得患失，容易去搞一些哗众取宠、沽名钓誉的形式主义的东西，甚至会想方设法地投机钻营，走到跑官要官的歪门邪道上去。干部的地位是干出来的，不是争出来的，有为才能有位，有位就要更好地为党分忧、为国尽责、为民奉献。

社会主义先进文化孕育了正确的利益观。马克思说过，人们奋斗所争取的一切，都同他们的利益有关。作为一个整体，中国共产党代表中国最广大人民的根本利益。党除了工人阶级和最广大人民群众的利益，没有自己特殊的利益。党在任何时候都把群众利益放在第一位。作为个体，除了法律和政策规定范围内的个人利益和工作职权以外，所有共产党员都不得谋求任何私利和特权。坚持党和人民的利益高于一切，个人利益服从党和人民的利益，吃苦在前，享受在后，克己奉公，多作贡献。为了保护国家和人民的利益，在一切困难和危险的时刻挺身而出，英勇斗争，不怕牺牲。

社会主义先进文化孕育了正确的群众观。我们党根基在人民、血脉在人民，为人民而生、因人民而兴。党团结带领人民干革命、搞建设、抓改革，归根到底是为了让人民过上好日子。要把人民放在心中最高位置，始终以百姓心为心，把维护人民利益作为一切工作的根本出发点和落脚点。水能载舟，亦能覆舟。我们党的最大政治优势是密切联系群众，党执政后的最大危险是脱离群众。要坚持从群众中来，到群众中去，拜人民为师，虚心向群众学习，特别是要多交几个能说心里话的基层朋友。要想群众所想，忧群众所忧，真心对群众负责，用心用情用力解决好群众急难愁盼问题，让群众有更多、更直接、更实在的获得感、幸福感、安全感。

社会主义先进文化孕育了正确的政绩观。为官一任，当造福一方。为什么人的问题，是检验党员干部政绩观的试金石。时刻心系人民安危冷暖，把为民造福作为最重要的政绩，才能交出人民满意的答卷。要突出问题导向，坚持求真务实、真抓实干，从实际出发谋划事业和工作，推动工作往实里做、往百姓心坎上做，不搞华而不实的面子工程，多办雪中送炭的好事实事，力戒形式主义的花拳绣腿，反对官僚主义的作风做派。党员干部不务虚功、不图虚名，以功成不必在我的胸襟、功成必定有我的担当，脚踏实地为民干事，就一定能够在新时代全面建设社会主义现代化国家新征程中，创造出无愧于党、无愧于人民、无愧于时代的业绩。

社会主义先进文化孕育了正确的家庭观。领导干部有什么样的家庭观，就有什么样的家庭关系，就有什么样的家风家教，就有什么样的从政行为。领导干部要把家风建设摆在重要位置，廉洁修身、廉洁齐家。应当按规定如实报告个人有关事项，及时报告个人及家庭重大情况，主动接受监督。权力姓“公”不姓“私”，领导干部绝不能用公权为家人谋私，更不能“一人做官，全家享福”“一人得道，鸡犬升天”。

四、中国共产党始终注重以廉洁文化滋养廉洁政治建设

中华优秀传统文化、革命文化和社会主义先进文化凝聚着中华民族共同经历的奋斗历程，蕴含着中华民族共同培育的民族精神，贯穿着中华民族共同坚守的理想信念，是中华民族共同创造的精神家园，也是中华民族屹立于世界民族之林的强大精神力量，共同构成了中华文化的主体与主流。

作为深受中华优秀传统文化浸润的政党，作为革命文化和社会主义先进文化创造者的政党，我们党一成立，就旗帜鲜明反对腐败，倡导廉洁政治。党的一大通过的《中国共产党第一个纲领》规定，“承认无产阶级专政，直到阶级斗争结束，即直到消灭社会的阶级区分”，“消灭资本家私有制”，实际上宣示了我们党反对腐败的根本立场。党的二大以后的历次党章，都专门规定党的纪律。中央苏区政府、陕甘宁边区政府和各解放区政府，都通过党的纪律和法律法规约束党员、干部行为，毫不容情地惩治腐败分子，成为建设廉洁政治的榜样。新中国成立后，我们党坚持“两个务必”，注意克服旧社会贪污腐败等作风对新政权及其工作人员的腐蚀。针对各地陆续暴露出党政机关内部的贪污、盗窃国家资财肆意挥霍现象和官僚主义问题，党中央部署开展了“三反”斗争。毛泽东同志指出：“必须毫不迟疑地开除一批丧失无产阶级立场的贪污蜕化分子出党，撤销一批严重的官僚主义分

子和那些居功自傲、不求上进、消极疲沓、毫不称职的分子的领导职务（其中有些也应当开除出党），对于开除这些人出党和撤销这一些人的职务，不应当有可惜的观点。”特别是严厉惩处刘青山、张子善，极大震慑了腐败分子。改革开放后，腐败问题有了新的滋生蔓延的土壤和条件。邓小平同志指出，“我们要反对腐败，搞廉洁政治。不是搞一天两天、一月两月，整个改革开放过程中都要反对腐败。”党的十四大鲜明提出反腐败斗争的重大战略，并把“党坚持不懈地反对腐败”写进党章。十四届中央纪委二次全会，首次作出“反腐败斗争的形势是严峻的”重大判断。反腐败斗争成为党风廉政建设的主战场，一大批高级干部中的腐败分子被查处，彰显我们党反对腐败、保持清正廉洁的政治立场。党的十八大以来，以习近平同志为核心的党中央坚定不移全面从严治党，深入开展党风廉政建设和反腐败斗争，以刀刃向内的勇气和执着顽强的韧劲推进自我革命，坚决纠治“四风”，以猛药去疴的决心、刮骨疗毒的勇气惩治腐败，严肃查处一大批高级干部严重违纪违法问题，再次宣示我们党反腐倡廉的立场、决心，为党和国家事业取得历史性成就、发生历史性变革提供了有力保障。

文以化人，廉以养德。筑牢拒腐防变的思想防线，根本在于发挥文化的自律、教化、育人功能。党中央高度重视廉洁文化建设，中共中央办公厅专门印发了《关于加强新时代廉洁文化建设的意见》。习近平总书记在十九届中央纪委六次全会上强调：“领导干部特别是高级干部要带头落实关于加强新时代廉洁文化建设的意见，从思想上固本培元，提高党性觉悟，增强拒腐防变能力。”加强新时代廉洁文化建设，要坚持以习近平新时代中国特色社会主义思想为指导，增强“四个意识”、坚定“四个自信”、做到“两个维护”，不忘初心、牢记使命，坚持思想建党和制度治党同向发力，坚持依法治国和以德治国相结合，以理想信念强基固本，以先进文化启智润心，以高尚道德砥砺品格，惩治震慑、制度约束、提高觉悟一体发力，推动廉洁文化建设实起来、强起来，不断实现干部清正、政府清廉、政治清明、社会清朗。要夯实清正廉洁思想根基，强化理论武装，增强政治定力、抵腐定力；坚定信仰信念信心，筑牢拒腐防变思想防线；发展积极健康党内政治文化，引领廉洁文化建设。要培养廉洁自律道德操守，引导领导干部明大德、守公德、严私德，把廉洁要求贯穿日常教育管理监督之中，把家风建设作为领导干部作风建设重要内容。要发挥廉洁教育基础作用，强化形势教育、纪法意识、警示震慑、示范引领。要弘扬崇廉拒腐社会风尚，运用新媒体新技术传播廉洁文化，丰富廉洁文化优质产品和服务供给，拓展利用廉洁文化资源。各地区各部门要担负起廉洁文化建设的政治责任，把廉洁文化建设纳入党风廉政建设和反腐败工作布局进行谋划，建立廉洁文化建设统筹协调机制，久久为功抓好落实，推动新时代廉洁文化建设深入开展。

积善之家，必有余庆；积不善之家，必有余殃。习近平总书记深刻指出：“领导干部的家风，不仅关系自己的家庭，而且关系党风政风。”“好的家风引领人向上向善，不良的家风却会败坏社会风气，贻害无穷。”“领导干部特别是高级干部一定要重视家教家风，以身作则管好配偶、子女，本分做人、干净做事。”培育良好家风，要继承弘扬革命前辈的红色家风。毛泽东同志有著名的“三原则”：恋亲不为亲徇私，念旧不为旧谋利，济亲不为亲撑腰。周恩来同志给亲属规定了“十条家规”，要求“在任何场合下，都不要说出与总理的关系，不要炫耀自己”“不谋私利，不搞特殊化”等。培育良好家风，要汲取反面典型的深刻教训。“腐败的本质是权钱交易，我如果能够严格秉公用权，家人哪有腐败的空间？”被通报“家风败坏，伙同家人大肆收钱敛财”的海南省委原常委、海口市委原书记张琦这样忏悔。张琦想方设法安排妻子下海，形成了“前门当官、后门开店”的模式。2012年，张琦到国外参加儿子的毕业典礼，默许陪同的老板给儿子留下10万美元，给即将步入社会的儿子上了人生第一堂“贪腐课”。在张琦的纵容助推下，其妻子、儿子毫无顾忌利用其权力捞取利益，张琦上亿元涉案金额，绝大部分是通过妻子、儿子收受。培育良好家风，要严守党规党纪要求。党的十八大以来，党中央把领导干部家风建设纳入作风建设范畴，以党内法规形式予以制度化。加强家风建设，就要用党规党纪严格要求自己，廉洁修身、廉洁齐家，努力培育忠厚传家久、清廉继世长的良好家风。各级纪检监察机关要坚持标本兼治，紧抓惩治不放松，对纵容、默许配偶子女等近亲属利用其职权或职务上的影响谋取私利的党员领导干部严肃处理，并从典型案件中挖掘家风家教元素，引导党员干部严以律己、廉洁治家。

习近平总书记指出：“一个人能否廉洁自律，最大的诱惑是自己，最难战胜的敌人也是自己。一个人战胜不了自己，制度设计得再缜密，也会‘法令滋彰，盗贼多有’。”有崇高信仰信念锻造的政治本色，有伟大初心使命塑造的为民情怀，有深厚文化土壤孕育的廉洁基因，中国共产党一定能够永远保持先进性和纯洁性，永远不变质、不变色、不变味，在新时代坚持和发展中国特色社会主义的新征程中始终成为坚强的领导核心。

第二章
重任在肩
大就要有大的样子

中华民族有着世界古老文明中唯一不曾断流的五千多年文明史，实现中华民族伟大复兴的中国梦是近代以来中华民族最伟大的梦想。中国是世界第一人口大国，中国共产党是世界上最大的政党。中国共产党自成立以来，就确立了“为中国人民谋幸福，为中华民族谋复兴”的初心使命，并为之进行了不屈不挠、艰苦卓绝的斗争，取得了彪炳史册的伟大成就。党的十八大以来，以习近平同志为核心的党中央接过历史的接力棒，从新时代大局大势出发，提出一系列宏伟蓝图，作出一系列重大决策，有效发挥全面从严治党政治引领和政治保障作用，推动党和国家事业发生历史性变革、取得历史性成就，如期全面建成小康社会、实现第一个百年奋斗目标，开启全面建设社会主义现代化国家、向第二个百年奋斗目标进军新征程。

第一节　新时代时与势发生重大变化

察势者智，驭势者赢。放眼中华文明和人类文明的历史长河，要“以百年、千年为计”。党的十八大以来，中国特色社会主义进入新时代。对新时代的时与势，如果只是放在当下或较短时间以来的历史来认识和把握是不够的，而应放到整个中华文明和人类文明发展进步的历史长河中，放到人类社会螺旋式上升、波浪式前进的内在规律和必然趋势中去认识和把握。只有从这样的宏阔视角出发，从历史中借鉴和汲取智慧营养、认识和掌握规律，才能把握好大局大势，更好地把我们的事业推向前进。

一、当今世界正经历百年未有之大变局

2018 年 6 月，习近平总书记在中央外事工作会议上提出了一个重大论断，即“当前中国处于近代以来最好的发展时期，世界处于百年未有之大变局”。同年 7 月，习近平总书记应邀出席在南非约翰内斯堡举行的金砖国家工商论坛，并发表题为《顺应时代潮流　实现共同发展》的重要讲话。他指出，当今世界正面临百年未有之大变局。对广大新兴市场国家和发展中国家而言，

这个世界既充满机遇，也存在挑战。要合作还是要对立，要开放还是要封闭，要互利共赢还是要以邻为壑，国际社会再次来到何去何从的十字路口。

世界正经历百年未有之大变局，变在何处？20 世纪的世界，风云激荡。两次世界大战重构世界格局，西方资本主义历经危机和发展，世界社会主义走过高潮和低谷，中华民族由近代不断衰落到根本扭转命运、持续走向繁荣富强。21 世纪的今天，世界又迎来大发展大变革大调整的时期。“当今世界正经历百年未有之大变局”，这是我们党立足中华民族伟大复兴战略全局，科学认识全球发展大势、深刻洞察世界格局变化而作出的重大判断，对于指导我们开启全面建设社会主义现代化国家新征程、夺取新时代中国特色社会主义新胜利，具有重大而深远的意义。

百年未有之大变局，概括起来说，就是当前国际格局和国际体系正在发生深刻调整，全球治理体系正在发生深刻变革，国际力量对比正在发生近代以来最具革命性的变化，世界范围呈现出影响人类历史进程和趋向的重大态势。

纵观人类历史，世界发展从来都是各种矛盾相互交织、相互作用的综合结果，大变局孕育于其中，演进于其中。15 世纪至 16 世纪，新航路开辟和西方大航海时代到来，人类历史迈出向“世界历史”转变的第一步。17 世纪，欧洲主要势力签订《威斯特伐利亚和约》，确立国家主权平等的原则，搭建起一个有限的国际格局，但其他地域还没有纳入国际体系。18 世纪第一次工业革命后，人类社会迈上了加速发展的轨道，科技革命和工业革命呼唤出来的巨大生产力，深刻改变了世界发展的既有格局。从

19 世纪初的维也纳体系，到第一次世界大战后的凡尔赛—华盛顿体系，再到第二次世界大战后的雅尔塔体系，其背后反映了世界大变局的演进发展。苏联解体、东欧剧变后，两极格局瓦解，美国成为唯一超级大国，但世界各种力量不断发展壮大，多极化趋势愈加清晰。科学社会主义诞生以来，从理论到实践，从一国到多国，从遭遇曲折到奋起振兴，也深刻影响世界大变局的演进过程，引领世界不断朝着有利于人类进步的方向发展。

进入 21 世纪，世界大变局的调整呈现出一系列前所未有的新特征新表现。世界经济版图发生的深刻变化前所未有，发达国家和发展中国家在国际分工体系中的地位角色发生重大转变，发达国家经济增长乏力，新兴经济体和发展中国家在世界经济中占据越来越大的份额，世界经济重心加快“自西向东”位移。新一轮科技革命和产业变革带来的新陈代谢和激烈竞争前所未有，不仅有力重构全球创新版图、重塑全球经济结构，而且深刻改变人类社会生产生活方式和思维方式，推动生产关系变革，给国际格局和国际体系带来广泛深远影响。国际力量对比发生的革命性变化前所未有，发达国家内部矛盾重重、实力相对下降，一大批发展中国家群体性崛起，成为影响国际政治经济格局的重要力量。全球治理体系的不适应、不对称前所未有，西方发达国家主导的国际政治经济秩序越来越难以为继，发展中国家在国际事务中的代表性和发言权不断扩大，全球治理越来越向着更加公平合理的方向发展。人类前途命运的休戚与共前所未有，各国相互联系和彼此依存比过去任何时候都更频繁、更紧密，整个世界日益成为你中有我、我中有你的人类命运共同体。

在世界大变局中，中国持续快速发展，中华民族伟大复兴不断前进，成为世界格局演变背后的主要推动力量。习近平总书记强调，中华民族伟大复兴，是造成世界百年未有之大变局的重要原因；世界面临百年未有之大变局，给中华民族伟大复兴带来重大机遇。中国从100多年前的半殖民地半封建社会，逐步发展成为世界第二大经济体、最大的社会主义国家，对世界经济增长的贡献率连续多年超过30%。中国进入世界创新力排名前11位，在科技革命中的角色由跟跑者、参与者向并跑者、变革者转变。中国在全球治理领域承担更大责任、发出更多声音，成为多边合作的积极倡导者。中华文明在世界上的影响力与日俱增，成为文明多样发展中不容忽视的重要力量。更重要的是，由于中国特色社会主义不断成功，冷战结束后世界社会主义万马齐喑的局面得到很大程度的扭转，社会主义在同资本主义竞争中的被动局面得到很大程度的扭转，社会主义优越性得到很大程度的彰显，中国特色社会主义成为振兴世界社会主义的中流砥柱。可以说，当今世界百年未有之大变局，最突出的特点就是“东升西降”，中国日益走近世界舞台中央。

当前，世界百年未有之大变局进入加速演变期，不稳定性不确定性更加突出。英国“脱欧”、法国“黄马甲”运动、美国大规模骚乱等“西方之乱”不断上演，其背后是国际金融危机深层次影响持续发酵，西方国家贫富差距不断扩大，催生政治极化、民粹主义、种族冲突等问题。特别要看到，新冠肺炎疫情全球大流行，成为世界百年未有之大变局的新变量、催化剂。这次百年一遇的大疫情，不仅让复苏乏力的世界经济雪上加霜，更重要的是它凸显出西方资本主义主导下国际体系的严重弊端，宣告了新自由主义的彻底破产，加快了国际力量此消彼长，使国际格局“东升西降”的趋势更加显著，推动大变局不断向纵深发展。2022年初，俄乌冲突爆发。俄乌冲突有着复杂的历史和现实经纬，既有苏联解体留下的历史余震，又有现实国际关系中的斗争博弈，其深层原因是世界百年未有之大变局引发的全球治理赤字。俄乌冲突的影响远远超过了第二次世界大战以来的历次局部战争，将极大加速世界局势的演进，甚至成为世界百年大变局中的一个重要节点。

纵横不出方圆，万变不离其宗。从根本上说，我们正在经历的百年未有之大变局，是世界范围内生产力和生产关系矛盾运动的必然结果，反映了人类文明发展的大潮流大趋向。这个大变局，是从事实上“一家独大”的单极世界向协同共治的多极世界的转变。单边主义越来越不得人心，多极化成为不可阻挡的时代潮流，中国成为世界多极化进程中的一支重要力量。这个大变局，是现代化发展路径从一元走向多元的转变。在西方人眼中，现代化就是西方化，而中国开创的社会主义现代化道路，展现了实现现代化的全新可能。这个大变局，是从世界社会主义遭受严重曲折向科学社会主义在21世纪焕发勃勃生机的转变。苏联解体、东欧剧变后，西方人迫不及待宣称历史已经终结于资本主义制度，结果却是，中国特色社会主义的巨大成功宣告了“历史终结论”的终结。

二、统筹中华民族伟大复兴战略全局和世界百年未有之大变局

习近平总书记强调："当今世界正经历百年未有之大变局，这样的大变局不是一时一事、一域一国之变，是世界之变、时代之变、历史之变。能否应对好这一大变局，关键要看我们是否有识变之智、应变之方、求变之勇。""大变局带来大挑战，也带来大机遇，我们必须因势而谋、应势而动、顺势而为。"党的十九届五中全会指出，"全党要统筹中华民族伟大复兴战略全局和世界百年未有之大变局"，这为我们从战略高度推进党的事业和党的建设指明了方向。

统筹中华民族伟大复兴战略全局和世界百年未有之大变局，就要深刻把握大局大势下的机遇与挑战。在中国特色社会主义进入新时代、中华民族前所未有地接近伟大复兴目标、中国日益走近世界舞台中央的背景下，世界百年未有之大变局迎面而至，二者相互激荡、相互影响，既孕育着无限的机遇，也带来了风险挑战。从中国国情看，我国正站在新的历史起点上，全面建成小康社会的第一个百年奋斗目标如期实现，进入全面建设社会主义现代化国家的新发展阶段，制度优势显著，治理效能提升，经济长期向好，物质基础雄厚，人力资源丰富，市场空间广阔，发展韧性强劲，社会大局稳定，继续发展具有多方面优势和条件，同时我国发展不平衡不充分问题仍然突出，重点领域关键环节改革任务仍然艰巨，创新能力不适应高质量发展要求，农业基础还不稳固，城乡区域发展和收入分配差距较大，生态环保任重道远，民

生保障存在短板，社会治理还有弱项。从世界大势看，新一轮科技革命和产业变革深入发展，国际力量对比深刻调整，和平与发展仍然是时代主题，人类命运共同体理念深入人心。同时，国际环境日趋复杂，不稳定性不确定性明显增加，新冠肺炎疫情影响广泛深远，经济全球化遭遇逆流，世界进入动荡变革期，单边主义、保护主义、霸权主义对世界和平与发展构成威胁。从人类历史看，中华民族伟大复兴的难度超过过往500年的任何一个大国。18世纪前荷兰、葡萄牙、西班牙等国崛起时，人口仅百万级；19世纪英国、法国等国崛起时，人口仅千万级；20世纪美国、苏联、日本等国崛起时，人口是亿级；而21世纪的中国则是世界第一人口大国，实现伟大复兴意味着我国十四亿多人口要整体迈入现代化社会，其规模超过现有发达国家的总和，将彻底改写现代化的世界版图，在人类历史上是一件有深远影响的大事，其难度无疑也是前所未有的。总之，正如习近平总书记在党的二十大报告中所指出的，当前，世界百年未有之大变局加速演进，新一轮科技革命和产业变革深入发展，国际力量对比深刻调整，我国发展面临新的战略机遇。同时，世纪疫情影响深远，逆全球化思潮抬头，单边主义、保护主义明显上升，世界经济复苏乏力，局部冲突和动荡频发，全球性问题加剧，世界进入新的动荡变革期。我国改革发展稳定面临不少深层次矛盾躲不开、绕不过，党的建设特别是党风廉政建设和反腐败斗争面临不少顽固性、多发性问题，来自外部的打压遏制随时可能升级。我国发展进入战略机遇和风险挑战并存、不确定难预料因素增多的时期，各种“黑天鹅”“灰犀牛”事件随时可能发生。我们必须增强忧患意识，坚持底线思维，做到居安思危、未雨绸缪，准备经受风高浪急甚至惊涛骇浪的重大考验。

统筹中华民族伟大复兴战略全局和世界百年未有之大变局，就要深刻把握新时代党的建设面临的突出问题。在170多年世界共产主义政党和组织发展历史中，一共存在过1330个共产主义政党和组织，遍布五大洲148个国家和地区，除中国外，曾经拥有超百万党员的还有苏联、越南、柬埔寨等10个国家的共产党组织，但如今只剩约500个共产党组织和中、越、柬、朝、印5个超过百万党员的共产党组织，几乎各洲都减少一半以上。造成这一现象的原因是多方面的，但毫无疑问，一个重要原因就是一些政党和组织没有过自身建设这一关，自己打败了自己。反观中国共产党，改革开放后，党坚持党要管党、从严治党，推进党的建设取得明显成效。同时，由于一度出现管党不力、治党不严问题，有些党员、干部政治信仰出现严重危机，一些地方和部门选人用人风气不正，形式主义、官僚主义、享乐主义和奢靡之风盛行，特权思想和特权现象较为普遍存在。特别是搞任人唯亲、排斥异己的有之，搞团团伙伙、拉帮结派的有之，搞匿名诬告、制造谣言的有之，搞收买人心、拉动选票的有之，搞封官许愿、弹冠相庆的有之，搞自行其是、阳奉阴违的有之，搞尾大不掉、妄议中央的也有之，政治问题和经济问题相互交织，贪腐程度触目惊心。这“七个有之”问题严重影响党的形象和威信，严重损害党群干群关系，引起广大党员、干部、群众强烈不满和义愤。党的十八大以来，经过坚决斗争，全面从严治党的政治引领和政治保障作用充分发挥，党的自我净化、自我完善、自我革新、自我提高能力显著增强，管党治党宽松软状况得到根本扭转，反腐败斗争取得压倒性胜利并全面巩固，消除了党、国家、军队内部存在的严重隐患，党在革命性锻造中更加坚强。但是，也必须清醒地看到，党面临的执政考验、改革开放考验、市场经济考验、外部环境考验将长期存在，精神懈怠危险、能力不足危险、脱离群众危险、消极腐败危险将长期存在，党内存在的思想不纯、政治不纯、组织不纯、作风不纯等突出问题尚未得到根本解决。与国内外形势发展变化相比，与党所承担的历史任务相比，党的领导水平和执政水平、党组织建设状况和党员干部素质、能力、作风都还有不小差距，党要管党、全面从严治党任重而道远。

统筹中华民族伟大复兴战略全局和世界百年未有之大变局，就要深刻把握战略性有利条件。2022 年全国两会期间，习近平总书记在参加全国政协农业界、社会福利和社会保障界委员联组讨论时指出："我国发展仍具有诸多战略性的有利条件。"这些战略性有利条件包括"有中国共产党的坚强领导""有中国特色社会主义制度的显著优势""有持续快速发展积累的坚实基础""有长期稳定的社会环境""有自信自强的精神力量"等五个方面。"五个战略性有利条件"是深刻总结党和人民奋进历程后得出的重要结论，更是在百年变局和世纪疫情交织影响下为中国发展注入的强大信心。"有中国共产党的坚强领导"，体现为总揽全局、协调各方，为党和国家沉着应对各种重大风险挑战提供根本政治保证，这在中国特色社会主义发展全局中起到"定海神针"的战略作用。"有中国特色社会主义制度的显著优势"，在党的坚强领导下，中国特色社会主义制度探索形成并不断完善，表现出了13个方面的显著优势，正是这种显著优势转化为强大的治理效能，才能展现“中国之治”的无比优越性，这是确保我们党领导的伟大事业从胜利走向胜利的正确道路和战略优势。“有持续快速发展积累的坚实基础”，新中国成立70多年特别是改革开放40多年来，我国用几十年时间走完了发达国家几百年走过的发展历程，不断书写“当惊世界殊”的发展奇迹，正是这种坚实基础，才铸就了我国发展所具有的强大战略韧性和生机活力。“有长期稳定的社会环境”，我们在创造世所罕见的经济快速发展奇迹的同时，也创造了社会长期稳定奇迹，新时代的伟大变革，又书写了经济快速发展和社会长期稳定两大奇迹新篇章，形成政治稳定、经济发展、文化繁荣、民族团结、人民幸福、社会安宁的良好局面，助力形成了中国不断释放更加强劲发展活力的战略格局。“有自信自强的精神力量”，实现中华民族伟大复兴进入不可逆转的历史进程，中国人民更加自信、自立、自强，也积攒了踔厉奋发、笃行不怠的志气、骨气、底气，有助于形成中华儿女奋勇向前的战略局面和战略信心。

真正的历史唯物主义者既是世界历史发展的参与者，也是世界历史发展的塑造者。我们必须保持战略定力、发扬斗争精神，越是乱云飞渡、惊涛拍岸，越要处变不惊、沉着应对，增强历史自信和历史自觉，把握战略主动，发挥制度优势，强化自我革命，推进社会革命，更好引领世界大变局朝着有利于中华民族伟大复兴、有利于世界和平与进步的方向发展。

第二节　建设廉洁政治是党和国家总蓝图的基本要素

善治国者，善于谋势；决胜负者，长于布局。中国共产党是世界上最大的政党，立志于中华民族千秋伟业。党的十八大以来，以习近平同志为核心的党中央提出实现中华民族伟大复兴的中国梦，明确在全面建成小康社会基础上全面建成社会主义现代化强国，强调要使党真正成为世界上最强大的一个政党，倡导共同建设人类命运共同体，形成了党和国家总蓝图。而反对腐败、建设廉洁政治，则是党和国家总蓝图的基本要素。

一、实现中华民族伟大复兴的中国梦包含着“廉洁梦”“清廉梦”

2012 年 11 月 29 日，党的十八大闭幕不久，习近平总书记率中央政治局常委和中央书记处的同志来到国家博物馆，参观《复兴之路》展览。习近平总书记深情指出：“现在，大家都在讨论中国梦，我以为，实现中华民族伟大复兴，就是中华民族近代以来最伟大的梦想。”此后，他又在国内外很多重要场合，对中国梦进行了深刻阐述。中华民族伟大复兴的中国梦一经提出，就产生强大的号召力和感染力，成为激励中华儿女团结奋进、开辟未来的一面精神旗帜。实现中华民族伟大复兴的中国梦，是以习近平同志为核心的党中央对全体人民的庄严承诺，是党和国家面向未来的政治宣言，充分体现了我们党高度的历史担当和使命追求，为坚持和发展中国特色社会主义注入了崭新内涵。“中国梦的本质是国家富强、民族振兴、人民幸福。”中国梦的最大特点，就是把国家、民族和个人作为一个命运共同体，把国家利益、民族利益和每个人的具体利益紧紧联系在一起，体现了中华民族的家国情怀。

中国梦，理所当然地包含着“廉洁梦”“清廉梦”。中国人历来都对廉洁政治有着深深的向往和憧憬，中国共产党人始终将建设廉洁政治作为孜孜以求的奋斗目标。早在 1927 年，毛泽东同志就在《湖南农民运动考察报告》中提出了“廉洁政府”的理念。1941 年 5 月，中央颁布的《陕甘宁边区施政纲领》第一次提出“廉洁政治”概念。1945 年 4 月，毛泽东同志在《论联合政府》中将“惩办贪官污吏，实现廉洁政治”作为“我们的具体纲领”。党的十八大郑重提出建设廉洁政治的重大任务，要求做到干部清正、政府清廉、政治清明，彰显了中国共产党人始终如一的崇高政治追求。实现中国梦，意味着中国经济实力和综合国力、国际地位和国际影响力大大提升，意味着中华民族以更加昂扬向上、文明开放的姿态屹立于世界民族之林，意味着中国人民过上更加幸福安康的生活，意味着清廉中国全面建成。

二、先进纯洁是世界上最强大的政党必然要求

2016年2月，习近平总书记在中央政治局常委会会议审议“两学一做”学习教育方案时明确指出：“我们党要搞好自身建设，真正成为世界上最强大的一个政党。”这一重要论述，鲜明表达了中国共产党推进党的建设新的伟大工程的崇高志向和远大追求，体现了以习近平同志为核心的党中央管党治党的坚定决心和高度自信，反映了我们这样一个马克思主义政党的宽阔眼界和历史担当。

为什么要把中国共产党建设成为世界上最强大的政党？一言以蔽之，就是因为我们党是一个在14亿多人口的发展中大国执政的马克思主义政党，肩负着实现中华民族伟大复兴和促进人类文明发展的历史重任，理想最崇高，使命最艰巨，事业最伟大。建设成为世界上最强大的政党，是理想所寄，使命所系，事业所需。党的十八大以来，以习近平同志为核心的党中央把全面从严治党纳入“四个全面”战略布局，以自我革命的政治勇气大力解决党自身存在的突出问题，持之以恒抓思想从严、监督从严、执纪从严、治吏从严、作风从严、反腐从严，管党治党宽松软状况得到根本扭转。行百里者半九十。习近平总书记特别强调：“现在需要‘愈大愈惧，愈强愈恐’的态度，切不可在管党治党上有丝毫松懈。”“全党必须牢记，全面从严治党永远在路上，党的自我革命永远在路上，决不能有松劲歇脚、疲劳厌战的情绪，必须持之以恒推进全面从严治党，深入推进新时代党的建设新的伟大工程，以党的自我革命引领社会革命。”这些重要论述，充分彰

显了以习近平同志为核心的党中央从严管党治党的战略清醒和坚定决心。

英国广播公司网站2021年发文称，中国共产党在全国执政已近72年，成为历史上执政时间最长的共产党。英国剑桥大学高级研究员马丁·雅克分析认为，中国共产党不同于世界任何其他政党，它的存在促使我们重新思考什么是政党。俄罗斯《真理报》分析中国共产党成功的重要秘诀：掌握先进的理论，并能向历史和人民群众学习。哈萨克斯坦《实业报》网站指出，与西方政党松散的管理风格不同，中国共产党的组织纪律严明，能够形成统一意志、采取统一行动，在整合力量及资源完成重要任务方面具有制度优势，从而确保了党的凝聚力、战斗力和行动力。

三、人类命运共同体也是反对腐败命运共同体

5000多年的中华文明史，追求天下大同是终极理想。出自《礼记·礼运》的“大同”，代表了儒家修己安人、治国平天下的追求，和对公正、民本、和谐天下秩序的向往。

“天下大同”虽源于古代、源自中国，却面向未来、面向世界。为全人类作出更大贡献，是中国共产党人的精神追求和自觉实践。1956年，毛泽东同志就曾说：“中国应当对于人类有较大的贡献。”党的十八大以来，以习近平同志为核心的党中央深刻洞察时代发展潮流和世界发展大势，提出构建人类命运共同体的中国方案，体现了大格局、大视野、大胸怀、大担当，成为中国引领时代潮流和人类文明进步方向的鲜明旗帜。“中国共产党所做的一切，就是为中国人民谋幸福、为中华民族谋复兴、为人类

谋和平与发展。”习近平总书记这样阐述这个百年大党的天下情怀与担当。从2013年3月担任中国国家主席后首次出访，在俄罗斯莫斯科国际关系学院提出当今世界“越来越成为你中有我、我中有你的命运共同体”，到2015年在纽约联合国总部阐述构建人类命运共同体“五位一体”的总体路径；从2017年在联合国日内瓦总部进一步提出建设“五个世界”的总体布局，到2020年倡导打造人类卫生健康共同体倡议，再到2021年在第76届联合国大会一般性辩论上首次提出构建全球发展命运共同体……人类命运共同体理念的丰富内涵与实践版图与时俱进，不断拓展，为动荡变革世界廓清迷雾，为全球发展指明前行方向。

人类命运共同体理念继承和发扬了马克思主义“自由人联合体”思想，以和平、发展、公平、正义、民主、自由的全人类共同价值为遵循，以实现人的自由全面发展、实现全人类幸福为目标，蕴含着对人类文明形态的前瞻性思考。这一理念汲取中国传统文化智慧，秉持立己达人、兼善天下的价值取向，坚守大道之行、天下为公的治理原则，追寻和合共生、天下大同的高远理想，推动建设持久和平、普遍安全、共同繁荣、开放包容、清洁美丽的世界，有助于弥合人类社会的“认知鸿沟”，日益成为时代精神的重要组成部分。构建人类命运共同体倡议提出后，在国际社会迅速取得广泛共识。2017年2月10日，“人类命运共同体”被联合国首次写入联大决议，之后又被连续写入联大决议。面对全球反腐败治理规则博弈激烈、以美国为首的西方国家企图将腐败问题政治化的局面，以习近平同志为核心的党中央勇于担当历史责任，主动提出一系列反腐败国际合作倡议。习近平总书记亲自谋划、亲自部署、亲自推动，在重大多双边外交活动中就合作打击跨国腐败广泛凝聚国际共识，引领反腐败国际合作潮流，中国在全球反腐败领域的话语权和规则制定权不断拓展，各国携手打击腐败的同心圆越画越大。作为构建人类命运共同体努力的一部分，2013 年，习近平总书记提出共建丝绸之路经济带和 21 世纪海上丝绸之路重大倡议，得到国际社会特别是沿线国家的积极响应。在推进“一带一路”建设中，中国政府一贯重视投资合作中的廉洁建设，发出廉洁丝绸之路北京倡议，加快推进廉洁丝绸之路机制化平台建设，推广中老铁路廉洁建设经验，廉洁丝绸之路朋友圈不断扩大、成效不断彰显。

有西方学者分析，中国共产党的成功至少包括三层含义，即它改变着中国，也在改变着世界，当然它也在突破传统的“自我”，改变着自己。保加利亚共产党第一书记亚历山大·保诺夫认为，中国共产党为人民谋幸福、为民族谋复兴、为世界谋大同的一百年，是一堂恢弘的历史课，这是中国共产党的伟大创举，对全世界、对国际工人运动和共产主义运动来说都是宝贵的经验。他相信，中国共产党还有很多“百年马拉松”要跑，中国共产党有足够的政治智慧和政治品格去应对新的挑战。

第三节　坚定不移全面从严治党是走好新时代长征路的重要保障

历史经验告诉我们，治国理政需要有大视野、大思路、大战略。党的十八大以来，以习近平同志为核心的党中央统揽“四个伟大”，统筹推进“五位一体”总体布局和协调推进“四个全面”战略布局，如期打赢脱贫攻坚战，如期全面建成小康社会、实现第一个百年奋斗目标，开启全面建设社会主义现代化国家、向第二个百年奋斗目标进军新征程。在这波澜壮阔的历史进程中，正风肃纪反腐有机融入党和国家战略全局，以正风肃纪反腐为重点任务的伟大斗争、伟大工程、全面从严治党有效发挥了引领保障作用。

一、党风廉政建设和反腐败斗争是伟大斗争的重要战场、伟大工程的重要内容、伟大事业的重要保障、伟大梦想的重要路径

党的十九大报告将伟大斗争、伟大工程、伟大事业、伟大梦想作为一个完整体系提出。“四个伟大”集中体现了党在新时代

治国理政的总方略，凸显了新的历史条件下中国共产党肩负的使命和担当。

“进行伟大斗争”明确宣示了我们“以什么样的精神状态”治国理政。在“四个伟大”中，“伟大斗争”是排在首位的。这是因为，社会是在矛盾运动中前进的，有矛盾就会有斗争。我们党要团结带领人民有效应对重大挑战、抵御重大风险、克服重大阻力、解决重大矛盾，必须进行具有许多新的历史特点的伟大斗争。1962 年，毛泽东同志提出，“从现在起，五十年内外到一百年内外，是世界上社会制度彻底变化的伟大时代，是一个翻天覆地的时代，是过去任何一个历史时代都不能比拟的。处在这样一个时代，我们必须准备进行同过去时代的斗争形式有着许多不同特点的伟大的斗争”。党的十八大以来，习近平总书记反复强调，“我们正在进行具有许多新的历史特点的伟大斗争，面临的挑战和困难前所未有”，“发展中国特色社会主义是一项长期的艰巨的历史任务，必须准备进行具有许多新的历史特点的伟大斗争”。进行具有许多新的历史特点的伟大斗争，就是我们党站在新的历史起点上，面对前进道路上的各种艰难险阻，带领和团结全国各族人民以敢于斗争的精神状态，在坚持和发展中国特色社会主义的历史进程中攻坚克难，为建设富强民主文明和谐美丽的社会主义现代化国家，实现中华民族伟大复兴而顽强奋斗、艰苦奋斗、不懈奋斗。中国共产党和中国人民是在斗争中成长和壮大起来的，斗争精神贯穿于中国革命、建设、改革各个时期。今天，我们比历史上任何时期都更接近实现中华民族伟大复兴的目标，比历史上任何时期都更有信心、更有能力实现这个目标。但是，实现中国梦不可能一帆风顺，“在前进道路上我们面临的风险考验只会越来越复杂，甚至会遇到难以想象的惊涛骇浪。我们面临的各种斗争不是短期的而是长期的，至少要伴随我们实现第二个百年奋斗目标全过程”，而且，越接近目标，面临的风险就越大，遇到的问题就越复杂。这就要求我们发扬斗争精神，更加自觉地坚持党的领导和我国社会主义制度，坚决反对一切削弱、歪曲、否定党的领导和我国社会主义制度的言行；更加自觉地维护人民利益，坚决反对一切损害人民利益、脱离群众的行为；更加自觉地投身改革创新时代潮流，坚决破除一切顽瘴痼疾；更加自觉地维护我国主权、安全、发展利益，坚决反对一切分裂祖国、破坏民族团结和社会和谐稳定的行为；更加自觉地防范各种风险，坚决战胜一切在政治、经济、文化、社会等领域和自然界出现的困难和挑战。

“建设伟大工程”明确宣示了我们“以什么样的主体力量”治国理政。伟大斗争，伟大工程，伟大事业，伟大梦想，紧密联系、相互贯通、相互作用，其中起决定性作用的是党的建设新的伟大工程。习近平总书记强调，党要团结带领人民进行伟大斗争、推进伟大事业、实现伟大梦想，必须毫不动摇坚持和完善党的领导，毫不动摇推进党的建设新的伟大工程，把党建设得更加坚强有力。历史一再证明，中国这样一个大国，最怕的就是一盘散沙、四分五裂。而能够把中国各地区、各民族十几亿人的力量凝聚起来，除了中国共产党，没有任何一个政治组织具有这样的条件和能力。100 多年来的实践证明，无论遇到什么样的风险、危机和艰难险阻，我们党都能带领人民不断从胜利走向胜利。中国特色社会主义最本质的特征是中国共产党领导，中国特色社会主义制度的最大优势是中国共产党领导。坚持和完善党的领导，是党和国家的根本所在、命脉所在，是全国各族人民的利益所在、幸福所在。坚持和完善党的领导，必须加强和改进党的建设。“打铁必须自身硬”，讲的就是这个道理。我国正处在改革开放的关键时期，随着经济体制深刻变革、社会结构深刻变动、利益格局深刻调整、思想观念深刻变化，各种社会矛盾逐渐显露。这些新情况，尤其是世情、国情、党情的发展变化，使我们党面临着许多前所未有的新考验，党的建设任务比以往任何时候都更加繁重。只有以自我革命的政治勇气，着力解决党自身存在的突出问题，不断增强党自我净化、自我完善、自我革新、自我提高能力，经受“四大考验”，克服“四种危险”，才能确保党始终成为中国特色社会主义事业的坚强领导核心。

“推进伟大事业”明确宣示了我们治国理政要“举什么旗，走什么路”。无论搞革命、搞建设、搞改革，道路问题都是最根本的问题。我们之所以能够创造出人类历史上前无古人的发展成就，最根本的原因就在于走出了中国特色社会主义的正确道路。党的十八大以来，在新中国成立特别是改革开放以来我国发展取得重大成就的基础上，党和国家事业取得历史性成就、发生历史性变革，中国特色社会主义进入了新的发展阶段。习近平总书记指出：“中国特色社会主义不断取得的重大成就，意味着近代以来久经磨难的中华民族实现了从站起来、富起来到强起来的历史性飞跃，意味着社会主义在中国焕发出强大生机活力并不断开辟发展新境界，意味着中国特色社会主义拓展了发展中国家走向现代化的途径，为解决人类问题贡献了中国智慧、提供了中国方案。”“中国特色社会主义是改革开放以来党的全部理论和实践的主题，全党必须高举中国特色社会主义伟大旗帜，牢固树立中国特色社会主义道路自信、理论自信、制度自信、文化自信，确保党和国家事业始终沿着正确方向胜利前进。”事实雄辩地证明，要发展中国、稳定中国，要全面建成社会主义现代化强国，要实现中华民族伟大复兴的中国梦，必须坚定不移坚持和发展中国特色社会主义。现在，最关键的是坚定不移走这条道路、与时俱进拓展这条道路，推动中国特色社会主义道路越走越宽广。坚持和发展中国特色社会主义，坚持和完善党和国家监督体系是应有之义，必须把监督融入治理、以监督促进治理，强化对权力运行的制约和监督，形成决策科学、执行坚决、监督有力的权力运行机制，确保人民赋予的权力始终用来为人民谋幸福，为党和国家事业发展提供有力保障。

“实现伟大梦想”明确宣示了我们“朝着什么样的目标”治国理政。中国梦是历史的、现实的，也是未来的，既承担着中华民族的历史使命，又承担着当代中国的使命，也承担着未来中国发展走向的使命。习近平总书记指出：“我们这一代共产党人一定要承前启后、继往开来，把我们的党建设好，团结全体中华儿女把我们国家建设好，把我们民族发展好，继续朝着中华民族伟大复兴的目标奋勇前进。”在新的历史起点上，实现中华民族伟大复兴的中国梦，既需要攻坚克难进行具有许多新的历史特点的伟大斗争，也需要毫不动摇推进党的建设新的伟大工程，还需要坚定不移推进中国特色社会主义伟大事业，而全面从严治党、推进党风廉政建设和反腐败斗争则是贯穿其中的一条重要红线。

二、全面从严治党要求须贯彻到“五位一体”总体布局各方面、全过程

改革开放以来，党和国家先后从不同角度对中国特色社会主义事业的总体布局作出了规划和部署。1986 年 9 月，党的十二届六中全会在《中共中央关于社会主义精神文明建设指导方针的决议》中第一次提出，“我国社会主义现代化建设的总体布局是：以经济建设为中心，坚定不移地进行经济体制改革，坚定不移地进行政治体制改革，坚定不移地加强精神文明建设，并且使这几个方面互相配合，互相促进”。1987 年，党的十三大制定社会主义初级阶段的基本路线。邓小平认为，这是一个根本的战略布局。1989 年 11 月，他强调，“十三大确定了‘一个中心、两个基本点’的战略布局”，“这个战略布局我们一定要坚持下去，永远不改变”。随后，党中央逐步形成了经济、政治、文化建设三位一体的总体布局。2005 年，党中央提出建设社会主义和谐社会，又将三位一体发展为包括社会建设的四位一体。党的十八大报告进一步把“大力推进生态文明建设”纳入总体布局中，将中国特色社会主义的总体布局扩展为五位一体。2012 年 11 月 17 日，在十八届中央政治局第一次集体学习时，习近平总书记指出：“我们要按照这个总布局，促进现代化建设各方面相协调，促进生产关系与生产力、上层建筑与经济基础相协调。”

中国特色社会主义是我们党领导的伟大事业，“五位一体”中的任何一“位”，都必须坚持和加强党的领导。而要确保党始终

成为中国特色社会主义事业的坚强领导核心，就必须以自我革命的政治勇气，着力解决党自身存在的突出问题，坚定不移推进全面从严治党，深入开展党风廉政建设和反腐败斗争。在经济建设中，要以监督检查、正风肃纪、追责问责，全力保障党中央关于经济发展决策部署的贯彻落实，全力清除污染发展环境的歪风邪气，全力推动构建亲清政商关系，将防治腐败措施寓于经济发展全过程、各方面。在政治建设中，要在强化政治监督中坚定拥护“两个确立”、坚决做到“两个维护”，促进党的领导、人民当家作主、依法治国有机统一，推动社会主义民主不断发展、党内民主更加广泛、各领域办事公开制度日益完善，把全面依法治国的各项举措落到实处。在文化建设中，要高标准谋划、高质量推进廉洁文化建设，充分发挥廉洁文化的引领作用、激励作用和导向作用，推动党风政风、社风民风持续改善。在社会建设中，要坚持人民至上，不断健全基层治理体系，坚决整治群众身边的腐败和不正之风，让群众感受到全面从严治党就在身边、正风反腐就在身边。在生态文明建设中，要抓住“关键少数”和关键环节，以问责追责推动“两山理论”、碳达峰碳中和等生态理念成为广大党员、干部的高度自觉，以监督执纪执法铲断利益输送的链条。走进新时代，踏上新征程，充分发挥全面从严治党政治引领和政治保障作用，把“五位一体”总体布局统筹推向前进，我们就一定能不断开辟中国特色社会主义事业新局面，奋力谱写社会主义现代化新征程的壮丽篇章。

三、全面从严治党在“四个全面”战略布局中发挥着政治引领和政治保障作用

“四个全面”战略布局，是党在新时代把握我国发展新特征确定的治国理政的总方略，抓住了党和国家事业发展中根本性、全局性、紧迫性的重大问题，完善了推进改革开放和现代化建设的顶层设计，集中体现了党和国家事业长远发展的战略目标和举措。

“四个全面”战略布局首次提出时，包括全面建成小康社会、全面深化改革、全面依法治国、全面从严治党。2014 年 12 月，习近平总书记在江苏考察调研时，首次要求“协调推进全面建成小康社会、全面深化改革、全面推进依法治国、全面从严治党，推动改革开放和社会主义现代化建设迈上新台阶”。2015 年 2 月 2 日，在省部级主要领导干部专题研讨班开班式上，习近平总书记明确将“四个全面”定位为“战略布局”，指出：“这个战略布局，既有战略目标，也有战略举措，每一个‘全面’都具有重大战略意义。全面建成小康社会是我们的战略目标，全面深化改革、全面依法治国、全面从严治党是三大战略举措。”党的十九届五中全会提出，“统筹推进经济建设、政治建设、文化建设、社会建设、生态文明建设的总体布局，协调推进全面建设社会主义现代化国家、全面深化改革、全面依法治国、全面从严治党的战略布局”，并指出“全党全国各族人民要再接再厉、一鼓作气，确保如期打赢脱贫攻坚战，确保如期全面建成小康社会、实现第一个百年奋斗目标，为开启全面建设社会主义现代化国家新征程

奠定坚实基础”。这表明“四个全面”战略布局的内容，正式由“协调推进全面建成小康社会、全面深化改革、全面依法治国、全面从严治党”发展为“协调推进全面建设社会主义现代化国家、全面深化改革、全面依法治国、全面从严治党”。二十大党章在总纲部分也作了相应调整。

把我国建设成为社会主义现代化强国，既是近代以来中华民族演进的历史趋势和中国特色社会主义发展的内在逻辑，也是新时代中国共产党的历史使命。从全面建成小康社会到基本实现现代化，再到全面建成社会主义现代化强国的“两步走”战略安排，既立足于当前中国发展的实际，也适应未来中国发展的新趋势，完整勾画了我国社会主义现代化强国建设的时间表、路线图。全面建成社会主义现代化强国、走好实现第二个百年奋斗目标新的赶考之路，指明了我们党新的历史方位和前进方向。党和人民事业发展到什么阶段，全面从严治党就要跟进到什么阶段。迈进新阶段、踏上新征程，必须深入贯彻全面从严治党战略方针，充分发挥全面从严治党引领保障作用，确保党中央重大决策部署贯彻落实到位，消除一切损害党的先进性和纯洁性的因素，清除一切侵蚀党的健康肌体的病毒，为全面建成社会主义现代化强国提供坚强保证。

全面深化改革作为推进国家治理体系和治理能力现代化的根本动力，是实现社会主义现代化和中华民族伟大复兴中国梦的必由之路。“广大配天地，变通配四时”,“穷则变，变则通，通则久”。中国特色社会主义伟大事业所取得的辉煌成就，正是源于不断深化改革开放，不断推进国家治理体系和治理能力现代化。

中央纪委国家监委坚决贯彻党中央决策部署，以党的纪律检查体制改革统领牵引、出招破局，以国家监察体制改革创制突破、提升效能，以纪检监察机构改革配套保障、协同推动，有力有序推进纪检监察体制改革，党的十八届三中全会到十九届三中全会部署的改革任务已基本完成，党对反腐败工作的集中统一领导全面加强，国家监察体系总体框架已经构建，纪委监委合署办公的组织架构建立完善，重点领域和关键环节改革接续实现重大突破，体制机制制度"四梁八柱"基本确立，进入系统集成、协同高效新阶段。

全面依法治国是国家治理的一场深刻革命，它与全面深化改革是"鸟之两翼""车之双轮"，是推进中国特色社会主义现代化建设的重要支柱，也为全面从严治党、深入开展反腐败斗争提供了法治支撑。习近平总书记在十八届中央纪委二次全会上提出，"要善于运用法治思维和法治方式反对腐败，加强反腐败国家立法，加强反腐倡廉党内法规制度建设，让法律制度刚性运行"。党的十九大再次强调要坚持厉行法治，推进反腐败国家立法。我们党一方面加强党内法规制度建设，与时俱进修改党章，制定修订关于新形势下党内政治生活的若干准则、廉洁自律准则和党纪处分条例、党内监督条例、问责条例、巡视工作条例等一大批党内法规；另一方面加快反腐败国家立法进程，修改宪法，制定监察法、政务处分法、监察官法，修订刑法、刑事诉讼法等法律法规，实现有纪可执、有法可依。各级纪检监察机关依规依纪依法履行职责，确保监督执纪执法工作始终在法治轨道上运行，实现政治效果、纪法效果、社会效果有机统一。

全面从严治党确保我们党始终成为中国特色社会主义事业的坚强领导核心，为实现中华民族伟大复兴的中国梦提供坚强的政治引领和政治保障。办好中国的事情，关键在党。全面从严治党是党的十八大以来党中央抓党的建设的鲜明主题。党的十八大以来，以习近平同志为核心的党中央把全面从严治党纳入“四个全面”战略布局，以前所未有的勇气和定力推进全面从严治党，探索出一条长期执政条件下解决自身问题、跳出历史周期率的成功道路。

第三章

核心领航

坚持正确政治方向

习近平总书记指出："政治方向是党生存发展第一位的问题，事关党的前途命运和事业兴衰成败。""我们所要坚守的政治方向，就是共产主义远大理想和中国特色社会主义共同理想、'两个一百年'奋斗目标，就是党的基本理论、基本路线、基本方略。"这从本质上深刻地揭示了正确政治方向的科学内涵。政治问题，任何时候都是根本性的大问题。伟大时代需要思想指引，伟大事业需要核心领航。这既是反腐败斗争取得压倒性胜利并全面巩固的决定性因素，更是下一步反腐败斗争向纵深发展的根本保证。

第一节　党中央集中统一领导是根本政治保证

2022 年 3 月 5 日，习近平总书记在参加十三届全国人大四次会议内蒙古代表团审议时，回顾新时代党和人民奋进历程，首次鲜明提出“五个必由之路”重大论断，在党的二十大报告中又重申了这一重大论断，这是我们在长期实践中得出的至关紧要的规律性认识，必须倍加珍惜、始终坚持。其中，“坚持党的全面领导是坚持和发展中国特色社会主义的必由之路”居于“五个必由之路”之首，是我们系统理解、深刻把握这一重要论断的关键点。

一、中国共产党的领导地位，是历史和人民的选择

回望中华民族历史，一个近代以后遭遇深重危机的民族，如何摆脱国家蒙辱、人民蒙难、文明蒙尘的历史波动？一个基础差、底子薄、人口众多、资源分布和经济社会发展不平衡的超大规模国家，怎样实现有效治理和经济社会发展？从四分五裂、一盘散沙到高度统一、民族团结，从积贫积弱、一穷二白到全面小康、繁荣富强，从被动挨打、饱受欺凌到独立自主、坚定自信，

从仅用几十年时间就走完发达国家几百年走过的工业化历程，到创造经济快速发展和社会长期稳定两大奇迹，中国人民和中华民族之所以能够扭转近代以后的命运、取得今天的伟大成就，最根本的就是有中国共产党的坚强领导。党和人民百年奋斗，书写了中华民族几千年历史上最恢宏的史诗，历史雄辩证明："没有中国共产党，就没有新中国，就没有中华民族伟大复兴。只有中国共产党才能领导中国，中国共产党领导是全党全国各族人民共同意志和根本利益的体现，是实现中华民族伟大复兴的根本保证。"

中国从秦朝起，就追求建立集中统一的国家，治理广大的疆域和人口。5000 多年厚重的历史文化底蕴，长期以来国家统一的历史，决定了中华民族的发展必须要有一个主轴，一个中流砥柱的执政集团和政治组织。近代以来，中国遭遇"三千年未有之大变局"，被坚船利炮轰开国门，强行拉进了弱肉强食、优胜劣汰的现代世界体系。在大部分时间里，中国积贫积弱、落后挨打，但中国人民没有屈服，无数仁人志士前赴后继，矢志不渝地探求民族复兴的道路，尝试过多种方案，历经了无数失败。十月革命一声炮响，给中国送来了马克思列宁主义。中国一批最早的先进分子完成了建党伟业，中国的命运才得以彻底改变。1921 年 7 月 23 日，中国共产党第一次全国代表大会在上海开幕。最后一天的会议转移到浙江嘉兴南湖的游船上举行。党的一大宣告中国共产党正式成立。中国产生了中国共产党，这是开天辟地的大事变。毛泽东同志在总结这段历史的时候，有一段精辟的论述，他指出："既要革命，就要有一个革命党。没有一个革命的党，没有一个按照马克思列宁主义的革命理论和革命风格建立起来的革命党，就不可能领导工人阶级和广大人民群众战胜帝国主义及其走狗。自从马克思主义产生以来的一百多年的时间内，只是在有了俄国布尔什维克领导十月革命、领导社会主义建设和战胜法西斯侵略的榜样的时候，才在世界范围内建立了和发展了新式的革命党。自从有了这样的革命党，世界革命的面目就起了变化了。这个变化是如此巨大，以至使老一辈的人们完全不能设想的变革，都轰轰烈烈地出现了。中国共产党就是依照苏联共产党的榜样建立起来和发展起来的一个党。自从有了中国共产党，中国革命的面目就焕然一新了。”中国共产党同其他政治团体一样，从诞生之日起就要回答好如何启蒙和救亡这个时代命题，承担起拯救中国和复兴民族的重大责任。经过 100 多年的接续奋斗，历尽无数失败、牺牲、挫折、反复，党带领中国人民建立了社会主义新中国，开创和发展了中国特色社会主义道路，迎来了从站起来、富起来到强起来的伟大飞跃。

二、中国共产党的领导是党和国家的根本所在、命脉所在，是全国各族人民的利益所系、命运所系

70 多年前，中国共产党中央机关在陕西米脂县杨家沟战斗并生活了 120 天。毛泽东同志在这里写下 40 余篇文献及 80 余封电文稿，用电台指挥全国解放战争。“嘀嗒、嘀嗒、嘀嗒……”一封封电报、一道道电波，让“毛主席和党中央的声音”从陕北窑洞飞向各个战场。全党全军无条件执行命令，上下“如同一个和睦的家庭一样，如同一块坚固的钢铁一样”，摧枯拉朽、所向披靡。40 多年前，我们党深刻总结历史经验教训，于 1980 年制

定了《关于党内政治生活的若干准则》，重申了“四个服从”的原则，明确“全党服从中央，是维护党的集中统一的首要条件”，强调“坚持党性，根绝派性”。此后，党内政治生活逐步正常化、规范化，民主集中制得到更好贯彻落实，党中央权威和集中统一领导进一步加强和改善。正是由于加强了党的领导，改革开放后，我们不仅成功抵御了苏联解体、苏共垮台、东欧剧变、颜色革命等严重冲击，而且开创了中国特色社会主义，党和国家事业取得新的发展。这些年经济社会发展的巨大成就，社会的长期稳定，人民生活水平的大幅度提升，都是以党的领导为根本前提的。

中国特色社会主义进入新时代，党中央从战略高度把方向、谋大局、定政策、促改革，在危机中育先机、于变局中开新局，动员各级党组织尽锐出战、慎终如始，提前十年消除绝对贫困，如期全面建成小康社会，胜利实现第一个百年奋斗目标，顺利迈向第二个百年奋斗目标新征程。在国际风云变幻中保持战略定力，敢于斗争、善于斗争，坚决顶住美国对我国的遏制打压，有力反制敌对势力在涉港、涉台、涉疆、涉藏等问题上的卑劣行径，坚决维护国家核心利益。实践充分证明：风雨来袭时，中国共产党始终是中国人民最可靠的主心骨；披荆斩棘之路，中国共产党始终是中华民族复兴征程上最坚强的领导核心。什么时候坚持和加强党的全面领导，党和国家的事业就会大踏步前进；反之，就要受到严重损失。中国共产党具有无比坚强的领导力、组织力、执行力，是团结带领人民攻坚克难、开拓前进最可靠的领导力量。

党的领导，是中国特色社会主义最本质的特征，是中国特色社会主义制度的最大优势，也是我们这么大的一个国家能够团结、统一、稳定、繁荣的制胜机理。党的十九届二中全会审议通过的《中共中央关于修改宪法部分内容的建议》，站在健全完善党和国家领导制度、推进国家治理体系和治理能力现代化的高度，作出了一系列重大制度设计，其中包括把“中国共产党领导是中国特色社会主义最本质的特征”载入宪法。党的十九届四中全会系统总结了我国国家制度和国家治理体系 13 个方面的显著优势，其中党的领导的制度优势是打头的、管总的，统揽和决定了其他方面优势的发挥。党的十九届五中全会提出了“十四五”规划和 2035 年远景目标建议，党的全面领导是经济社会发展必须遵循的首要原则。党的十九届六中全会以“十个坚持”系统总结百年伟大奋斗所积累的宝贵历史经验，并把“坚持党的领导”放在首位，把党的领导与社会主义制度内在统一起来，从社会主义本质属性的高度确定党在国家中的领导地位，有利于发挥党总揽全局、协调各方作用，更好地为坚持和加强党的全面领导提供根本制度保障。

苏共中央原政治局委员、书记处书记利加乔夫在对比中苏改革时曾分析：“为什么我国的所谓改革导致一个世界大国解体，使千百万人民陷入贫困，处于无权地位，把我们俄罗斯抛到了资本主义一边；而中国的经济改革却能把国家引导到建设、进步、改善人民生活的道路上，使中国进入了世界大国的行列呢？……第一个也是最重要的因素是，中国共产党的领导作用。”

三、坚持和加强党的领导，必须坚持党中央权威和集中统一领导，加强党的全面领导，推进党要管党、全面从严治党

坚持党的领导，首先是坚持党中央集中统一领导；维护党的权威，首先是维护党中央权威。党的十八大以来，习近平总书记指出“维护党中央权威和集中统一领导，是我国革命、建设、改革的重要经验，是一个成熟的马克思主义执政党的重大建党原则”，强调“坚持党的领导，首先是坚持党中央权威和集中统一领导，这是党的领导的最高原则”，明确“加强和维护党中央集中统一领导是全党共同的政治责任”。在国家治理体系大棋局中，党中央是坐镇中军帐的“帅”。中央委员会、中央政治局、中央政治局常委会是党的领导决策核心。党中央作出的决策部署，纪检监察机关和党的组织、宣传、统战、政法等部门要贯彻落实，人大、政府、政协、法院、检察院的党组织要贯彻落实，企事业单位、人民团体等的党组织也要贯彻落实。在以习近平同志为核心的党中央集中统一领导下，全党思想上更加统一、政治上更加团结、行动上更加一致，党的政治领导力、思想引领力、群众组织力、社会号召力显著增强，党和国家事业取得历史性成就、发生历史性变革。

党的领导是全面领导，在领导对象上是全覆盖的，在领导领域上也是全覆盖的。1962 年 1 月，毛泽东同志在扩大的中央工作会议上指出，“工农商学兵政党这七个方面，党是领导一切的”，20 世纪 70 年代深化为“党政军民学，东西南北中，党是

领导一切的”。党的领导涵盖改革发展稳定、内政外交国防、治党治国治军所有领域和各个方面，贯穿在“五位一体”总体布局之中，渗透在党、国家和社会管理方方面面，是全方位、全领域、多种方式的领导，是广义的不是狭义的，是具体的不是抽象的，既有宏观领导也有微观领导。党的十九大进一步明确了党是最高政治力量，居于总揽全局、协调各方的领导地位，坚持对经济、政治、文化、社会、生态文明建设，对内政、外交、国防、民族等工作，对国家立法、司法、行政、监察机关，对经济、文化、社会、群团等组织和党外群众进行全面领导，深刻阐释了党的领导的核心本质，完善了党的领导的丰富内涵，明确了党的领导是全面领导，彰显出坚持和改善党的领导的坚定立场、鲜明态度和高度自信。

加强党的领导，要坚持党要管党、全面从严治党。问题是时代的声音。回顾我们党百年奋斗历程，问题意识贯穿了党领导革命建设改革的全过程，也贯穿了从严管党治党的全过程。延安时期，毛泽东同志把《甲申三百年祭》指定为党的整风文件，警示共产党人要吸取历史教训；同黄炎培先生畅谈“窑洞对”，提出靠民主监督、人人负责摆脱人亡政息历史周期率的新路；全国胜利前夕，又要求全党牢记“两个务必”。改革开放初期，邓小平同志发出谆谆告诫：“要忧国、忧民、忧党啊！”“常委会的同志要聚精会神地抓党的建设，这个党该抓了，不抓不行了。”“中国要出问题，还是出在共产党内部。”江泽民同志向全党郑重提出，“治国必先治党，治党务必从严”。胡锦涛同志强调，“在新的形势下保持中国共产党的纯洁性，要坚持党要管党、从严治党”。党的十八大以来，习近平总书记警醒全党："如果管党不力、治党不严，人民群众反映强烈的突出问题得不到解决，那我们党迟早会失去执政资格，不可避免被历史淘汰。"党的十八大以来，经过全党上下共同努力，全面从严治党取得历史性开创性成就，产生全方位深层次影响。经过坚决斗争，全面从严治党的政治引领和政治保障作用充分发挥，党的自我净化、自我完善、自我革新、自我提高能力显著增强，管党治党宽松软状况得到根本扭转，反腐败斗争取得压倒性胜利并全面巩固，刹住了一些多年未刹住的歪风邪气，解决了许多长期没有解决的顽瘴痼疾，清除了党、国家、军队内部存在的严重隐患，党在革命性锻造中更加坚强。

历史已经证明，创造中国奇迹的核心密码是坚持和加强党的领导。历史必将进一步证明，只要坚定不移坚持党的全面领导、维护党中央权威和集中统一领导，我们就一定能够确保全党全国拥有团结奋斗的强大政治凝聚力、发展自信力，集聚起守正创新、共克时艰的强大力量。

第二节　习近平总书记为反腐败斗争领航掌舵

有党有依靠，核心最重要。维护党中央权威和集中统一领导，有坚强有力的领导核心是重中之重、要中之要。党的十八大以来党和国家事业取得历史性成就、发生历史性变革，根本在于习近平总书记作为党中央的核心、全党的核心领航掌舵，在于习近平新时代中国特色社会主义思想科学指引。十八届中央纪律检查委员会向中国共产党第十九次全国代表大会的工作报告在总结党的纪律检查工作体会时，将成绩归其根本于四个方面，首先就是得益于以习近平同志为核心的党中央旗帜鲜明、立场坚定、意志品质顽强、领导坚强有力。十九届中央纪律检查委员会向中国共产党第二十次全国代表大会的工作报告，将新时代纪检监察工作取得新进展新成效的根本原因归结为“四个在于”，其中一是在于党中央和习近平总书记的坚强领导，二是在于习近平新时代中国特色社会主义思想的科学引领。

一、习近平总书记审时度势，准确把握反腐败斗争形势变化和新的阶段性特征，亲自擘画反腐败斗争蓝图

党的十八大后，习近平总书记在每一个重要节点都因时因势作出精准判断。

2012年11月，在十八届中央政治局第一次集体学习时，刚当选为总书记的习近平同志就强调指出："大量事实告诉我们，腐败问题越演越烈，最终必然会亡党亡国！我们要警醒啊！近年来我们党内发生的严重违纪违法案件，性质非常恶劣，政治影响极坏，令人触目惊心。各级党委要旗帜鲜明地反对腐败，更加科学有效地防治腐败。"

2013年11月，在党的十八届三中全会上，习近平总书记指出，"当前腐败现象多发，滋生腐败的土壤存在，党风廉政建设和反腐败斗争形势依然严峻复杂，必须加大惩治腐败力度，更加科学有效地防治腐败"。

2014年6月，在听取十八届中央首轮巡视情况汇报时，习近平总书记指出，"腐败和反腐败两军对垒，呈胶着状态"。针对依然严峻复杂的反腐败斗争形势，以习近平同志为核心的党中央提出，"坚持标本兼治，当前要以治标为主，为治本赢得时间"，要求全党集中削减腐败存量，坚决遏制腐败增量，有力遏制了腐败蔓延势头，为完善制度、筑牢思想防线创造条件，为深化标本兼治夯实基础。在依法严厉惩治、形成不敢腐的惩戒机制的同时，注重深化标本兼治，完善法规制度、形成不能腐的防范机制，加强思想教育、形成不想腐的自律防线。

2017年1月，在十八届中央纪委六次全会上，习近平总书记提出“反腐败斗争压倒性态势正在形成”。

2017年10月，习近平总书记在党的十九大报告中强调，“巩固压倒性态势、夺取压倒性胜利的决心必须坚如磐石”，要求继续保持惩治腐败高压态势。

2018年12月，习近平总书记在十九届中央政治局研究反腐败形势时指出，反腐败斗争取得压倒性胜利，但重申“反腐败形势依然严峻复杂，全面从严治党依然任重道远”。

2021年1月，在十九届中央纪委五次全会上，习近平总书记指出，“反腐败斗争取得压倒性胜利并全面巩固”。

2022年1月，在十九届中央纪委六次全会上，习近平总书记指出，“腐败和反腐败较量还在激烈进行，并呈现出一些新的阶段性特征，防范形形色色的利益集团成伙作势、‘围猎’腐蚀还任重道远，有效应对腐败手段隐形变异、翻新升级还任重道远，彻底铲除腐败滋生土壤、实现海晏河清还任重道远，清理系统性腐败、化解风险隐患还任重道远”。

2022年6月，在主持十九届中央政治局第四十次集体学习时，习近平总书记指出：“反腐败斗争取得压倒性胜利并全面巩固，但形势依然严峻复杂。我们对腐败的顽固性和危害性绝不能低估，必须将反腐败斗争进行到底。一体推进不敢腐、不能腐、不想腐，必须三者同时发力、同向发力、综合发力，把不敢腐的强大震慑效能、不能腐的刚性制度约束、不想腐的思想教育优势融于一体，用‘全周期管理’方式，推动各项措施在政策取向上相互配合、在实施过程中相互促进、在工作成效上相得益彰。”

2022年10月，习近平总书记在党的二十大报告中指出，“反腐败斗争取得压倒性胜利并全面巩固”，“党的建设特别是党风廉政建设和反腐败斗争面临不少顽固性、多发性问题”，“党面临的执政考验、改革开放考验、市场经济考验、外部环境考验将长期存在，精神懈怠危险、能力不足危险、脱离群众危险、消极腐败危险将长期存在”，“形式主义、官僚主义现象仍较突出；铲除腐败滋生土壤任务依然艰巨”，要求“坚持不敢腐、不能腐、不想腐一体推进”，“坚决打赢反腐败斗争攻坚战持久战”。十年来，习近平总书记观大势、谋全局，客观分析不同时期、不同阶段腐败形势变化，既作出战略上的谋划，又作出战术上的部署，引领全面从严治党不断向纵深发展。

二、习近平总书记强调党要管党、全面从严治党，提出党风廉政建设和反腐败斗争一系列新理念新思路新举措

习近平总书记始终坚持从政治高度审视全面从严治党、党风廉政建设和反腐败斗争，强调全面从严治党首先要从政治上看，不断提高政治判断力、政治领悟力、政治执行力。他指出，党的十八大以来，反复强调开展反腐败斗争首先要从政治上看，主要有5个方面的要求。一是腐败问题对党的执政基础破坏力最大、杀伤力也最大，是最容易颠覆政权的问题，是党面临的最大威胁，反腐败斗争是一场输不起也决不能输的重大政治斗争，必须决战决胜。二是反对腐败、建设廉洁政治，是我们党一贯坚持的鲜明政治立场，是坚持党的性质和宗旨的必然要求，是党自我革命必须长期抓好的重大政治任务，必须亮明党坚决反对腐败的

旗帜，让腐败分子在党内没有藏身之地。三是政治腐败是最大的腐败，必须消除党内政治隐患，坚决防止党内形成利益集团，如果党的权力被他们攫取、党的领导干部成了他们的代理人甚至自己就搞利益集团，红色江山就会改变颜色。四是民心是最大的政治。人民群众最痛恨腐败，不得罪成百上千的腐败分子，就要得罪14亿人民，这是一笔再明白不过的政治账、人心向背账，必须坚持以正风肃纪反腐凝聚党心军心民心，厚植党执政的政治基础。五是党风廉政建设和反腐败斗争永远在路上，必须以抓铁有痕、踏石留印的坚韧和执着，打好这场攻坚战、持久战，使党永葆清正廉洁的政治本色。从党风廉政建设和反腐败斗争上看，提高政治判断力，就是要以国家政治安全为大、以人民为重、以坚持和发展中国特色社会主义为本，深刻认识各类腐败问题的政治本质和政治危害，清醒辨别行为是非，有效抵御风险挑战，保证红色江山永不变色；提高政治领悟力，就是要从政治上领会好、领会透党中央关于党风廉政建设和反腐败斗争的精神，牢牢把握党中央关于全面从严治党的重大方针、重大原则、重点任务的政治内涵，自觉同党中央保持高度一致；提高政治执行力，就是要按照党中央指明的政治方向、确定的前进路线开展党风廉政建设和反腐败斗争，经常对标对表，及时校准偏差，强化责任意识，确保落实到位。

习近平总书记深刻分析反腐败斗争的重大意义，强调腐败是党内各种不良因素长期积累、持续发酵的体现，反腐败就是同各种弱化党的先进性、损害党的纯洁性的病原体作斗争，反腐败是最彻底的自我革命；反对腐败是党心民心所向，不得罪腐败分子，就必然会辜负党、得罪人民；腐败是我们党面临的最大威胁，反腐败斗争关系民心这个最大的政治，是一场输不起也决不能输的重大政治斗争。指出一体推进党的纪律检查体制改革、国家监察体制改革、纪检监察机构改革，把巡视作为党内监督的战略性制度安排，进一步加强了党对反腐败工作全方位、全过程的领导。确立反腐败工作的重要原则，坚持无禁区、全覆盖、零容忍，坚持重遏制、强高压、长震慑，坚持受贿行贿一起查。指出一体推进不敢腐、不能腐、不想腐，这既是反腐败斗争的基本方针，也是新时代全面从严治党的重要方略。深化对作风建设规律的认识，强调党的作风就是党的形象，作风问题关系人心向背，关系党的生死存亡；作风问题，核心是党和人民群众的关系问题，根本是始终保持党同人民群众的血肉联系；要深入开展党的优良传统和作风教育，完善作风建设长效机制，把好传统带进新征程，将好作风弘扬在新时代；加固中央八项规定的堤坝，锲而不舍纠“四风”树新风等。这些重要理念、重要思路、重要举措，深刻回答了中国共产党为什么要反对腐败、怎样反对腐败等重大问题，为开展党风廉政建设和反腐败斗争指明了根本方向。

三、习近平总书记以坚定信仰信念、顽强意志品质和强烈使命担当，正风肃纪、反腐惩恶，坚定不移地“打虎”“拍蝇”“猎狐”

习近平总书记强调，中央八项规定不是五年、十年的规定，而是长期有效的铁规矩、硬杠杠，要求各级党组织发扬钉钉子精神，在“抓常、抓细、抓长”上动真格、出实招。党的十八大以来，全国纪检监察机关一个节点一个节点坚守，一个问题一个问题解决，扭住不放、寸步不让。

在反腐败这场旨在赢得党心民心的硬仗面前，习近平总书记举重若轻，意志品质顽强。“我看天塌不下来。”“共产党人是唯物主义者，是无所畏惧的，怕什么？接受疾风暴雨、惊涛骇浪的考验，我说，‘虽千万人，吾往矣’！没什么好怕的。”这就是习近平总书记的鲜明态度。相当长的时间里，中央纪委通报频频“上头条”。周永康、薄熙来、郭伯雄、徐才厚、孙政才、令计划……一批“大老虎”纷纷落马。正如习近平总书记所指出的：“生了病就要及时医，该吃药就吃药，该开刀就开刀。不论什么问题，不论谁出问题，该出手时就出手，对腐败问题尤其要坚决查处，不断清除损害党的先进性和纯洁性的因素，不断清除侵蚀党的健康肌体的病毒。”“哪有动不了的人？！”习近平总书记要求纪检监察机关“发现一起查处一起，发现多少查处多少，不定指标、上不封顶，凡腐必反，除恶务尽”。针对一些腐败分子把外逃作为后路，习近平总书记要求：“不管腐败分子跑到天涯海角，也要把他们绳之以法，决不能让其躲进‘避罪天堂’、逍遥法外。”“要搭建追逃追赃国际合作平台。加大交涉力度，突破一批重点个案，使企图外逃分子丢掉幻想、望而却步。”习近平总书记以力挽狂澜的气魄和胆识，以猛药去疴、重典治乱的决心，以刮骨疗毒、壮士断腕的勇气，作出坚决打赢反腐败这场硬仗的战略决断，工作力度之大前所未有，取得成效之大有目共睹。

习近平总书记敏锐观察到党内存在的骄傲、泄气等不良情绪，反复要求我们，全面从严治党还远未到大功告成的时候，不能有差不多了，该松口气、歇歇脚的想法，不能有打好一仗就一劳永逸的想法，不能有初见成效就见好就收的想法，决不能跌入抓一抓、松一松，出了问题再抓一抓、又松一松的循环，要把“严”字长期坚持下去。习近平总书记强调讲监督、讲反腐、讲守纪律，没有完成时，要把工作做得更好、更主动一点，把态势搞的东风压倒西风，不要有疲劳和惧怕心理；只要存在腐败问题产生的土壤和条件，反腐败斗争就一刻不能停，必须永远吹冲锋号。反腐败斗争极其复杂、极其艰难，容不得丝毫退让妥协，必须始终保持正视问题的勇气和刀刃向内的坚定，坚决割除毒瘤、清除毒源、肃清流毒，以党永不变质确保红色江山永不变色。

2022 年 1 月，习近平总书记在省部级主要领导干部学习贯彻党的十九届六中全会精神专题研讨班开班式上发表重要讲话，再一次宣示了党中央将反腐败斗争进行到底的坚强决心和坚定意志。他强调：自我革命关键要有正视问题的自觉和刀刃向内的勇气。廉洁自律、反腐倡廉问题是我讲得最多的一个问题，原因就是腐败问题远未根绝。现在，反腐败斗争取得了压倒性胜利并全面巩固，但党内仍然存在搞“七个有之”、以权谋私、钱权交易、贪污贿赂、欺压百姓等问题。所以，全党同志要永葆自我革命精神，增强全面从严治党永远在路上的政治自觉，决不能滋生已经严到位的厌倦情绪！党风廉政建设和反腐败斗争永远在路上，一刻也不能放松，要以抓铁有痕、踏石留印的坚韧和执着，继续打好党风廉政建设和反腐败斗争这场攻坚战、持久战。不论谁在党纪国法上出问题，党纪国法决不饶恕！特别是对那些攫取国家和人民利益、侵蚀党的执政根基、动摇社会主义国家政权的人，对那些在党内搞政治团伙、小圈子、利益集团的人，要毫不手软、坚决查处！2022 年 10 月，习近平总书记在党的二十大上又一次告诫全党："全面从严治党永远在路上，党的自我革命永远在路上，决不能有松劲歇脚、疲劳厌战的情绪，必须持之以恒推进全面从严治党，深入推进新时代党的建设新的伟大工程，以党的自我革命引领社会革命。"这是以习近平同志为核心的党中央面向新征程发出的全面从严治党动员令，对于推动全党永葆自我革命精神，以赶考的清醒和坚定答好新时代的答卷，具有十分重要的意义。

四、习近平总书记始终心系人民群众，大力推动全面从严治党向基层延伸，以正风肃纪反腐实际成效取信于民

在十八届中央纪委二次全会上，习近平总书记发人深省地说："如果升学、考公务员、办企业、上项目、晋级、买房子、找工作、演出、出国等各种机会都要靠关系、搞门道，有背景的就能得到更多照顾，没有背景的再有本事也没有机会，就会严重影响社会公平正义。这种情况如不纠正，能形成人才辈出、人尽其才的生动局面吗？这个社会还能有发展活力吗？我们党和国家还能生机勃勃向前发展吗？""群众是要戳脊梁骨的！"面对反腐败的杂音乃至质疑，习近平总书记直言不讳地指出："不是没有掂量过。但我们认准了党的宗旨使命，认准了人民的期待。""要把造福人民作为最重要的政绩，坚决反对和克服形式主义、官僚主义。"党的十八大以来，党中央推动全面从严治党向基层延伸，深入治理脱贫攻坚工作中的"硕鼠"、民生领域的"微

腐败”、黑恶势力及其“保护伞”，专项整治漠视侵害群众利益问题，坚决反对特权思想和特权现象，赢得了人民群众的衷心拥护和广泛赞誉。

反腐有多得民心？国家统计局数据显示，党的十八大前的 2012 年，人民群众对党风廉政建设和反腐败工作的满意度是 75%，2013 年是 81%，2014 年是 88.4%，2015 年是 91.5%，2016 年是 92.9%，连年走高。2022 年，人民群众对反腐败工作的满意度为 97.4%。人民群众发自内心地称赞习近平总书记是“腐败分子的克星，全国人民的福星”。

第三节 “两个维护”是最高政治原则

万山磅礴必有主峰，龙衮九章但挈一领。纵观百年党史，从长征途中的命悬一线到十年内乱后的何去何从，每当紧迫形势、紧要关头、严峻考验，都会形成对“领导核心”的迫切期待、强烈共识，都会有“这样的人物”应运而生、力挽狂澜。党之所以能够统一思想、步调一致向前进，根本原因就是形成了坚强有力的领导核心；党克服重重艰难险阻不断发展壮大，党的领导核心发挥了独特的、不可替代的作用。全党有核心，党中央才有权威，党和国家才有力量。

一、确立领导核心、坚持党中央权威和集中统一领导，是马克思主义政党的重要原则，是关乎党和国家前途命运、党和人民事业兴衰成败的重大问题

确立和维护无产阶级政党的领导核心，始终是马克思主义建党学说的一个基本观点，也是无产阶级政党走向成熟的重要标志。唯物史观在强调人民群众创造历史的决定作用的同时，也承认和肯定领袖人物作为人民群众的杰出代表，在推动社会变革、

历史发展和文明进步中具有开创性、引领性作用，为正确认识党的领导核心的形成条件和地位作用奠定了理论基础。

马克思指出，每一个社会时代都需要有自己的大人物，如果没有这样的人物，它就要把他们创造出来。被誉为“俄国马克思主义之父”“教育了整整一代马克思主义者”的普列汉诺夫，在其代表作《论个人在历史上的作用问题》中，系统论述了杰出人物在历史上的地位作用。列宁将这部著作列为马克思主义的经典文献之一。普列汉诺夫所研究的“个人”即杰出人物、伟大人物。普列汉诺夫指出：“一个伟大人物之所以伟大，并不是因为他的个人特点使伟大的历史事变具有个别的外貌，而是因为他所具备的特点，使他自己最能为当时在一般的和特殊的原因影响下所发生的伟大社会需要服务。”“因为他的见识要比别人的远些，他的愿望要比别人的强烈些。他把先前的社会智慧发展进程所提出的科学任务拿来加以解决；他把先前的社会关系发展过程所造成的新的社会需要指明出来；他担负起满足这些需要的发起责任。”坚强有力的核心人物、领袖人物，是历史规律的发现者，是历史任务的提出者，是历史方向的指引者，是国际共产主义运动和各国马克思主义政党取得胜利的必要因素。反之，搞多头民主、搞无政府主义，无一不以失败告终。1871 年的巴黎公社仅仅存在了 2 个多月就归于失败，其中一个重要原因，就是公社领导层对许多重要问题争论激烈、议而不决，难以集中力量对付强敌。马克思、恩格斯在总结巴黎公社教训时深刻指出：“巴黎公社遭到灭亡，就是由于缺乏集中和权威。”

从我们党的历史看，100 多年来，党走过了从不够成熟到坚定成熟、从不够有力到坚强有力的成长历程，在重大转折关口起决定性作用的是党的领导核心。遵义会议前，我们党没有形成一个成熟的党中央，没有形成全党的团结统一，没有确立党的领导核心，这是党和人民事业在革命早期屡遭挫折甚至面临失败危险的重要原因。遵义会议开始确立以毛泽东同志为主要代表的马克思主义正确路线在党中央的领导地位，开始逐步形成成熟的、有权威的中央领导集体，使革命事业不断发展壮大。毛泽东同志当年就反复强调党的统一领导问题，提出要坚持“四个服从”，特别是全党服从中央。社会主义革命和建设时期，毛泽东同志进一步指出，“为了建设一个强大的社会主义国家，必须有中央的强有力的统一领导”。改革开放后，邓小平同志提出“党中央的权威必须加强”，强调“中央定了措施，各地各部门就要坚决执行”。我们党的历史经验充分证明，什么时候坚定维护党中央集中统一领导，党的领导就得到加强，党的事业就不断胜利；反之，党的领导就受到削弱，党的事业就遭受挫折。

二、“两个确立”是党的十八大以来最重要的政治成果

横空大气排山去，砥柱人间是此峰。2012 年，历史的接力棒，交到了以习近平同志为主要代表的当代中国共产党人手中。此时，中国特色社会主义进入新时代，“两个一百年”奋斗目标交汇，国内国际形势错综复杂，中华民族伟大复兴进入关键一程。在进行具有许多新的历史特点的伟大斗争中，习近平总书记以崇高的领袖风范、巨大的人格魅力和无我为民的使命情怀，带领全党全国各族人民迎难而上、开拓进取，革故鼎新、励精图治，在

思想上正本清源、固本培元，在战略上举旗定向、谋篇布局，在行动上踏石留印、抓铁有痕，极大彰显党的领袖在党和国家事业取得历史性成就中的决定性作用。在领导全党全国人民推进党和国家事业的实践中，习近平总书记以马克思主义政治家、思想家、战略家的非凡理论勇气、卓越政治智慧、强烈使命担当，应时代之变迁、立时代之潮流、发时代之先声，作出一系列重大科学判断，提出一系列原创性新理念新思想新战略，谱写了马克思主义中国化的新篇章，为习近平新时代中国特色社会主义思想的创立发挥了决定性作用、作出了决定性贡献。在进行具有许多新的历史特点的伟大斗争中，习近平总书记众望所归、当之无愧地成为党中央的核心、全党的核心。2016 年 10 月，党的十八届六中全会正式确立习近平总书记党中央的核心、全党的核心地位。2017 年 10 月，党的十九大把习近平总书记党中央的核心、全党的核心地位写入党章。2018 年 3 月，十三届全国人大一次会议通过的宪法修正案把习近平新时代中国特色社会主义思想、中国共产党领导是中国特色社会主义最本质的特征载入国家根本法，使“两个维护”成为全党全国各族人民的根本行为规范。这是全党的共同意志，是历史和人民的共同选择、郑重选择、必然选择，是党和国家之幸、人民之幸、中华民族之幸。每一个中国人都要拥护这个核心，每一个党员都要跟定这个核心。

党的十九届六中全会全面总结党的百年奋斗重大成就和历史经验，向全党发出为实现第二个百年奋斗目标、实现中华民族伟大复兴的中国梦而不懈奋斗的伟大号召，为深入推进新时代党的自我革命、全面从严治党指明了前进方向。全会决议鲜明提出“党确立习近平同志党中央的核心、全党的核心地位，确立习近平新时代中国特色社会主义思想的指导地位”，“两个确立”反映了全党全军全国各族人民共同心愿，对新时代党和国家事业发展、对推进中华民族伟大复兴历史进程具有决定性意义。

“两个确立”是我们党在新时代取得的重大政治成果，是党和国家事业取得历史性成就、发生历史性变革的决定性因素。拥有坚强的领导核心、科学的理论指导是成熟的马克思主义政党的重要标志，是中国共产党创造百年辉煌、成就千秋伟业的成功密码。历史唯物主义科学揭示了人民在创造历史中的主体地位，同时充分肯定杰出人物在历史发展中的重要作用，认为每一个时代都要有自己的杰出人物，因为杰出人物能够正确判断时代发展大势、洞察亿万人民共同愿望，能够提出历史任务、明确未来奋斗目标，具有远大的理想追求、高超的政治智慧、强烈的历史担当，善于组织和依靠人民把共同愿望变为现实。习近平总书记就是我们这个伟大时代产生的杰出人物、众望所归的人民领袖。

同样，拥有马克思主义科学理论指导是我们党坚定信仰信念、把握历史主动的根本所在。只有以科学的态度对待科学、以真理的精神追求真理，不断推进马克思主义中国化时代化，不断回答中国之问、世界之问、人民之问、时代之问，作出符合中国实际和时代要求的正确回答，得出符合客观规律的科学认识，党才能正确观察时代、把握时代、引领时代，永远立于不败之地。习近平新时代中国特色社会主义思想就是我们党正确回答时代和实践提出的重大问题取得的最新理论成果，是当代中国马克思主义、二十一世纪马克思主义，是中华文化和中国精神的时代精华，实现了马克思主义中国化时代化新的飞跃。

事实胜于雄辩。党的十八大以来，面对严峻复杂的国内外形势、接踵而至的巨大风险挑战、艰巨繁重的改革发展稳定任务，我们党之所以能够攻克许多长期没有解决的难题，办成许多事关长远的大事要事，推动党和国家事业取得历史性成就、发生历史性变革，实现中华民族伟大复兴进入了不可逆转的历史进程，根本在于有习近平总书记领航掌舵，有习近平新时代中国特色社会主义思想科学指引。“两个确立”的决定性意义已经体现在新时代十年的伟大变革中，刻印在全党全军全国各族人民的心坎上，也必将充分彰显在新时代新征程党和国家事业发展新的华彩篇章之中。

全面从严治党首先要从政治上看，必须坚定拥护“两个确立”，坚决维护习近平总书记党中央的核心、全党的核心地位，坚决维护以习近平同志为核心的党中央权威和集中统一领导，把拥戴和忠诚习近平总书记这个核心作为政治信仰去追求、作为政治立场去捍卫、作为政治纪律去坚守，增强忠诚核心、拥戴核心、维护核心、捍卫核心的政治自觉、思想自觉和行动自觉，始终在政治立场、政治方向、政治原则、政治道路上同以习近平同志为核心的党中央保持高度一致。要锤炼对党绝对忠诚的政治品格，把忠诚体现在贯彻党中央决策部署的行动上、体现在履职尽责做好本职工作的实效上、体现在日常言行上，做到党中央提倡的坚决响应、党中央决定的坚决执行、党中央禁止的坚决不做。

三、做到“两个维护”，是新时代纪检监察工作的“纲”和“魂”

2017 年 1 月，十八届中央纪委七次全会工作报告总结了党的十八大以来 5 条工作体会，第一条就是“坚持党的领导，首先是党中央的集中统一领导，必须向以习近平同志为核心的党中央看齐，维护党的团结统一”。报告指出：“明确‘以习近平同志为核心的党中央’，是六中全会的历史性贡献。我们正处在民族复兴的关键节点，维护以习近平同志为核心的党中央权威，是坚持党的领导的根本所在，是坚持和发展中国特色社会主义的根本保证。”“坚持党的领导是当代中国最重大的政治原则，树立政治意识、大局意识、核心意识、看齐意识是加强党的领导的必然要求。同党中央保持高度一致，只有在思想和行动上提高政治站位，不断从政治意识和大局意识上找到差距，才能真正做到向核心看齐。增强‘四个意识’是一个动态的过程，要不断提高政治觉悟，做维护党中央权威的忠诚卫士。”

2017 年 10 月 29 日，十九届中央纪委常委会第一次会议强调，“更好担负起坚决维护以习近平同志为核心的党中央权威和集中统一领导重大政治责任”。纪检监察机关作为政治机关、作为党内监督和国家监察专责机关，在“两个维护”上担负着特殊使命和重大责任。认识不断深化、举措持续强化，“两个维护”高频出现于中央纪委国家监委领导同志出席会议、参加调研等各种场合的讲话中，出现于十九届中央纪委历次全会工作报告中，成为贯穿和统揽新时代纪检监察工作的政治要求。舟循川则游速，人顺路则不迷。对纪检监察机关而言，做到“两个维护”，既是“实践出真知”的规律谈，也是“纲举则目张”的方法论。实践证明，紧紧抓住“两个维护”，做好纪检监察工作就有了正确方向和根本保证。

一方面，自觉做“两个维护”的忠实践行者。中央纪委国家监委不断增强“四个意识”、坚定“四个自信”、做到“两个维护”，持续学懂弄通做实习近平新时代中国特色社会主义思想特别是习近平总书记关于党的自我革命的战略思想，十九届中央纪委常委会分专题进行28次集体学习，及时跟进学习领悟习近平总书记重要讲话和重要指示批示精神，分类汇编习近平总书记关于党风廉政建设和反腐败工作的重要论述，转化为贯彻落实具体措施。始终自觉接受党中央和习近平总书记的领导和监督，认真落实《中共中央政治局关于加强和维护党中央集中统一领导的若干规定》精神和《中国共产党重大事项请示报告条例》，自觉在政治上思想上行动上同以习近平同志为核心的党中央保持高度一致。每年中央纪委全会工作报告都要提请中央政治局常委会会议和中央政治局会议审议，研究涉及全局的重大事项、遇有重要问题以及作出立案审查调查决定、给予党纪政务处分等事项都及时向党中央请示报告，既报告结果，也报告过程。坚决贯彻习近平总书记关于全面从严治党、党风廉政建设和反腐败斗争战略部署，结合职能职责，具体落实到强化监督、执纪审查、调查处置、巡视巡察、追责问责各项工作中。坚决贯彻党中央关于深化纪检监察体制改革的决策部署，深入学习习近平总书记重要讲话、重要指示批示精神，深刻把握改革的重大意义、根本目的、基本要求、主要任务、方法路径等，通过一体推进“三项改革”，从组织形式、职能定位、决策程序上将党对反腐败工作的统一领导具体化，做实党对反腐败工作全覆盖、全方位、全过程领导。不断净化党内政治生态，坚持从政治纪律查起，坚决防止和治理“七个有之”问题，坚决清除对党阳奉阴违的两面人，坚决查处政治问题和经济问题交织的违纪违法行为，铲除拉帮结派、结党营私的政治团伙，消除党内存在的严重政治隐患，维护政治安全。

另一方面，督促全党更加自觉做到“两个维护”。保障全党执行党的路线方针政策、巩固党的一致及权威，是纪检监察机关的基本定位、天然基因。中央纪委国家监委聚焦党和国家工作大局强化政治监督。做到党中央重大决策部署到哪里、政治监督就跟进到哪里，聚焦统筹推进“五位一体”总体布局和协调推进“四个全面”战略布局，聚焦把握新发展阶段、贯彻新发展理念、构建新发展格局、推动高质量发展重大战略，聚焦打好防范化解重大风险、精准脱贫、污染防治三大攻坚战，推进政治监督具体化、精准化、常态化，促进党中央大政方针落地见效。各级纪检监察机关结合实际，围绕落实“六稳”“六保”任务、抓好疫情防控、推动科技自立自强、保障粮食安全、促进教育公平、完善应急机制等重要部署跟进监督，围绕北京冬奥会和冬残奥会举办、雄安新区规划建设、海南自由贸易港建设等重大项目全程监督，围绕京津冀协同发展、粤港澳大湾区建设、长三角一体化发展、黄河流域生态保护和高质量发展、新时代东北全面振兴等发展战略精准监督，及时发现问题、及时专题研究、及时督促解决，推动廉洁理念贯穿现代化建设各方面。坚决纠治贯彻党中央重大决策部署中的政治偏差，严肃查处生态功能区违法建设、矿产资源区非法开采、债务风险突出地区违规举债等问题。加强对党章和新形势下党内政治生活若干准则执行情况的监督检查，推动各级党组织加强和规范党内政治生活，增强党内政治生活的政治性、时代性、原则性、战斗性，涵养积极健康的党内政治文化。督促执行党委（党组）落实全面从严治党主体责任规定，重点发现和推动解决贯彻落实党的路线方针政策和党中央重大决策部署不坚决、履行职责使命不到位、推进重大改革和重点工作不扎实、落实全面从严治党“两个责任”不到底、执行纪律作风要求不严格等突出问题，建立责任清单、约谈提醒、履责报告等制度，促进责任层层传导、落实到位。

2022 年 10 月 26 日，中共中央政治局常委、中央纪委书记李希出席二十届中央纪委常委会第一次会议和中央纪委国家监委传达学习党的二十大精神会议并讲话。他强调，纪检监察机关要深入学习贯彻党的二十大精神，全面贯彻习近平新时代中国特色社会主义思想，深刻领悟“两个确立”的决定性意义，增强“四个意识”、坚定“四个自信”、做到“两个维护”，忠实履行党章赋予的职责，坚定不移全面从严治党，为实现新时代新征程党的使命任务作出新的贡献。各级纪检监察机关必须深刻领悟“两个确立”的决定性意义和蕴含的历史逻辑、理论逻辑、实践逻辑，更加自觉地把“两个维护”落实到纪检监察工作各环节各方面，贯通运用党的百年奋斗历史经验，特别是正风肃纪反腐的历史经验，进一步统一思想、统一意志、统一行动，把“两个确立”真正转化为“两个维护”的高度政治自觉，体现到行动上、落实到工作中，以强有力的监督和铁的纪律保障“四个意识”入脑入心、“四个自信”坚定执着、“两个维护”落地生根，切实维护党的团结统一，确保全党步调一致向前进。

第四章
正风肃纪
提升了党在人民心中的形象和威信

党的作风是党的形象，是观察党群干群关系、人心向背的晴雨表。党的纪律是党的组织和全体党员必须遵守的行为准则，是党团结统一、步调一致的保障。勇于自我革命，善于绳弊纠顽，高度重视作风建设和纪律建设，是马克思主义政党的显著特点，也是中国共产党的政治优势。历史充分证明，我们党之所以能历经百年而风华正茂、勇立潮头，关键就在于始终以严明的纪律内聚力量、确保自身过硬，以优良的作风外树形象、凝聚党心民心，这是我们党区别于其他政党的鲜明品格和优势。党的二十大报告指出，“我们必须时刻保持解决大党独有难题的清醒和坚定”，这些难题就包括永远不能脱离群众，牢记初心使命，维护党的团结统一、党中央集中统一领导。这就要求管党治党始终保持严的基调。“坚持以严的基调强化正风肃纪”，是党的二十大作出的战略部署。“严”是中国共产党的政治基因，“严”才能保证正风肃纪的有效性，必须坚持严字当头、一严到底。

第一节　八项规定改变中国

1949年3月，在党的七届二中全会上，我们党确定了成为执政党后必须遵循的“六条规定”。内容包括：不做寿，不送礼，少敬酒，少拍掌，不以人名作地名，不要把中国同志同马恩列斯平列。63年后，一个改变中国的政治语汇“八项规定”横空出世，开启了新时代中国共产党激浊扬清的作风之变。“八项规定”与“六条规定”一脉相承，成为我们党执政的金色名片。

一、从出台中央八项规定到修订完善中央八项规定实施细则，党的作风建设不断走向深化

在党的作风建设史上，2012年12月4日，已经成为标志性的时间节点：中央政治局会议审议通过《关于改进工作作风、密切联系群众的八项规定》，即“中央八项规定”。其主要内容包括：要改进调查研究、精简会议活动、精简文件简报、规范出访活动、改进警卫工作、改进新闻报道、严格文稿发表、厉行勤俭节约等。全文短短600多字，却内涵丰富，从八个方面对作风建设立下规矩，不搞四平八稳，不喊空洞口号，直指中国共产党内

长期存在的作风顽疾，针对人民群众反映强烈的问题，提出一系列切实可行、具有操作性的举措，可谓是“全面从严治党的第一刀”。习近平总书记在这次中央政治局会议和不久后召开的十八届中央纪委二次全会上指出，工作作风上的问题绝对不是小事，任其发展下去就会像一座无形的墙，把我们党和人民群众隔开。2017 年 10 月 27 日，党的十九大闭幕第三天，习近平总书记主持召开十九届中央政治局第一次会议，审议通过了《中共中央政治局贯彻落实中央八项规定实施细则》。从出台中央八项规定到修订完善中央八项规定实施细则，充分体现了中央政治局从自身做起、以上率下改进作风的坚强决心，释放出一以贯之将作风建设进行到底的强烈信号。

经过不懈努力，党风政风和社会风气持续向上向善，作风建设成为全面从严治党的金色名片，在从严管党治党的历史进程中写下了浓墨重彩的一笔，极大增强了人民群众对以习近平同志为核心的党中央的信赖信任和衷心拥戴。

二、中央八项规定是改进工作作风的切入口和动员令

习近平总书记指出：“改进工作作风的任务非常繁重，中央八项规定是一个切入口和动员令。中央八项规定既不是最高标准，更不是最终目的，只是我们改进作风的第一步，是我们作为共产党人应该做到的基本要求。”“我们抓中央八项规定贯彻落实，看起来是小事，但体现的是一种精神。中央八项规定都抓不好、坚持不下去，还搞什么十八项规定、二十八项规定？”党的十八大以来，以习近平同志为核心的党中央推进全面从严治党的

一个鲜明特点，就是以制定实施中央八项规定为抓手，从作风建设开局起步、抓作风建设持之以恒。自此以后，一系列加强作风建设的措施陆续出台，凝聚起决胜全面建成小康社会、实现“两个一百年”奋斗目标的磅礴力量。习近平总书记曾形象指出，八项规定一子落地，党的建设满盘皆活，八项规定成了改变政治生态和社会面貌的标志性举措。我们管住了一些干部的作风问题，赢得了无数人民群众的心。

三、以身作则、以上率下，是中央八项规定取得成功的关键

《周书·毕命》中说：“惟公懋德，克勤小物，弼亮四世，正色率下。”就是说，地位越高责任越重，越要时刻正身修为，身先士卒才能带好下属。中国的传统文化，还有我们的政治体制都决定了领导机关和领导干部必须以身作则，这样才能取信于民。党的十八大以来，党中央率先垂范，在践行初心使命上坚持最高标准，在坚持执行中央八项规定及其实施细则上坚守最严格要求。正是在中央政治局审议通过中央八项规定的这次会议上，习近平总书记带头作出承诺、发出号召：“党风廉政建设，要从领导干部做起，领导干部首先要从中央领导做起。正所谓己不正，焉能正人。”“我们不舒服一点、不自在一点，老百姓的舒适度就好一点、满意度就高一点，对我们的感觉就好一点。这也是新形象新气象。”党的十八大以来，习近平总书记明确提出“作风建设从我做起，落实八项规定从我做起”，始终以身作则、以上率下，带头严格执行中央八项规定，带头勇挑最重担子，带

头弘扬勤政务实作风，以行动作无声的号令、以身教作执行的榜样，为全党改进作风提供了强大动力，给全国人民以信心和力量。习近平总书记非常注重深入实际考察调研，足迹遍布全国所有省区市和集中连片特困地区，以及香港特别行政区、澳门特别行政区，每次考察调研都是轻车简从，不腾道、不封路、不扰民，不搞层层陪同，深入基层，察实情、重实效。习近平总书记始终把人民群众放在心中最高位置，特别关心贫困群众生产生活，每到一个地方都要到贫困村和贫困户看望慰问、了解情况，与困难群众共商脱贫办法，鼓励他们早日致富奔小康。中央政治局每年都召开民主生活会，对照检查贯彻执行中央八项规定情况，以上率下、以身作则，从“关键少数”抓起，从高级干部严起，言出纪随。

四、各级党组织和纪检监察机关自觉做中央八项规定精神的践行者、维护者

2013 年 5 月 27 日，全国纪检监察系统开展会员卡专项清退活动电视电话会议召开。会议指出，“加强作风建设，贯彻落实八项规定，必须把自己摆进去，联系思想、工作和生活实际，从小处抓起，从点滴做起，防微杜渐。中央纪委决定在纪检监察系统开展会员卡专项清退活动，是纪检监察干部巩固落实八项规定成果、加强自身建设、实现自我净化的具体措施。会员卡虽小，折射出的却是作风建设的大问题，反映的是享乐主义和奢靡之风”。全国纪检监察系统严肃认真地开展会员卡清退活动，向全党全社会发出一个信号，纪检监察系统广大干部职工以实实在在的行动

落实中央八项规定精神。各级纪检监察机关坚持把日常检查和集中督查有机结合，一个节点一个节点坚守，一个阶段一个阶段推进，打开了作风建设的大格局，助力党风政风焕然一新。

各级党组织始终坚持抓教育引导，突出教育的经常性和针对性，把落实中央八项规定精神作为党的群众路线教育实践活动、“三严三实”专题教育、“两学一做”学习教育、“不忘初心、牢记使命”主题教育、党史学习教育、学习贯彻习近平新时代中国特色社会主义思想主题教育的重要内容，深入开展党性党风党纪教育。充分利用网站、报刊、电视等媒体持续开展立体化、全方位宣传教育，引导党员干部加强党性修养，深刻理解和准确把握落实中央八项规定精神的重要意义、基本要求，坚定理想信念、提高思想认识、形成思想自觉。针对优良作风重在风化养成的特点，注重挖掘党的优良传统作风、中华优秀传统文化资源，推动移风易俗、弘扬文明新风，注重从“小事小节”入手，纠正党员干部一些习以为常的错误行为，引导党员干部明底线、守纪律、知敬畏，以小见大、日积月累、化风成俗，推动中央八项规定精神入脑入心，逐步养成良好的工作方式和生活习惯。许多地方运用手机客户端、微信、微博等新媒体，提升宣传教育的广泛性和有效性，潜移默化中矫正党员干部的错误认识，让遵规守矩、公私分明、尚俭戒奢的“好声音”不断回响、“正能量”持续放大。

五、中央八项规定历史性地改进了党风政风，推动中国大地发生着潜移默化而深远的变化

中央八项规定出台后，许多党员干部表示：再也不用忙于应

酬宴请，能够将更多精力用于干事创业、为民办事；广大群众目睹亲见党员干部作风之变，崇俭拒奢的社会风气渐成气候。新加坡《联合早报》这样描述中央八项规定：“当时很少人预见到，公款吃喝、文山会海等中国官场的‘老大难’问题，竟然出现如此明显的改善。中央八项规定也成为推动国家治理体系和治理能力现代化的着力点和助推器，彰显了‘致广大而尽精微’的治理智慧。”群众纷纷感叹：“苏区好干部又回来了，苏区干部好作风又恢复了。”一些专家学者认为：“中央八项规定不是‘新官上任三把火’，更不是一次走形式，而是许多改革的开始。”“中央八项规定管的看上去是小事，实际对于观念的改变有着很大的作用。在这个基础上，才深入改变了许多官员的意识。”

2021 年 6 月 18 日，习近平总书记等党和国家领导同志来到中国共产党历史展览馆，参观“‘不忘初心、牢记使命’中国共产党历史展览”，感悟党的百年奋斗之路。在中央八项规定展板前，习近平总书记停下脚步：“现在这里面的 8 条，精简会议活动、改进警卫工作、改进新闻报道、厉行勤俭节约，做得都不错，还是要反复讲、反复抓。”“八项规定要一以贯之。”中央八项规定实施以来的实践表明，中央八项规定是一个突破口，开启了新时代全面从严治党的恢宏华章，可谓“八项规定一子落地，党的建设满盘皆活”。

2021 年 11 月，党的十九届六中全会胜利召开，全会重点研究了全面总结党的百年奋斗的重大成就和历史经验问题，审议通过了党的第三个历史决议——《中共中央关于党的百年奋斗重大成就和历史经验的决议》。“中央八项规定”写入决议，作为新时代全面从严治党的成就和经验，镜鉴现实，指引未来。2022 年 10 月 25 日，二十届中央政治局召开第一次会议，审议《中共中央政治局贯彻落实中央八项规定实施细则》，强调抓作风建设只有进行时，没有完成时，必须始终把中央八项规定作为长期有效的铁规矩、硬杠杠，全面推进党的自我净化、自我完善、自我革新、自我提高，向党内外昭示了持之以恒推进党的作风建设、以严的基调强化正风肃纪的坚强决心和坚定意志。

第二节　持之以恒纠治“四风”

“四风”，即形式主义、官僚主义、享乐主义和奢靡之风。2013年6月，在党的群众路线教育实践活动工作会议上，习近平总书记列举了“四风”问题的种种表现，强调这些问题违背我们党的性质和宗旨，是当前群众深恶痛绝、反映最强烈的问题，也是损害党群干群关系的重要根源，要求在全党进行大排查、大检修、大扫除。在反“四风”取得阶段性成果基础上，习近平总书记又旗帜鲜明地提出纠正“四风”不能止步、作风建设永远在路上，并且突出强调集中整治形式主义、官僚主义问题。

一、紧盯重要节点，持续释放纠治“四风”的强烈信号

常言道：廉不廉、看过年，洁不洁、看过节。节日期间是“四风”问题易发多发期，从整治“节日腐败”入手，紧盯年节假期，抓早抓小，串点成线，驰而不息正风肃纪，是监督中央八项规定精神落实、纠正“四风”的成功经验。中央办公厅、国务院办公厅每年元旦春节都要专门印发通知，强调贯彻中央八项规定精神，提出具体要求，坚决杜绝“节日腐败”。中央纪委开通

“四风”微信举报平台，每个重要时间节点前中央纪委网站都会开通违反中央八项规定精神问题监督举报曝光专区。各级纪检监察机关从治理公款大吃大喝、旅游送礼、奢靡之风入手，紧盯公款购买赠送月饼、贺卡、烟花爆竹等问题，串点成线，以一个个具体问题的突破，带动面上问题的解决。

二、坚持问题导向，从具体问题抓起

习近平总书记强调，解决“四风”问题，要对准焦距、找准穴位、抓住要害，不能“走神”，不能“散光”。“四风”问题由来已久，之前曾经出现过“几十个文件管不住一张嘴”的情况。党的十八大以来，各级纪检监察机关坚持问题导向，从小抓起，以小见大，以小带大，针对“四风”问题突出特别是奢靡享乐大量嘚瑟到群众眼皮底下的情况，立行立改、雷厉风行，一个“标”一个“标”地治理，一个问题一个问题地解决，以小见大，由易到难，推动作风整体好转。各地还普遍结合实际，抓住重点领域、关键环节，组织开展专项治理，集中整治典型的享乐主义和奢靡之风问题，着力发现和纠正以会议、文件或口号落实党中央重大决策部署、乱作为、不担当等形式主义和官僚主义突出问题，严肃整治“舌尖上的浪费”“会所中的歪风”“车轮上的铺张”“节日中的腐败”，深入治理潜入培训疗养机构吃喝玩乐、高档小区“一桌餐”、调研考察搭车旅游等隐形变异“四风”问题。对各种违纪行为露头就打、严惩不贷，刹住了一些曾被认为不可能刹住的歪风邪气，攻克了一些司空见惯的“官场陋习”和作风难题。

三、从严监督执纪执法，强化震慑、决不容情

中央纪委严肃查处中管干部违反中央八项规定精神问题，对顶风违纪的从严处理，对违规吃喝、违规收送礼品礼金的坚决查处，清除隐藏在人情往来背后的利益勾兑、团团伙伙。各级纪检监察机关把违反中央八项规定精神问题作为纪律审查重点，坚持反“四风”、反腐败、反对特权思想和特权现象多管齐下，深挖彻查作风问题背后的腐败线索以及腐败案件中的作风问题；对巡视、信访和执纪审查中发现的“四风”问题线索专项处置，审查对象的“四风”问题优先查处和通报，深挖细查、决不放过；对规避组织监督、不收敛不收手的，不论职务高低一律从严查处。对巡视发现的落实党的路线方针政策走样，以会议贯彻会议、以文件落实文件的形式主义、官僚主义问题，严肃反馈、督促整改；对纠正“四风”工作不力的，严肃问责、决不姑息；坚持越往后执纪越严，不断强化促进党员干部知畏知止、收敛收手的态势。中央纪委国家监委建立对中管、省管干部违反中央八项规定精神典型问题常态化通报工作机制，各级纪检监察机关也普遍加大了通报曝光力度，彰显了党中央从严管党治党的坚强决心，体现了拒腐防变从领导干部抓起、从作风严起的鲜明导向，在全国形成了对“四风”人人喊打的氛围。十八届党中央期间，各级纪检监察机关共查处违反中央八项规定精神问题18.9万起，处理党员干部25.6万人。十九届党中央期间，全国纪检监察机关共查处享乐主义、奢靡之风问题28.6万个，批评教育帮助和处理39.8万人，其中给予党纪政务处分28.5万人。

四、标本兼治，完善作风建设长效机制

人法兼资，而天下之治成。党中央注重顶层设计，围绕落实中央八项规定精神，制定出台了《党政机关厉行节约反对浪费条例》等重要党内法规，为持之以恒抓好作风建设提供了基础性制度保障。中央纪委国家监委着力解决普遍存在、反复发生的问题，出台工作指导意见，推动地方和部门完善津贴补贴发放、开会发文、公务用车、公务接待、国企商务接待、制止餐饮浪费等制度规定。引导党员干部弘扬忠诚老实、公道正派、实事求是、清正廉洁等价值观，着力消除“四风”问题的思想根源、土壤条件，做到立破并举、扶正祛邪。推动移风易俗，治理陈规陋习，以优良党风政风引领社风民风持续向好。各地区各部门各单位紧密联系实际对作风建设制度进行“体检”，检查落实中央八项规定精神的制度措施执行情况，实事求是地对制度措施加以修订完善、细化优化，作风建设的制度笼子越扎越紧。

五、作风建设永远在路上，纠治“四风”没有休止符

经过十多年的持续努力，不正之风蔓延势头得到有效遏制。但是也必须清醒认识到，“四风”问题具有顽固性反复性，不正之风树倒根存，还在潜滋暗长、花样翻新，稍有松懈就可能前功尽弃，从当前监督、审查、信访、巡视等各方面情况综合来看，每一种“风”都有新的表现形式，不吃公款吃老板、收受私企老板礼品礼金、私车公养等隐形变异问题仍然存在，防反弹回潮、防隐形变异、防疲劳厌战任务依然很重。

党的二十大报告要求，锲而不舍落实中央八项规定精神，持续深化纠治“四风”。把好传统带进新征程，将好作风弘扬在新时代，既要坚持党的十八大以来的有效做法，又要探索创新纠治并举的措施办法。要深入开展调查研究，摸清底数实情，定期分析研判，把握阶段性特点规律，牢牢抓住不同时期、不同地区、不同层级存在的突出问题，精准施策、靶向纠治，及时总结推广各地各部门的好做法，结合实际不断探索新的思路和举措。要发扬钉钉子精神，对享乐主义奢靡之风露头就打、反复敲打，对形式主义、官僚主义毫不妥协，健全每月公布查处结果制度，完善节前通报曝光、节中监督检查、节后督促整改工作机制。要坚持党性党风党纪一起抓，从解决“四风”问题延伸开去，弘扬伟大建党精神，引导党员干部提高党性觉悟和纪律意识、弘扬党的光荣传统和优良作风，推动树立新风正气，使党的作风全面纯洁起来。

第三节　力戒形式主义、官僚主义

形式主义、官僚主义人人痛恨、个个喊打，是必须战胜的“拦路虎”，不仅仅是作风问题，更是直接影响党中央重大决策部署和习近平总书记重要指示批示精神贯彻落实的严肃政治问题。

一、形式主义、官僚主义的主要表现和实质根源

表现之一：传达不及时，领会不深刻。主要是对中央精神和习近平总书记要求的学习领会不及时、不全面、不精准，跟不上形势和任务要求。有的传达学习中央重要会议、重要文件和习近平总书记重要讲话、重要指示批示精神滞后，甚至积压、拖延，攒一阵子后再一次性传达。有的签阅批转、照本宣科，用传阅代替传达，用宣读代替学习，念报纸、念文件、念讲话，一念了之，一听而过，根本没有入脑入心。有的囫囵吞枣、不求甚解，没有用心思考和领悟，理解力不强，敏锐性不足，抓不到要领，把不住关键，知其言不知其义，知其然不知其所以然。

表现之二：敷衍了事、阳奉阴违。主要是对党中央重大决策部署不敬畏、不在乎、喊口号、装样子，对贯彻党中央决策部署

做选择、搞变通、打折扣，特别是搞“包装式”落实、“一刀切式”落实，导致工作“降格”“空转”。有的本位主义严重，只考虑本地区本部门本单位工作，没有树立全国一盘棋思想，不服从中央统一指挥调度。有的消极怠工，工作不思进取、拖沓敷衍，对党中央决策部署消极应付，不想干事、懒得管事。有的言行不一，说一套、做一套，对党中央阳奉阴违，在工作中不担当、不作为、徇私情。有的瞒天过海，做选择、搞变通、打折扣，对党中央决策部署搞选择性执行。

表现之三：花拳绣腿、不干实事。主要是以会议贯彻会议、以文件落实文件，重显绩轻潜绩，重面子轻里子。有的对中央精神搞传达不过夜，层层重复开会，动辄要求“一把手”参加并列入考核。有的贯彻落实只有原则意见，没有工作方案，没有具体措施，没有责任分工，没有进度安排。有的不重实效重包装，“兵马未动、材料先出”“早上栽树、下午就要乘凉”，工作还未完成就要求下级报送典型事迹、经验做法。有的打造领导“可视范围”内的项目工程，追求新闻炒作和轰动效应，要求在道路两旁种上名贵树木，冬天要“穿衣”，夏天要“戴帽”，在全国全省的排位不进反退。有的认为“上级领导关心关注的，就是重点工作；本届内能出形象、出政绩的工作就是硬任务”，精心打造的新农村精品“看点”建成后无人维护，当地干部群众戏称是“一年大变样、两年不像样、三年回原样”。有的领导干部信奉“多一事不如少一事”，对企业敬而远之、退避三舍，对企业家正常的约见交流、咨询政策、办理事务等虚于应付，不真心实意帮助企业解决影响发展的问题。

表现之四：上推下卸、转嫁责任。主要是瞻前顾后、推三阻四，层层往上报、层层不表态，责任往下推、板子往下打。有的事无巨细请示汇报，看似守规矩讲程序，实则不敢担当、推卸责任。有的只做部署、不抓落实，只交任务、不问效果，只坐镇筹划、不靠前指挥，对工作进展、执行效果、群众反映怎么样，不闻不问、不管不顾。有的将任务下派给基层，自己变身为监督者，动不动签“责任状”、搞“一票否决”，把他人的“责任状”变成了自己的“挡箭牌”。有些地方人为加大督查频率和力度，“一个人干活、两个人督导、三个人督查”，基层干部疲于应付。

表现之五：过度执行、剑走偏锋。主要是照抄照转、生搬硬套，层层加码、拔高标准，简单粗暴、过犹不及。脱贫攻坚中有的地方对贫困户作出脱离实际的承诺，增加地方政府和群众的债务负担。有的地方搞“假生态”、不计成本追求视觉效果变化，盲目搞大树进城、开山造地、人造景观、填湖填海，一些地方还打着生态环保名义随意扩大限养禁养区，搞无猪市县乡。有的盲目提出大任务、大指标，实际上无法兑现。疫情防控期间，有的地方搞简单化一关了之、一停了之，违规挖断道路、关停商店、拦截车辆，影响居民生活和企业生产经营。

任何事物都有其质的规定性，形式主义、官僚主义也不例外。习近平总书记指出：形式主义实质是主观主义、功利主义，根源是政绩观错位、责任心缺失，表现为文山会海、弄虚作假、言行不一、浅尝辄止、急躁冒进、劳民伤财。官僚主义实质是封建残余思想作祟，根源是官本位思想严重、权力观扭曲，表现为高高在上、脱离群众、胡乱决策、冷横硬推、囫囵吞枣、人浮于事、慵懒无为。形式主义、官僚主义是一种长期存在的复杂历史现象，破除形式主义、官僚主义，既要准确“画像”，把握其基本特征，又要研机析理，透过现象看本质，找准其形成的原因。

二、形式主义、官僚主义有着复杂的历史文化根源和思想根源

传统政治文化中的糟粕是形式主义、官僚主义滋生的重要因素。古代中国很早就建立起了统一的中央政府，由其治理广大的疆域和规模庞大的人民。中央政府从社会各阶层中选拔官员，官制、礼仪、典章相对成熟，官僚阶层成为国家治理、社会教化的中坚力量。政府强力控制的社会结构、农耕文明的生活方式，逐步形成了繁文缛节的礼治主义、深入骨髓的权力崇拜、庸俗腐朽的政治文化，成为形式主义、官僚主义的文化基因。礼治主义是古代中国礼俗文化的衍生品，恪守君、臣、父、子名分以及贵贱、上下、尊卑、亲疏区别，造成陈陈相因、办事拖沓、繁文缛节。权力崇拜背后是官本位主义，在“家国同构”的治理格局下，父系家长享有绝对控制权，国君如父，各级官员也被视为代天子牧民、教化百姓的“父母官”，士人一旦进入官僚阶层，就一步登天、封妻荫子，可以扬眉吐气，享受当官的尊荣，“朝为田舍郎、暮登天子堂”成为无数寒门学子改变命运的终南捷径，也是民间无比艳羡的人生奇迹。关系学、厚黑学、官场术、“潜规则”等庸俗腐朽的政治文化，也一定程度助长了柔滑狡狯、麻木不仁、深文周纳、趋利避害、虚与委蛇的官场风气。受这些落后观念影响，有的党员、干部把党群之间的鱼水关系，变成需要时

跳到水里、不需要时跳出来的“蛙水关系”；有的甚至变成浮在表面、融不进去的“油水关系”；有的把“公仆意识”挂在嘴边，内心深处却充满“高人一等”的优越感。

尽管100多年来，我们党与形式主义、官僚主义进行了毫不松懈的斗争，取得了很大成效，但仍没有彻底清除形式主义、官僚主义的思想根源。一是有的党员、干部人民至上的政治立场立得不牢。有的没有把人民的利益放在首位，眼睛只盯着上面，不理会基层呼声，不顺应人民期待，“不怕群众不满意，就怕领导不注意”，不是拎着“乌纱帽”为民干事，而是捂着“乌纱帽”为己做官。二是有的党员、干部政绩观错位。一些干部认为，搞形式主义、官僚主义省心省力、简单易行，“阵势”大、“效果”好，能炮制出好看的“政绩”，给上级留下深刻的印象，并且一些搞形式主义、官僚主义的干部不仅没有受到惩处、得到纠正，反而尝到了“甜头”、得到了“实惠”，久而久之，有的干部便将其作为一条轻松愉快、皆大欢喜的捷径。三是有的党员、干部“官本位”思想依然严重。有的信奉“官大一级压死人”“权大真理多”，对上唯唯诺诺，总是想方设法揣摩上级的意图、挖空心思迎合上级的喜好，搞无原则、无纪律甚至无底线的服从；对下颐指气使，坐而论道、纸上谈兵，不经论证就拍脑门儿决策，耍官威、摆架子，前呼后拥，好大喜功，搞家长制、“一言堂”，习惯于发号施令，指导工作主要靠开会发文，推动工作主要靠督查考核。四是有的党员、干部存在极端利己主义倾向。有的信奉个人利益至上，只想当官不想干事，只想揽权不想担责，只想出彩不想出力。

以上种种，充分印证形式主义背后是功利主义、实用主义作祟，政绩观错位、责任心缺失，只想当官不想干事，只想出彩不想担责，满足于做表面文章；官僚主义背后是官本位思想，价值观走偏、权力观扭曲，盲目依赖个人经验和主观判断，严重脱离实际、脱离群众。

三、反对形式主义、官僚主义坚持从讲政治的高度来审视，从思想和利益根源上来破解

党的十八大以来，以习近平同志为核心的党中央以踏石留印、抓铁有痕的劲头狠抓作风建设，以上率下，大力整治形式主义、官僚主义、享乐主义和奢靡之风“四风”问题，先后开展党的群众路线教育实践活动、“三严三实”专题教育、“两学一做”学习教育，不断把作风建设引向深入，党风政风明显改善。党的十九大以来，作风建设更加注重集中整治形式主义、官僚主义问题。在全党开展的“不忘初心、牢记使命”主题教育，把力戒形式主义、官僚主义作为重要内容。党中央把2019年确定为“基层减负年”，中央办公厅印发《关于解决形式主义突出问题为基层减负的通知》，提出确保发给县级以下的文件、召开的会议减少30%—50%，严格控制“一票否决”事项，不能动辄签“责任状”等一系列硬举措，切实把基层干部从一些无谓的事务中解脱出来。各级纪检监察机关坚决查处影响党中央重大决策部署贯彻落实、漠视侵害群众利益、不作为乱作为、加重基层负担的形式主义、官僚主义，集中纠治做选择搞变通打折扣、表态多调门高、行动少落实差问题，严肃查处领导干部任性决策、庸懒无为

和基层干部推诿扯皮、冷硬横推问题，督促纠正文山会海、频繁填表报数、工作过度留痕、检查考核过多、“指尖上的形式主义”问题，重点治理脱离实际搞劳民伤财的“形象工程”“政绩工程”，推动建立为基层减负机制。十九届党中央期间，全国纪检监察机关共查处形式主义、官僚主义问题 28.2 万个，批评教育帮助和处理 42.5 万人，其中给予党纪政务处分 25.3 万人。

2017 年 12 月，习近平总书记专门就整治形式主义、官僚主义问题作出重要指示。习近平总书记深刻指出，形式主义、官僚主义是目前党内存在的突出矛盾和问题，是阻碍党的路线方针政策和党中央重大决策部署贯彻落实的大敌，强调必须从讲政治的高度来审视，从思想和利益根源上来破解，为杜绝形式主义、官僚主义指明了治本之策。

“名与实对，务实之心重一分，则务名之心轻一分。”共产党人在意的不是形式而是实质，追求的是真抓实干，最反对花拳绣腿、繁文缛节、表面文章。破除形式主义、官僚主义顽瘴痼疾，首要任务是深入学习贯彻习近平新时代中国特色社会主义思想，教育引导广大党员、干部深刻感悟习近平总书记“我将无我、不负人民”的伟大情怀，在对党负责和对人民负责高度统一中涵养高尚情操，坚持不懈锤炼忠诚干净担当的政治品格，真正把“两个维护”始终铭记在头脑里、全面落实在行动上、时时处处体现在工作中。要始终把纪律和规矩挺在前面，对于影响党中央决策部署贯彻落实、漠视侵害群众利益、加重基层负担的形式主义、官僚主义问题，发现一起、查处一起、整改一起。要注重总结提炼各方面各层级特别是基层首创的好经验好做法，更好指导面上工作。要切实加强制度建设，健全作风建设长效机制，推动建立基层减负常态化机制，完善考核问责、容错纠错等激励约束机制，不断把制度优势转化为治理效能。各级党委（党组）要切实扛起主体责任，各级纪检监察机关要认真履行监督责任，增强纠治形式主义、官僚主义的工作合力。

第四节　把纪律和规矩挺在前面

中国共产党是经过长期革命斗争而取得政权的马克思主义政党。党之所以能够克服各种困难挑战，取得革命胜利，领导人民执政，带领中华民族走向伟大复兴，一个重要的原因就在于高度重视并不断加强纪律建设。

一、纪律严明是党的光荣传统和独特优势

党的第一个纲领和第一个党章把纪律置于重要位置，规定了明确的纪律并严格执行，为百年大党注入了纪律严明的红色基因。革命战争年代，我们党的一个最大亮点就是创立了“第一军规”，1928 年为“三大纪律六项注意”，1929 年以后发展为“三大纪律八项注意”。延安时期，毛泽东同志提出了一个著名的论断：“路线是‘王道’，纪律是‘霸道’，这两者都不可少。”解放战争时期，毛泽东同志又指出：“加强纪律性，革命无不胜。”改革开放以后，邓小平同志指出：“我们这么大一个国家，怎样才能团结起来、组织起来呢？从根本上讲，一靠理想，二靠纪律。”

进入新时代，习近平总书记在十八届中央纪委五次全会上要

求“把守纪律讲规矩摆在更加重要的位置”。在十八届中央纪委六次全会上，习近平总书记全面阐述健全完善制度、深入开展纪律教育、狠抓执纪监督、养成纪律自觉等加强纪律建设的“四个着力点”。党的十九大总结十八大以来管党治党经验，把纪律建设纳入党的建设总体布局、写入党章，在党的历史上第一次把纪律建设与政治、思想、组织、作风、制度等方面建设并列，深化发展了对党的纪律建设的认识，进一步表明了用严明的纪律管党治党的坚定决心。把纪律和规矩挺在前面，既是对管党治党基本规律的深刻洞察，也是对管党治党实践经验的科学总结。对纪律检查机关来说，要时刻铭记纪委是协助党委维护党纪的专责机关，时刻牢记名称中深深烙刻的“纪律”二字，忠实履行维护党纪的神圣职责，不断把纪律建设引向深入。

二、加强纪律建设是全面从严治党的治本之策

办好中国的事情，关键在党。全面从严治党，核心是加强党的领导。加强党的领导，要靠正确的路线来凝聚人心、汇聚力量，也要靠严明的纪律来管住党员、管好队伍。正如习近平总书记指出的那样：“我们当前主要的挑战还是党的领导弱化和组织涣散、纪律松弛。不改变这种局面，就会削弱党的执政能力，动摇党的执政基础，甚至会断送党和人民的美好未来。”“党要管党，从严治党，靠什么管，凭什么治？就要靠严明纪律。”把纪律建设摆在更加突出的位置，才能使管党治党真正从宽、松、软走向严、紧、硬，不断增强党的凝聚力和战斗力，确保党始终成为中国特色社会主义事业的坚强领导核心。全面从严治党要靠全

党、管全党、治全党。全面从严治党是各级党组织的职责所在，既要面向 9600 多万名党员、490 多万个党组织，又要覆盖党的政治建设、思想建设、组织建设、作风建设、纪律建设、制度建设、反腐败斗争等各个领域，重点是抓住“关键少数”。纲纪振则百事顺。搞好党的建设，每一处都要以讲规矩、守纪律为前提，只有把纪律挺在前面，把纪律建设贯穿党自身建设的方方面面，才能“走活全面从严治党这盘棋”，收到“牵一发而动全身”的效果。

三、加强纪律建设，必须把严明政治纪律摆在首位

我们党作为马克思主义执政党，任何时候都要旗帜鲜明讲政治。习近平总书记强调要把“讲政治、遵守政治纪律和政治规矩永远排在首要位置”。在所有的纪律要求中，政治纪律是最重要最根本最关键的纪律，是维护党的团结统一的根本保证。这是由党作为一个先进的政治组织基本性质所决定的，也是由政治纪律与其他纪律之间的内在关系所决定的。把纪律挺在前面，首先要把政治纪律挺在前面。党的十八大以来，各级纪检监察机关把坚决维护习近平总书记党中央的核心、全党的核心地位，坚决维护以习近平同志为核心的党中央权威和集中统一领导作为重大责任，督促各级党组织和广大党员始终同党中央保持高度一致，严肃查处违反政治纪律和政治规矩的突出问题，消除党和国家内部存在的严重政治隐患；围绕把握新发展阶段、贯彻新发展理念、构建新发展格局、推动高质量发展等加强监督检查，充分发挥监督保障执行、促进完善发展作用。

四、加强纪律建设，必须把纪律挺在前面

把纪律挺在前面，是中国特色社会主义政党理论的一大贡献，是我们党思想认识的一次飞跃，是管党治党的理念创新。在党的纪律建设实践中，我们党对把纪律挺在前面的认识不断深化。党是肩负神圣使命的政治组织，党员是有着特殊政治职责的公民，党的纪律是高于国家法律的更高要求。这就好比是“国标”和企业标准的关系，“国标”是必须遵守的底线，企业标准一定严于“国标”，否则就没有创新，不能赢得竞争。把纪律挺在前面，必须增强纪律意识，严格遵守和执行纪律。把纪律挺在前面，必须坚持党纪严于国法，使纪律成为管党治党的尺子、党员不可逾越的底线。把纪律挺在前面，必须坚持纪在法前、纪法分开。纪在法前，意味着凡是触犯法律法规且已构成违法犯罪的党员，首先要受到党纪处分。只有坚持纪在法前，才能用纪律管住大多数，把消极腐败现象消灭在萌芽状态；只有坚持纪法分开，才能使党规党纪与国家法律既各司其职、分工协作，又配套联动、相得益彰，形成党风廉政建设和反腐败工作合力。

五、监督执纪“四种形态”是把纪律挺在前面的具体体现

为从以查办大案要案为主向全面监督执纪问责转型，从“算总账”到抓早抓小，层层设防，及时给党员、干部咬耳扯袖，我们党在深刻总结长期以来党风廉政建设和反腐败斗争实践经验的基础上，提出监督执纪“四种形态”。2016 年 1 月，十八届中央

纪委六次全会首次将“四种形态”写进中央纪委全会工作报告，党的十八届六中全会通过的《中国共产党党内监督条例》第七条规定，“党内监督必须把纪律挺在前面，运用监督执纪‘四种形态’”，首次将“四种形态”写入党内法规。“四种形态”的具体内容为：经常开展批评和自我批评、约谈函询，让“红红脸、出出汗”成为常态；党纪轻处分、组织调整成为违纪处理的大多数；党纪重处分、重大职务调整的成为少数；严重违纪涉嫌违法立案审查的成为极少数。2017 年 10 月，党的十九大通过的党章修正案正式载入“四种形态”。2021 年 11 月，党的十九届六中全会通过的《中共中央关于党的百年奋斗重大成就和历史经验的决议》指出，党坚持纪严于法、执纪执法贯通，用好监督执纪“四种形态”，强化政治纪律和组织纪律，带动各项纪律全面严起来。

2021 年 12 月，党中央发布的《中国共产党纪律检查委员会工作条例》对依规依纪依法、精准有效运用监督执纪“四种形态”作出细化规定：（一）党员、干部有作风纪律方面的苗头性、倾向性问题或者轻微违纪问题，或者有一般违纪问题但具备免予处分情形的，运用监督执纪第一种形态，按照规定进行谈话提醒、批评教育、责令检查等，或者予以诫勉。（二）党员、干部有一般违纪问题，或者违纪问题严重但具有主动交代等从轻减轻处分情形的，运用监督执纪第二种形态，按照规定给予警告、严重警告处分，或者建议单处、并处停职检查、调整职务、责令辞职、免职等处理。（三）党员、干部有严重违纪问题，或者严重违纪并构成严重职务违法的，运用监督执纪第三种形态，按照规定给予撤销党内职务、留党察看、开除党籍处分，同时建议给予降职或者依法给予撤职、开除公职、调整其享受的待遇等处理。（四）党员、干部严重违纪、涉嫌犯罪的，运用监督执纪第四种形态，按照规定给予开除党籍处分，同时依法给予开除公职、调整或者取消其享受的待遇等处理，再移送司法机关依法追究刑事责任。在此基础上，党的二十大党章修正案在第七章“党的纪律”中，将“按照错误性质和情节轻重，给以批评教育直至纪律处分”，修改为“按照错误性质和情节轻重，给以批评教育、责令检查、诫勉直至纪律处分”，体现了党中央从严管党治党、强化日常管理监督的重要要求，是对运用监督执纪“四种形态”特别是第一种形态成功实践的经验总结。

制定纪律就要强化执行。遵守党的纪律是无条件的，要说到做到，有纪必执，有违必查，不能有任何含糊，不能让党纪党规成为“纸老虎”“稻草人”。只有强化纪律执行，使人们觉得纪律高压线“不能碰”“不能踩”“不能摸”，纪律“带电”的高压线才名副其实。只有对踩“红线”、越“底线”、闯“雷区”的坚决严肃查处，不以权势大而破规，不以问题小而姑息，不以违者众而放任，不留“暗门”、不开“天窗”，才能让全体党员都敬畏纪律、遵守纪律。

第五章
标本兼治
一体推进不敢腐、不能腐、不想腐

腐败是最容易颠覆政权的问题，反腐败是最彻底的自我革命。党的十八大以来，党中央以前所未有的反腐力度，查处了一批大案要案，人们看到了世界上最大执政党猛药去疴、重典治乱的顽强意志，体会到了刮骨疗毒、壮士断腕的巨大勇气。腐败现象背后有着深层次的经济、社会、人性、文化等复杂因素。治理腐败是个系统工程，既要重拳出击、铁腕治吏让人不敢腐，又要强化监督、完善制度让人不能腐，还要加强思想教育、涵养政治生态让人不想腐，在综合施治、标本兼治中实现源头治理、长效治理。一体推进不敢腐、不能腐、不想腐，贯通主观与客观、内因与外因、自律与他律、治标与治本、增量与存量、问题与方法、目标与路径等多层关系，是反腐败斗争基本方针和新时代全面从严治党重要方略，体现了我们党在新的历史条件下对共产党执政规律、党的建设规律的深刻把握。

第一节　一体推进“三不腐”方针方略的形成与发展

“在这革命潮流仍在高涨的时候，许多投机腐败的坏分子，均会跑在革命的队伍中来，一个革命的党若是容留这些分子在内，必定会使他的党陷于腐化，不特不能执行革命的工作，且将为群众所厌弃。所以应该很坚决的洗清这些不良分子，和这些不良倾向奋斗，才能坚固我们的营垒，才能树立党在群众中的威望。”1926 年 8 月 4 日，中共中央扩大会议发布了《中央扩大会议通告——坚决清洗贪污腐化分子》，这是中国共产党历史上第一部惩治贪污腐化分子的文件。文件虽然只有寥寥数百字，但言简意赅，表明早在初创时期，我们党就已敏锐地察觉到党内混入“投机腐败分子”的危险。100 多年来，我们党始终坚定不移反对和惩治腐败，不断深化对腐败治理规律的认识，逐步形成了一体推进不敢腐、不能腐、不想腐的方针方略。

一、一体推进不敢腐、不能腐、不想腐，是以习近平同志为核心的党中央审时度势作出的战略部署

一体推进不敢腐、不能腐、不想腐，是对我们党反腐败工作理念思路的继承和发展，是对新时代反腐败斗争成功经验的深刻总结，是对标本兼治管党治党规律的深刻揭示，为深入推进党的自我革命、坚决打赢反腐败斗争攻坚战持久战提供了根本遵循。

习近平总书记早在浙江工作时，就初步提出了构建“三不腐”机制的设想。他指出：事前教育很重要，通过增强自身“免疫力”让人不想腐败；事后处理也很重要，通过强化警示作用，让人不敢腐败；全过程监督更重要，通过严格制度规范，让人不能腐败。

党的十八大以来，以习近平同志为核心的党中央直面管党治党突出问题，科学把握管党治党规律将不敢腐、不能腐、不想腐一体强调要求、一体谋划部署。2013 年 1 月，习近平总书记在十八届中央纪委二次全会上指出，要加强对权力运行的制约和监督，把权力关进制度的笼子里，“形成不敢腐的惩戒机制、不能腐的防范机制、不易腐的保障机制”。2014 年 1 月，习近平总书记在十八届中央纪委三次全会上强调，加大查办违纪违法案件力度，保持惩治腐败高压态势，“形成不想腐、不能腐、不敢腐的有效机制”。2014 年 6 月，习近平总书记在听取 2014 年中央巡视组首轮巡视情况汇报时强调，要“实现不敢腐、不能腐、不想腐”。2015 年 1 月，习近平总书记在十八届中央纪委五次全会上

强调，坚持无禁区、全覆盖、零容忍，严肃查处腐败分子，坚决遏制腐败现象蔓延势头，着力营造不敢腐、不能腐、不想腐的政治氛围。2015 年 6 月，习近平总书记在十八届中央政治局第二十四次集体学习时强调，只有坚持依法严厉惩治、形成不敢腐的惩戒机制和威慑力，坚持完善法规制度、形成不能腐的防范机制和预防作用，坚持加强思想教育、形成不想腐的自律意识和思想道德防线，才能有效铲除腐败现象的生存空间和滋生土壤。2017 年 1 月，习近平总书记在十八届中央纪委七次全会上强调，我们强调的不敢腐，侧重于惩治和威慑，坚持什么问题突出就重点解决什么问题，让意欲腐败者在带电的高压线面前不敢越雷池半步，坚决遏制蔓延势头。我们强调的不能腐，侧重于制约和监督，扎紧制度笼子，让胆敢腐败者在严格监督中无机可乘。我们强调的不想腐，侧重于教育和引导，着眼于产生问题的深层次原因，对症下药、综合施策，让人从思想源头上消除贪腐之念。

2017 年 10 月，习近平总书记在党的十九大报告中指出，强化不敢腐的震慑，扎牢不能腐的笼子，增强不想腐的自觉，通过不懈努力换来海晏河清、朗朗乾坤。十九大党章总纲，增写了“以零容忍态度惩治腐败，构建不敢腐、不能腐、不想腐的有效机制”的内容。

2018 年 1 月，习近平总书记在十九届中央纪委二次全会上指出，我们党强调不敢腐、不能腐、不想腐，揭示了反腐防腐的基本规律。要强化不敢腐的震慑，扎牢不能腐的笼子，增强不想腐的自觉。通过改革和制度创新切断利益输送链条，铲除领导干部被“围猎”这个腐败“污染源”，加强对权力运行的制约和监督，形成有效管用的体制机制。2018 年 12 月，习近平总书记在十九届中央政治局第十一次集体学习时指出，深化纪检监察体制改革是要实现标本兼治。要强化不敢腐的震慑，保持惩治腐败高压态势，强化监督和监察全覆盖的震慑效应，不断释放全面从严强烈信号。要扎牢不能腐的笼子，把“当下改”和“长久立”结合起来，形成靠制度管权、管事、管人的长效机制。要增强不想腐的自觉，引导党员干部坚定理想信念，强化宗旨意识，树立正确的世界观、人生观、价值观，营造风清气正的从政环境和社会氛围。2019 年 1 月，习近平总书记在十九届中央纪委三次全会上强调，不敢腐、不能腐、不想腐是一个有机整体，不是三个阶段的划分，也不是三个环节的割裂。要打通三者内在联系，在严厉惩治、形成震慑的同时，扎牢制度笼子、规范权力运行，加强党性教育、提高思想觉悟，一体推进不敢腐、不能腐、不想腐，早日迎来海晏河清！这是习近平总书记第一次提出一体推进“三不腐”的要求。2020 年 1 月，习近平总书记在十九届中央纪委四次全会上强调，一体推进不敢腐、不能腐、不想腐，不仅是反腐败斗争的基本方针，也是新时代全面从严治党的重要方略。不敢腐、不能腐、不想腐是相互依存、相互促进的有机整体，必须统筹联动，增强总体效果。“不敢”是前提，要以严格的执纪执法增强制度刚性，让党员、干部从害怕被查处的“不敢”走向敬畏党和人民、敬畏党纪国法的“不敢”；“不能”是关键，要科学配置权力，加强重点领域监督机制改革和制度建设，推动形成不断完备的制度体系、严格有效的监督体系；“不想”是根本，要靠加强理想信念教育，靠提高党性觉悟，靠涵养廉洁文化，夯实不忘初心、牢记使命的思想根基。2021 年 1 月，习近平总书记在十九届中央纪委五次全会上强调，坚定不移推进反腐败斗争，不断实现不敢腐、不能腐、不想腐一体推进战略目标。2021 年 4 月，习近平总书记在广西考察时强调，要始终抓好党风廉政建设，使不敢腐、不能腐、不想腐一体化推进有更多的制度性成果和更大的治理成效。2022 年 1 月，习近平总书记在十九届中央纪委六次全会上强调，坚持不敢腐、不能腐、不想腐一体推进，惩治震慑、制度约束、提高觉悟一体发力，以法治思维和法治方式惩治腐败，以系统施治、标本兼治理念管党治党，实现干部清正、政府清廉、政治清明。6 月 17 日，习近平总书记在十九届中央政治局第四十次集体学习时强调，要加深对新形势下党风廉政建设和反腐败斗争的认识，提高一体推进不敢腐、不能腐、不想腐能力和水平，全面打赢反腐败斗争攻坚战、持久战。一体推进不敢腐、不能腐、不想腐，必须三者同时发力、同向发力、综合发力，把不敢腐的强大震慑效能、不能腐的刚性制度约束、不想腐的思想教育优势融于一体，用“全周期管理”方式，推动各项措施在政策取向上相互配合、在实施过程中相互促进、在工作成效上相得益彰。10 月 16 日，习近平总书记在党的二十大报告中强调，只要存在腐败问题产生的土壤和条件，反腐败斗争就一刻不能停，必须永远吹冲锋号，坚持不敢腐、不能腐、不想腐一体推进，以零容忍态度反腐惩恶，决不姑息。二十大党章总纲，将“构建不敢腐、不能腐、不想腐的有效机制”，修改为“一体推进不敢腐、不能腐、不想腐”。这一修改，充分反映了新时代全面从严治党的重要理论、实践和制度成果，丰富拓展了我们党反腐败工作的理念思路，对于深入推进全面从严治党、坚决打赢反腐败斗争攻坚战、持久战十分必要。

二、一体推进不敢腐、不能腐、不想腐，是新时代全面从严治党的重要理论创新、实践创新和制度创新成果

一体推进“三不腐”是对历史经验的深刻总结。“三不腐”作为一种思想理念有其深厚历史渊源，其推进符合古今中外治理腐败的普遍规律，是中华政治传统和制度文化的精华。《大戴礼记·礼察》说：“礼者禁于将然之前，而法者禁于已然之后。”东汉政论家、史学家荀悦说：“进忠有三术：一曰防，二曰救，三曰戒。先其未然谓之防，发而止之谓之救，行而责之谓之戒。防为上，救次之，戒为下。”明代思想家薛瑄将廉洁者分为三等：“世之廉者有三，有见理明而不妄取者，有尚名节而不苟取者，有畏法律保禄位而不敢取者。”上述观念中包含有事前劝诫使其不想、事中监督使其不能、事后惩戒使其不敢的思想。马克思提出“不可收买是最崇高的政治美德”，列宁认为“政治上有教养的人是不会贪污受贿的”。他们从唯物史观出发，主张对公权力进行道德约束和制度设计，克服社会公仆蜕变为社会主人等异化倾向。中国共产党继承和发展上述思想，主张综合施治、标本兼治。毛泽东同志强调“教而后诛”“惩前毖后、治病救人”，邓小平同志提出“一靠理想、二靠纪律”，江泽民同志指出反腐败“教育是基础，法制是保证，监督是关键”，胡锦涛同志强调建立健全教育、制度、监督并重的惩治和预防腐败体系，其中都蕴含着

不敢腐、不能腐、不想腐的基本要素。

一体推进“三不腐”体现了全面从严治党作为“政治引领”的要求。习近平总书记多次强调，要切实增强全面从严治党的系统性、创造性、实效性。作为一项系统工程，全面从严治党在不断深化发展的过程中，必须更加注重治本、更加突出治理、更加着眼长远。习近平总书记指出，一体推进不敢腐、不能腐、不想腐，不仅是反腐败斗争的基本方针，也是新时代全面从严治党的重要方略。这就要求把惩治腐败的基本规律、基本要求和政策策略拓展到管党治党各领域。一体推进“三不腐”作为一种引领性治理方式，与全面从严治党的政治引领作用具有内在统一性。在一体推进“三不腐”引领下，全面从严治党和惩治腐败各项措施更具预见性和导向性，战略目标和战略举措更加清晰，进而推动全党坚定政治信仰、站稳政治立场、把准政治方向、保持政治定力。

一体推进“三不腐”体现了正风肃纪反腐关于“系统施治”的要求。实践证明，全面从严治党和惩治腐败是一项系统工程，是各个领域、各类要素的综合反映和系统呈现，必须通过系统治理、一体推进才能取得整体效果和治理合力。习近平总书记指出，不敢腐、不能腐、不想腐是一个有机整体，不是三个阶段的划分，也不是三个环节的割裂，要求打通三者内在联系。这就抓住了“三不腐”发挥作用的核心机理，是规律认识的提升和飞跃。按照一体推进“三不腐”的要求，正风肃纪反腐必须按照系统思想、观点和方法解决好工作中存在的系统不健全、措施不配套、制度不衔接、工作不协调等问题，把握好惩治与防范、治标与治本、阶段性与连续性的关系，通过系统谋划、一体推进、同向发力，实现集成效应。

可以说，一体推进“三不腐”，贯彻了马克思主义基本原理，坚持和深化了党的历代领导人关于惩治腐败的重要思想，是习近平新时代中国特色社会主义思想在全面从严治党和反腐败领域的生动体现，也是新的历史条件下党的自我革命的内在要求，标志着我们党对管党治党和反腐败工作规律的认识、把握和运用达到了新境界、新高度。

三、一体推进不敢腐、不能腐、不想腐，必须坚持系统施治、充分发挥标本兼治综合效应

党的十八大以来，以习近平同志为核心的党中央亮明我们党坚决反对腐败、建设廉洁政治的一贯立场和鲜明态度，以“得罪千百人、不负十四亿”的使命担当“打虎”“拍蝇”“猎狐”，强化不敢腐的震慑，扎紧不能腐的笼子，构筑不想腐的堤坝，打通三者内在联系，通过有效处置化解存量、强化监督遏制增量、提高觉悟源头治本，使标本兼治的综合效应日益凸显。

深化标本兼治，必须准确、整体把握“三不腐”内涵。一体推进“三不腐”，凝结着对腐败发生机理、管党治党规律和当前形势任务的深刻洞察，是适用于全面从严治党各方面的科学思路和有效方法，必须准确整体把握，贯通起来理解。腐败是多种因素作用的结果，有内因，也有外因，有个人问题，也有管理问题，还有文化、制度建设、政治生态等方面因素，成因的复杂决定了治理措施的多样，仅靠一种方式不可能完全奏效，必须搞清

症结和病灶，对症下药、多措并举、标本兼治，从多个方面抑制、克服、消除腐败。“三不腐”分别对准了成本、机会、动机，惩治、约束、教化，三者功效不同、不能相互替代，但又密不可分、相辅相成，相互融合、环环相扣，只有三管齐下、同向发力，才能取得长效效果。

深化标本兼治，必须注重统分结合、精准施策、靶向治疗。一体推进“三不腐”是符合当前反腐败斗争实际的科学理念，是从整个国家所处的历史阶段和反腐败客观规律的整体性而言的，但不是平均用力，也不是机械教条，必须处理好顶层设计与分层对接、统一性与差异性、区域性与领域性的关系，具体问题具体分析，不搞比例配比，不生拉硬套，不盲目攀比，因地制宜构建适合本地区本部门的有效载体。要把握“三不腐”相互之间的内在逻辑联系，什么问题突出就解决什么问题，哪个方面薄弱就完善哪个方面，有多少问题就解决多少问题，牢牢坚持实事求是这个思想方法和根本原则，提升整体质量和效能。

深化标本兼治，必须强化“三不腐”协同效应。按照综合治理、协同治理、整体治理的思路，把“三不腐”作为有机整体、系统工程，同步发力、同向发力。在推进不敢腐时挖掘不能腐和不想腐的功能，查办一案、教育一片、治理一方、警示一面；在推进不能腐时吸收不敢腐和不想腐的做法，研究案件背后体制机制原因，研究人的心理活动和思想认识规律；在推进不想腐时发挥不敢腐的震慑和不能腐的约束，固化教育内容、方式和成果，打出组合拳，发挥惩治震慑、教育引导、查漏补缺的叠加效应，构建起惩治腐败有效机制。

随着一体推进“三不腐”的持续深入，随着国家治理体系和治理能力的现代化，随着人的全面发展和共同富裕基本实现，一个富强而清廉的现代化强国，将在人类文明史上写下更加壮丽的篇章。

第二节　惩治震慑、制度约束、提高觉悟一体发力

不敢腐、不能腐、不想腐，相互融合、环环相扣。从哲学上讲，内因是根据，外因是条件；从管理学上讲，自制优于强制，自律优于他律；从干部成长规律上讲，任何干部的成长都是组织培养与个人努力共同作用的结果，组织培养起主导作用，个人修养是主体因素；从反腐败工作上讲，除了严格教育管理监督，更多是“事在人为”。一体推进“三不腐”，体现了内因和外因、自律和他律辩证关系原理。不敢腐是前提，指的是纪律、法治、威慑；不能腐是关键，指的是制度、监督、约束；不想腐是根本，指的是认知、觉悟、文化。一体推进“三不腐”，必然要求惩治震慑、制度约束、提高觉悟一体发力，实现力量整合、效应叠加。

一、始终保持惩治腐败高压态势，持续形成强大威慑

只有发挥惩的威慑，才能取得治的实效。2012 年 12 月，四川省委原副书记李春城落马，距他当选十八届中央委员会候补委员仅半个多月。英国《每日电讯》刊文称，中共新一代领导人

表示腐败问题必须立即解决，“似乎没有浪费什么时间就言出必行”。我们党坚持无禁区、全覆盖、零容忍，坚持重遏制、强高压、长震慑，坚持受贿行贿一起查，坚持有案必查、有腐必惩，始终保持高压震慑，一刻不停推进反腐败斗争。党中央坚决铲除周永康、薄熙来、孙政才、令计划等野心家、阴谋家，消除重大政治隐患；严肃查处孙力军、邓恢林、龚道安、王立科、刘新云等人的政治团伙案，全面肃清流毒影响；重点查处政治问题和经济问题交织的腐败案件，彰显了对腐败问题零容忍的坚定立场和坚强决心。

中央纪委坚决贯彻党中央要求，把握政策、突出重点，严肃查处党的十八大后不收敛不收手，特别是党的十九大后仍不知止、胆大妄为的，发现一起查处一起。坚持党内没有不受约束的特殊党员、在贪腐问题上没有“铁帽子王”，坚决惩治利用公权力及其影响力谋取私利的腐败问题和特权行为，综合运用政治、纪律、法治方式，查处一批多年积累的领导干部子女亲属严重违纪违法案件，防范形成利益集团、权势团体、特权阶层。坚持问题导向，深入整治“影子公司”“影子股东”等新型腐败和隐性腐败。坚决铲除重点领域腐败毒瘤。紧盯权力集中、资金密集、资源富集的部门、行业和领域，集中力量靶向治理。在金融领域，果断查处违背党中央战略决策、搞权钱交易幕后交易的腐败分子。在国企领域，严肃查处靠企吃企、关联交易、内外勾结侵吞国有资产等问题。在煤炭资源领域，全面清查涉煤腐败，推动问题突出的地方开展专项整治。在工程建设领域，严查从立项招标到施工监理等各个环节的腐败问题。认真办理审计移交的重点事项和生态环境保护督察移交的问题线索，严肃查处财政资金使用、国有资产监管、公共资源转让和环境污染背后的腐败问题，有效防范化解关联性经济社会风险。集中治理执法司法、粮食购销、开发区建设、人防、供销、医药等领域的腐败问题。督促落实领导干部配偶、子女及其配偶经商办企业及涉外行为管理规范。开展领导干部利用名贵特产、特殊资源谋取私利问题专项整治，“天价烟”“定制酒”等乱象得到清理遏制。反腐败斗争是一场输不起的斗争，容不得半点松懈和停顿。从地域领域上的反腐无禁区到对所有行使公权力的公职人员监察全覆盖，从严惩山西系统性塌方式腐败到对内蒙古涉煤领域腐败倒查 20 年，从严惩党政机关腐败到分类整治有关领域和系统腐败，纪检监察机关以雷霆万钧之势，查“内鬼”、拔“烂树”、挖“蛀虫”，纯洁了组织，消除了隐患。受贿和行贿一体两面，推进受贿行贿一起查，一是明确惩治行贿的 5 类重点。包括多次行贿、巨额行贿、向多人行贿的，党员干部、国家机关工作人员搞行贿的，在国家重点工作、重大工程、重大项目中搞行贿的，在组织人事、执法司法、帮扶救灾、教育医疗等领域搞行贿的，实施重大商业行贿的。二是严格依法查处。中央纪委国家监委会同最高人民法院、最高人民检察院等单位制定了关于进一步推进受贿行贿一起查的意见，监察法和监察法实施条例规定了对行贿人惩治的方式和处置违法所得手段，保证查处工作在法治轨道上进行。三是实行行贿人名单管理制度。运用纪律、法律、行政、经济手段，通过限制企业资质市场准入等，让行贿人付出应有代价。

二、在强化不敢腐的基础上，扎牢制度笼子，强化监督约束

制度具有根本性、全局性、稳定性和长期性。2013 年 1 月，习近平总书记在十八届中央纪委二次全会上指出，要加强对权力运行的制约和监督，把权力关进制度的笼子里。把权力关进制度的笼子里，就是要依法设定权力、规范权力、制约权力、监督权力。给权力扎笼子，关键是要抓好落实。党的十八大以来，我们党出台了改进工作作风、密切联系群众的八项规定，制定修订了党章和一系列党内法规、宪法和一系列国家法律，制度的笼子越扎越紧、越扎越密。行贿不查，受贿不止。我们制定进一步推进受贿行贿一起查的意见，探索完善行贿人“黑名单”制度，建立健全对行贿人联合惩戒机制，推动构建亲清政商关系。权力是需要监督的，没有监督的权力就会异化，绝对权力导致绝对腐败。我们健全党统一领导、全面覆盖、权威高效的监督体系，使监督体系契合党的领导体制，融入国家治理体系，实现对各级党组织、全体党员干部和所有行使公权力的公职人员监督全覆盖，确保党和人民赋予的权力规范正确行使。坚持权责法定、权责透明、权责统一，切实做到有权必有责、用权受监督、失职必追究。加强对权力集中、资金密集、资源富集部门和行业的监督，推动审批监管、金融信贷、公共资源交易、公共财政支出、国家公共卫生应急管理等重点领域监督机制改革和制度建设。不敢腐、不能腐、不想腐是相互依存、相互促进的有机整体，必须统筹联动。党的十八大以来，我们坚持把正风肃纪反腐与深化改

革、完善制度、促进治理贯通起来，创新不敢腐、不能腐、不想腐一体贯通融合的途径、载体、办法，以问题推动查补漏洞、以案件促进整改整治、以典型案例开展警示教育，不断健全以案促改常态化机制，针对发现的问题提出纪检监察建议，有力促进了治理体系和治理能力现代化。

三、标本兼治的最高境界是实现不想腐，必须持续筑牢思想防线，提高广大党员、干部和公职人员的觉悟

腐败说到底是人的腐败，能否做到不想腐是对人性的考验。习近平总书记强调，现代化的本质是人的现代化。人的现代化是社会主义现代化的本质要求、最终归宿，也是国家现代化的前提和基础，现代文明人格的培养是人的现代化的重要内容。我们党作为马克思主义执政党，不但要有强大的真理力量，而且要有强大的人格力量。真理力量集中体现为我们党的正确理论，人格力量集中体现为我们党的优良作风。从党员、干部角度讲，以忠诚老实、公道正派、实事求是、清正廉洁等为主要内容的共产党人的价值观，就是现代文明人格在党内的集中体现。当前不正之风和腐败现象之所以难以根除，根本原因正是少数党员、干部现代文明人格缺失，世界观人生观价值观这个“总开关”出了问题，导致人品、人格上频频失守、步步沦丧。尤其是违反党的政治纪律和政治规矩的两面派、两面人，本身就是一种典型的人格分裂，与现代文明人格背道而驰。

监督执纪问责本质是做“人”的工作，“惩前毖后、治病救人”是为了教育人、改造人、转化人，塑造现代文明人格。党的

十八大以来，我们党加强对党员、干部和公职人员的思想政治教育，加强理论武装、加强党性修养、加强自我改造，重点解决世界观、人生观、价值观问题；教育引导党员、干部正确认识和处理公与私、亲与清、情与法，个人与组织、与群众、与制度的关系，严防被私利贪念作祟，被非法利益绑架；推动各级领导干部廉洁修身、廉洁齐家，自觉做家风建设的表率，使好家风涵养好作风、好党风、好民风；在正风肃纪反腐中推动塑造现代文明人格，形成戒贪拒腐崇廉的鲜明导向。

四、推动以案促改，是深化标本兼治、一体推进“三不腐”的有力抓手

办案、整改、治理是一体的，办案、监督、警示是贯通的。中央纪委国家监委和各级纪检监察机关注重把办案与堵塞制度漏洞、强化监督监管结合，准确发现个案背后的深层次问题，督促有关部门和地方以案促改、举一反三、完善治理，发挥查处一案、警示一片、治理一域的综合效应。查处王晓光案，推动在全国范围内深入开展领导干部利用名贵特产特殊资源谋取私利问题专项整治；查处长春长生疫苗造假案，推动药品安全监管；查处陈刚，案推动北京市规划和自然资源领域问题整改；查处李士祥案，推动公共绿地违规认建认养问题整改；查处云光中、邢云等案，推动内蒙古煤炭资源领域腐败整治；对响水重大爆炸事故问责，推动江苏强化安全生产管理；查处张琦案，推动海南规范土地管理；查处沈中阳案，推动规范人体器官移植和科研项目管理；整治扶贫领域腐败和不正之风，推动脱贫攻坚责任制完善落

实；强化疫情防控监督问责，促进国家公共卫生应急管理体系建设；查处粮食购销领域腐败推动进一步完善粮食管理体制机制；等等，都是既抓办案，又促整改、促治理。深入推进反腐败斗争，不仅要战之必胜，而且要打扫战场、做好战后重建，做到再战还胜，以案促改无疑在其中起到了重要的桥梁纽带作用。

习近平总书记在十九届中央纪委六次全会上深刻剖析当前反腐败斗争新的阶段性特征，以“四个任重道远”警示全党——“防范形形色色的利益集团成伙作势、‘围猎’腐蚀还任重道远，有效应对腐败手段隐形变异、翻新升级还任重道远，彻底铲除腐败滋生土壤、实现海晏河清还任重道远，清理系统性腐败、化解风险隐患还任重道远”。言之切切，洞察深远。把握反腐败斗争“四个任重道远”阶段性特征，必须把“三不腐”一体推进持续引向深入，不断取得更多制度性成果和更大治理成效。

第三节　持续整治群众身边腐败和不正之风

人民群众最痛恨各种消极腐败现象，最痛恨各种特权现象，这些现象对党同人民群众的血肉联系最具杀伤力。群众身边的腐败和不正之风，老百姓看得最清楚，感受最深刻，直接关系党的形象，关系民心向背。

一、习近平总书记心系人民群众，强调必须坚决整治群众身边腐败和不正之风

党的十八大后，习近平总书记深刻洞察到，“微腐败”也可能成为“大祸害”，它损害的是老百姓切身利益，啃食的是群众获得感，挥霍的是基层群众对党的信任，必须“老虎”“苍蝇”一起打。党的十九大以来，习近平总书记多次在中央纪委全会上对坚决整治群众身边腐败和作风问题作出专门部署、提出明确要求。在十九届中央纪委二次全会上，习近平总书记指出，“要推动全面从严治党向基层延伸，严厉整治发生在群众身边腐败问题”；在十九届中央纪委三次全会上，习近平总书记要求，“向群

众身边不正之风和腐败问题亮剑，维护群众切身利益”；在十九届中央纪委四次全会上，习近平总书记强调，“要坚持以人民为中心的工作导向，以优良作风决胜全面建成小康社会、决战脱贫攻坚”；在十九届中央纪委五次全会上，习近平总书记强调，“要持续整治群众身边腐败和作风问题，让群众在反腐‘拍蝇’中增强获得感”；在十九届中央纪委六次全会上，习近平总书记强调，“要加强对党中央惠民利民、安民富民各项政策落实情况的监督，集中纠治教育医疗、养老社保、生态环保、安全生产、食品药品安全等领域群众反映强烈的突出问题，巩固深化扫黑除恶专项斗争、政法队伍教育整顿成果，让群众从一个个具体问题的解决中切实感受到公平正义”。这一系列重要论述，鲜明体现了我们党人民至上的坚定政治立场，彰显了一以贯之全面从严治党的鲜明态度，为整治群众身边腐败和不正之风指明了方向。

二、始终把整治群众身边腐败和不正之风摆在重要位置

中央纪委常委会深入学习领会习近平总书记系列重要讲话精神，对推动全面从严治党向基层延伸、整治群众身边腐败和作风问题多次作出具体安排，强调必须坚持“老虎”“苍蝇”一起打，紧盯群众反映强烈的人和事，坚持人民群众反对什么、痛恨什么，就坚决防范和纠正什么，以正风肃纪反腐的实际成效取信于民。

2017 年 1 月，十八届中央纪委七次全会工作报告总结了党的十八大以来五条工作体会，其中第三条就是“民心是最大的政治，要把管党治党政治责任落实到基层，厚植党执政的政治

基础”。报告指出：“党的执政基础，最重要、最根本的是政治基础。我们党最大的政治优势是密切联系群众，民心始终是我们党最深厚的执政之基。不讲政治、脱离群众，党的领导就会被虚化削弱。”“落实党中央一系列为民务实的好政策，关键靠党的坚强领导，靠全面从严治党作保障。党中央以身作则、以上率下，从中央部门和省一级抓起，省委书记、党组书记就要肩负起责任，推动主体责任和监督责任一级级向基层延伸，让广大群众在全面从严治党中增加获得感，不断巩固党的执政基础。”

党的十九大后，中央纪委要求，要坚持以人民为中心的发展思想，立足职能职责为群众办几件实实在在的事情。要以钉钉子精神抓好作风建设，坚持不懈纠“四风”、转作风，巩固拓展落实中央八项规定精神成果，在反对形式主义、官僚主义上下更大功夫，一个节点一个节点坚守，一个问题一个问题突破，移风易俗、成风化俗。扎实开展扶贫领域腐败和作风问题专项治理，深入一线督促落实脱贫攻坚重大政治责任，坚决纠正贯彻党中央决策部署态度不坚决、工作不扎实等现象，严肃处理贪污侵占、虚报冒领、截留挪用、吃拿卡要、优亲厚友等问题，为打赢脱贫攻坚战提供坚强纪律保障。要把惩治“蝇贪”同扫黑除恶结合起来，坚决查处涉黑腐败，严肃惩治放纵包庇黑恶势力甚至充当“保护伞”的党员干部。坚决查处发生在民生资金、“三资”管理、征地拆迁、教育医疗等领域的严重违纪违法行为，以维护群众切身利益的实效取信于民。在十九届中央纪委的工作布局和反腐败斗争实践中，整治群众身边腐败和不正之风一以贯之，始终处于极其重要的位置。

三、保障脱贫攻坚、乡村振兴等党中央重大决策部署落地见效

消除贫困、改善民生、逐步实现共同富裕，是社会主义的本质要求。党的十九大后召开的第一次脱贫攻坚座谈会上，习近平总书记就鲜明指出，脱贫攻坚工作直接面向贫困地区和贫困群众，直接同人民群众打交道，暴露出来的作风和腐败问题群众感受最直接、反映最强烈。中央纪委部署于2018年至2020年开展为期三年的扶贫领域腐败和作风问题专项治理，重点查处和纠正贯彻党中央脱贫攻坚决策部署不坚决不到位、弄虚作假问题，以“三区三州”深度贫困地区为重点，加强对脱贫工作绩效、脱贫政策连续性稳定性的监督，对搞“数字脱贫”“面子工程”“形象工程”的严肃问责。2017年至2020年，全国查处扶贫领域腐败和作风问题分别为4.87万件、13.1万件、8.5万件、6.5万件……始终保持高位的数据背后，是纪检监察机关雷厉风行的执纪力度。围绕全面推进乡村振兴开展过渡期专项监督，中央纪委国家监委印发关于在国家乡村振兴重点帮扶县开展专项监督促进巩固拓展脱贫攻坚成果同乡村振兴有效衔接的指导意见，紧盯乡村振兴政策支持力度大、投资密集、资源集中的项目和环节，督促解决扶贫项目资产底数不清、产权不明、监管责任不落实等问题，保障惠农财政补贴资金用到刀刃上，严肃查处工程建设、融资平台、公共资产、就业培训等领域腐败和不正之风。2021年，全国纪检监察机关共查处巩固拓展脱贫攻坚成果同乡村振兴有效衔接方面腐败和作风问题1.9万个，批评教育帮助和处理2.7万

人，其中给予党纪政务处分 1.7 万人。

四、深化整治民生领域腐败和作风问题

早在十八届中央纪委二次全会上，习近平总书记就要求，坚持“老虎”“苍蝇”一起打，党心民心为之一振。习近平总书记多次强调，“要从人民群众普遍关注、反映强烈、反复出现的问题出发，拿出更多改革创新举措，把就业、教育、医疗、社保、住房、养老、食品安全、生态环境、社会治安等问题一个一个解决好，努力让人民群众的获得感成色更足、幸福感更可持续、安全感更有保障”。新时代的十年，我们党坚持人民至上，“老虎”露头就要打，“苍蝇”乱飞也要拍，坚决纠治漠视侵害群众利益的各类问题。中央纪委国家监委聚焦党中央部署的专项工作，聚焦民生民意，认真把握不同地方、不同层级、不同领域的突出问题和阶段性特征，坚持人民群众关心的痛点在哪儿，正风肃纪反腐的焦点就在哪儿，始终做到反腐为民、反腐惠民。新时代十年，全国纪检监察机关共查处涉及教育医疗、养老社保、执法司法等民生领域的腐败和作风问题 65 万多件，让群众切身感受到全面从严治党就在身边、正风肃纪反腐就在身边。

五、深挖彻查涉黑涉恶腐败和“保护伞”

习近平总书记在十九届中央纪委二次全会上强调，要把扫黑除恶同反腐败结合起来，既抓涉黑组织，也抓后面的“保护伞”。中央纪委国家监委坚决落实党中央部署，制定在扫黑除恶专项斗争中强化监督执纪问责的意见，把惩治“蝇贪”同扫黑除恶结合

起来，坚决查处涉黑腐败，坚决惩治放纵、包庇黑恶势力甚至充当“保护伞”的党员干部，实地指导查处云南省昆明市孙小果和黑龙江省哈尔滨市呼兰区于文波、杨光等涉黑涉恶案件背后的责任问题、腐败问题。十九届党中央期间，全国纪检监察机关共立案查处涉黑涉恶腐败和“保护伞”问题 10.3 万件，给予党纪政务处分 9.3 万人，移送检察机关 1.2 万人。2021 年，中央纪委办公厅印发《关于纪检监察机关常态化开展惩治涉黑涉恶腐败和“保护伞”工作的实施意见》，将“打伞破网”作为整治群众身边腐败和不正之风的重要内容、作为全面从严治党向基层延伸的重要战场来推进。各级纪检监察机关立足职责主动作为，坚持边打边治，查、纠一体推进，持续推动扫黑除恶“打伞破网”常态化机制化。

六、立足职能职责解决群众急难愁盼问题

准确把握我国社会主要矛盾变化和人民美好生活向往从“有没有”到“好不好”的转变，坚持目标引领和问题导向，从具体人、具体事入手，推动解决群众衣食住行、生老病死方面的痛点难点焦点问题。结合“不忘初心、牢记使命”主题教育，召开专项整治漠视侵害群众利益问题工作座谈会，集中解决看病难、上学难、就业难、住房难等揪心事烦心事，分批公布专项整治工作成果。落实党史学习教育“我为群众办实事”实践要求，开展“纪委请您来出题”活动，对反映集中、性质恶劣的突出问题挂牌督办，主动接受群众监督评判，用心用情用力为群众办实事、解难题，把党中央的关怀和温暖送到群众身边。制定出台整治群众身

边腐败和不正之风工作方案，指导各地区各部门“一领域一专项、一地域一方案”，分地域分领域分层级深入排查、精准施治，切实防止和纠正整治群众身边腐败和不正之风不具体、不深入、不持久的问题，一段时间集中解决一两个突出问题，与时俱进解决群众在不同阶段的诉求和问题，既推动解决普遍存在、反复出现的共性问题，又督促及时发现和纠治突出的个性问题，形成各自的特色和成效。

七、推动监督延伸下沉、提升基层治理能力

从现实情况看，基层监督是整个监督工作短板，越往下力度递减越明显，全面从严治党在“最后一公里”被打折扣。把基层监督做实，是完善党和国家监督体系的重要一环。《中国共产党纪律检查委员会工作条例》总结实践经验，对基层监督作出明确规定，强调促进资源和力量整合，发挥纪检监察、巡察等作用，扩大群众参与，及时发现、处理群众身边的腐败问题和不正之风。中央纪委国家监委和各级纪检监察机关坚持群众身边问题主要靠身边党组织解决，自觉在党中央坚强领导下发挥好监督保障作用，督促推动省、市、县、乡、村五级联动，推动建立管根本、利长远、重实效的长效机制。通过制发廉政风险提示函、纪检监察建议书，督促各级党组织履行全面从严治党责任，加强对基层行使公权力人员的用权监督约束力度和教育管理。完善中央纪委国家监委机关牵头抓总、职能部门调度指导、派驻纪检监察组监督督促、省负总责、市县抓落实的工作机制，督促省市两级党委、纪委把压力传导到县乡、把责任压实到基层，在更大范围

整合运用监督力量，形成分级负责、上下联动的监督格局。持续加强基层监督体系和能力建设，提升工作法治化规范化水平，促进全系统上下贯通领会、理解、落实党中央部署要求和纪检监察工作各项政策、制度、任务。完善民生领域损害群众利益问题治理机制，指导开展村（社区）集体“三资”提级监督、“一县一监督清单”、村“一把手”和集体经济组织负责人提级监督试点，探索运用大数据等现代科技手段，积极稳妥推动地方信息化监管平台建设，织密基层监督网络，提升智慧监督效能。随着对基层干部和公职人员监督约束力度不断加大，基层监督网络不断织密织牢。

正风反腐，涓流莫轻。不管是“老虎”还是“苍蝇”，无论是大腐败还是“微腐败”，性质上都是设租寻租、以权谋私，侵害的都是公共利益和老百姓的切身利益，都在坚决纠治之列。人民是我们党执政的最大底气，一刻也不脱离人民是我们党从胜利走向胜利的根本保证，必须坚持人民至上根本政治立场，持续整治群众身边腐败和不正之风，不断增强群众的获得感、幸福感、安全感。解决群众身边的腐败和作风问题，中国共产党是认真的。

第四节　织就追逃追赃恢恢天网

反腐败是全人类共同的任务。高度重视并大力加强反腐败国际合作，是党的十八大以来以习近平同志为核心的党中央深入推进反腐败斗争的一个鲜明特点，体现出统筹国内国际两个大局、构建人类命运共同体的战略整体观和全局观，体现出除恶务尽、切断腐败分子后路的坚强决心和坚定意志。

一、加强反腐败国际合作，加大海外追赃追逃、遣返引渡力度

我们党既认真学习借鉴其他国家反腐败的好做法和成功经验为我所用，又创造国际反腐败的有利环境，推动国内的反腐败斗争。特别是党的十八大以来，以习近平同志为核心的党中央深刻把握大局大势，把反腐败国际合作提升到国家政治和外交层面，作出加大国际追逃追赃力度的重要决策部署，使深度参与反腐败国际治理成为新时代中国特色大国外交的重要内容。习近平总书记指出，要加大国际追逃追赃力度，把惩治腐败的天罗地网撒向全球，让已经潜逃的无处藏身，让企图外逃的丢掉幻想。腐败分

子即使逃到天涯海角，也要把他们追回来绳之以法，五年、十年、二十年都要追，要切断腐败分子的后路。习近平总书记指出，要加强对国际规则和国际组织情况的研究，深入了解和掌握有关国家的相关法律和引渡、遣返规则，及时了解和掌握国际反腐败最新动态，提高追逃追赃工作的针对性。习近平总书记无论在国内还是国外、多边还是双边场合，都深刻阐述中国反腐败理念和实践，带头讲好中国反腐败故事，推动反腐败成为全球治理重要议程。从 2014 年 11 月 APEC（亚太经合组织）部长级会议通过《北京反腐败宣言》，到 2015 年 4 月“天网”行动启动，发布“百名红通人员”全球通缉令，从 2016 年 9 月 G20（二十国集团）领导人杭州峰会一致通过《二十国集团反腐败追逃追赃高级原则》，到 2019 年 4 月发起《廉洁丝绸之路北京倡议》，反腐败国际合作不断深化，取得一系列新的重大成果。

党的十八大以来，我们根据国情和反腐败工作的实际需要，确定一个时期、一个阶段反腐败国际合作的目标和重点，不断拓宽合作领域，深化合作内容，更新合作方式，建立健全执法合作、司法协助、人员遣返、涉案资产返还等方面的工作机制，不断提升反腐败国际合作水平。党的十八届四中全会把“加强反腐败国际合作、加大海外追赃追逃、遣返引渡力度”写入《中共中央关于全面推进依法治国若干重大问题的决定》。按照习近平总书记的要求，设立中央反腐败协调小组国际追逃追赃工作办公室，成立 APEC 反腐执法合作网络，通过《北京反腐败宣言》《2015—2016 年 G20 反腐败行动计划》《反腐败追逃追赃高级原则》，倡导构建国际反腐新秩序，体现更多中国主张，掌握主动权和话语权，实现历史性突破。在全球范围发起了声势浩大的海外追赃追逃行动。在中央反腐败协调小组的统一部署下，开展“猎狐”专项行动，连续七年开展“天网行动”，发出“红色通缉令”，挂牌督办重点案件，集中追捕潜逃境外的职务犯罪嫌疑人。以“尚有一人在逃，追逃绝不停止”“一追到底”的决心，给妄图外逃的腐败分子以有力震慑，打破了腐败分子“国外就是避罪天堂”的幻想。

杨秀珠，在“百名红通人员”中名列榜首，浙江省建设厅原副厅长，涉嫌在土地开发、项目推进、建筑面积增加、配套费减免等事项上利用职务便利收受贿赂，同时涉嫌贪污公款，案发后于2003年4月出逃，历时13年7个月，先后逃亡中国香港、新加坡、法国、荷兰、意大利、加拿大和美国，最终于2016年11月15日回国投案，11月16日，她投案自首回到中国，经审判被判处有期徒刑八年，追缴贪污、受贿所得人民币2640万元。2014年至2022年底，“天网行动”共从120多个国家和地区追回外逃人员10668人，追回赃款447.9亿元，“百名红通人员”已有61人归案。从追逃追赃一起抓、追逃防逃一起抓，到推进追逃防逃追赃一体化建设，再到一体推进追逃防逃追赃，“天网行动”思路愈加清晰、目标愈加精准、方法愈加成熟。

二、反腐败国际合作走向制度化、法治化轨道

我国致力于推动联合国、亚太经合组织、二十国集团、金砖国家组织等国际组织建立反腐败合作机制，引导成立亚太经合组织反腐败执法合作网络和二十国集团追逃追赃研究中心，主动编

织和用好多边合作网络。建立中美、中加、中澳、中英等双边合作机制，签署引渡条约、刑事司法协助条约和资产分享协议，拓宽合作渠道。研究建立刑事缺席审判制度，细化违法所得特别没收程序，推动制定国际刑事司法协助法，健全配套法规制度，以统筹“两个战场”打造整体氛围，深化人类命运共同体下国际合作，构建国际反腐败新秩序，推动我国反腐败国际话语权和规则制定权不断提升。

“对被告人程三昌以贪污罪判处有期徒刑十二年，并处罚金 50 万元，追缴程三昌贪污犯罪所得依法予以返还。”2022 年 1 月 17 日，河南省郑州市中级人民法院公开宣判“百名红通人员”漯河市委原书记、豫港（集团）有限公司原董事长程三昌贪污一案。该案是我国首起适用刑事缺席审判程序审理的外逃被告人贪污案，也成为党的十九大以来追逃追赃和法治建设的标志性案件。程三昌，外逃前历任漯河市委书记、豫港公司董事长等职，2001 年 2 月逃往国外。2002 年 2 月，国际刑警组织对其发布红色通报。2015 年 4 月，中央追逃办将程三昌列为“百名红通人员”。国家监察体制改革后，该案由郑州市监委办理。2020 年 8 月，郑州市监委将程三昌案移送检察机关审查起诉。之后，郑州市人民检察院向郑州市中级人民法院提起公诉，提请适用缺席审判程序，以贪污罪追究程三昌刑事责任。检察机关指控，程三昌利用职务便利，非法占有公款折合人民币共计 308.88 万余元。因程三昌在境外，法院依法将传票和起诉书副本送达程三昌本人。开庭时，其近亲属代为委托两名辩护人为其出庭辩护。法院在审理过程中依法充分保障了缺席被告人程三昌的各项诉讼权利。缺席审判程序的建立是适应新时代反腐败国际追逃追赃工作需要的重要立法，对程三昌的缺席审判，是此项特殊程序的首次实践，破解了在反腐败追逃追赃国际合作中的困境，丰富了国际追逃追赃工作法律手段。

2021年11月15日，随着法槌落下，“百名红通人员”徐进贪污、受贿违法所得没收申请一案在湖北省武汉市中级人民法院公开宣判。法院依法裁定没收武汉市黄陂区滠口渔场780.67亩国有土地使用权以及徐进受贿所得的8套房产、3个车位及1辆奥迪轿车。徐进曾任武汉市黄陂区委副书记、区长，武汉市发改委主任。他的妻子刘芳曾任中国人保湖北省分公司理赔管理部总经理。2011年5月19日，徐进、刘芳二人逃往国外。2012年7月5日，国际刑警组织对徐进、刘芳发布红色通缉令。2018年6月6日，中央追逃办发布关于部分外逃人员有关线索的公告，向社会通报了50名涉嫌职务犯罪和经济犯罪的外逃人员有关线索，徐进、刘芳的名字赫然在列。经办案机关调查，徐进涉嫌贪污罪、受贿罪，刘芳涉嫌受贿罪，两人向境外转移了大量涉案资产。徐进、刘芳外逃后，办案机关在积极追逃的同时，启动了对其国内涉案资产的违法所得没收程序。2019年5月27日，武汉市人民检察院向武汉市中级人民法院提出没收犯罪嫌疑人徐进贪污、受贿违法所得申请。此次宣判，是适用特别没收程序对外逃腐败分子违法所得作出没收裁定的一个成功案例。

《中华人民共和国监察法》第四十八条规定，“被调查人逃匿，在通缉一年后不能到案，或者死亡的，由监察机关提请人民检察院依照法定程序，向人民法院提出没收违法所得的申请”。作为追逃追赃的有效法律武器，违法所得没收程序有助于最大程度挽回国家损失，切断外逃腐败分子资金链，从而挤压外逃人员在境外的生存空间。国家监察体制改革后，从违法所得没收到缺席审判，从引渡到遣返，一次次生动实践，表明我国运用法律手段追逃追赃的能力越来越娴熟，追逃追赃工作规范化法治化水平正在逐步提升。

为了健全职务犯罪案件国际刑事司法协助机制，2018 年，全国人大常委会通过了国际刑事司法协助法，将国家监委列为国际刑事司法协助的主管机关。国际刑事司法协助法的出台，完善了我国对外合作的法律依据，使《联合国反腐败公约》《联合国打击跨国有组织犯罪公约》，以及我国同外国签订的刑事司法协助条约等，在国内真正“落地”。追逃追赃工作的实践发展，推动和促进了涉外法律体系的完善。一系列追逃追赃领域的重点立法，又为反腐败国际追逃追赃走向规范化法治化提供了支撑。2019 年，中央纪委国家监委印发《纪检监察机关办理反腐败追逃追赃等涉外案件规定（试行）》，强调要统筹利用各方面国际合作资源，借助多双边条约框架下司法协助、执法合作等渠道开展追逃工作。监察法实施条例的公布施行，对监察机关如何开展引渡、遣返、异地追诉等国际司法执法合作作出了细化规定。

随着国家监察体制改革的步步深入，采用引渡、遣返等法治方式开展追逃，越来越成为监察机关的重要选择。姚锦旗案是其中的典型。2018 年 11 月 30 日，外逃 13 年的职务犯罪嫌疑人、浙江省新昌县原常务副县长姚锦旗从保加利亚被引渡回国。这是国家监委成立后成功引渡第一案。从通过国际刑警组织对姚锦旗发布红色通缉令，到其被引渡回国，不到两个月的时间走完通常需要数月甚至数年的引渡法律程序，这一成功实践，体现了近年来积极开展反腐败国际合作的成效。

为了拓宽依法依规开展追逃追赃的渠道，我国推动与更多国家签署引渡条约和司法协助条约，完善反腐败执法合作条约体系。截至2021年底，我国已与82个国家缔结引渡条约、司法协助条约、资产返还与分享协定等共170项，与59个国家和地区签署金融情报交换合作协议，初步构建起覆盖各大洲和重点国家的反腐败执法合作网络。一张反腐败国际追逃追赃的大网正在越收越紧，已不容漏网之鱼存身。

中国是最早签署和批准《联合国反腐败公约》的国家之一，并于2013年7月起接受第一周期履约审议。2016年11月16日，《联合国反腐败公约》秘书处网站发布了中国接受《联合国反腐败公约》第一周期履约审议报告执行摘要，认为中共十八大以来，中国的领导层更加重视反腐工作，展现出持续的、坚定不移的决心，更多腐败案件被成功起诉；中国高度重视《联合国反腐败公约》落实工作，修订了刑法和刑事诉讼法，并发布了一系列司法解释，《联合国反腐败公约》相关章节的主要要求在中国的法律和司法实践中得到了体现，中国发展出了一套有中国特色的社会主义法律体系；中国将《联合国反腐败公约》作为引渡、司法协助和执法合作的法律依据均是良好的实践做法，有利于高效地进行国际合作；中国在建立亚太经合组织反腐败执法合作网络中发挥了积极作用，使之成为一个有效的平台，有利于反腐执法合作。中国治理腐败的持续努力和法治进程，已经成为国际社会落实《联合国反腐败公约》的范例。

“腐败是人类的共同敌人，反腐败是各国的正义事业。让我们携起手来，秉持人类命运共同体理念，共建清正廉洁的地球家园！”这是中国共产党和中国政府面向世界发出的郑重呼吁，注定将成为21世纪的时代强音。

第六章

守土有责

压实全面从严治党政治责任

有权必有责，有责要担当，失责必追究。党的十八大以来，以习近平同志为核心的党中央持续压实管党治党政治责任，强化监督执纪问责，把全面从严治党贯穿于党的建设各方面、落实到党的事业全过程，各级党组织牢牢抓住全面从严治党主体责任“牛鼻子”，层层传导压力，严肃追责问责，推动党委主体责任、书记第一责任人责任、领导班子其他成员重要领导责任和纪委监督责任贯通联动、一体落实，形成了全党动手一起抓的生动局面，推动全面从严治党取得历史性、开创性成就，产生全方位、深层次影响，为党和国家事业发展提供了强大政治引领和坚强政治保障。

第一节　权力就是责任、责任就要担当

中华文化蕴含着“家国一体”“天下为公”的传统基因，“天下兴亡，匹夫有责”“先天下之忧而忧，后天下之乐而乐”是仁人志士的人生信条，循名责实的思想自战国以来就是一条重要的政治制度规则。中华民族是敢于担当的民族，父母对子女、子女对父母承担的都是无限责任，推而广之，为官从政被称为“父母官”，也在于承担着对于地方政治、经济、治安、教化的无限责任。权力就是责任，责任就要担当，不能只要权力不承担责任，庸庸碌碌、无所作为，更不能贪图个人安逸，只想当官不想干事，只想出彩不想担责，只喊口号不抓工作。中国共产党承担着对国家、民族、人民、历史的无限责任，千钧重任在身，更要以身许党许国，义无反顾担当尽责。

党的领导意味着责任担当。中国共产党是领导和团结全国各族人民建设中国特色社会主义伟大事业的核心力量，肩负着历史重任，经受着时代考验。党的十八大以来，习近平总书记多次强调，中国共产党是执政党，是我们各项事业的领导核心，古人讲“六合同风，九州共贯”，在当代中国，没有党的领导，这个是做

不到的。党政军民学，东西南北中，党是领导一切的，是最高的政治领导力量。党的领导是做好党和国家各项工作的根本保证，是我国政治稳定、经济发展、民族团结、社会稳定的根本点，绝对不能有丝毫动摇。党的领导本身就包含着管理和监督的责任，领导一切就要对一切负责。进行具有许多新的历史特点的伟大斗争，实现中华民族伟大复兴，关键在党。确保党在发展中国特色社会主义历史进程中始终成为坚强领导核心，就是确保党和国家兴旺发达、长治久安。

实现历史使命必须靠责任担当。责任是信念之基，担当是力量之源。习近平总书记指出，有多大担当才能干多大事业，尽多大责任才会有多大成就。历史和人民选择了中国共产党，就是把实现伟大复兴的历史使命托付给了党，党必须担当起这份沉甸甸的历史责任，实现国家富强、民族振兴、人民幸福，这是中华民族的最高利益和根本利益。党的十八大以来，我们着眼于坚持和发展中国特色社会主义，毫不动摇地坚持党的领导，就是为了更好地担负起历史使命。实现中华民族伟大复兴的中国梦，统筹推进“五位一体”总体布局和协调推进“四个全面”战略布局，是前无古人的伟大事业，是艰巨繁重的系统工程。一方面要加强党中央集中统一领导，以保证正确方向、形成强大合力；另一方面需要每名党员、干部，尤其是党的领导干部，都把责任扛起来。这样就没有迈不过去的坎、完成不了的使命。

担当意识源自党章意识。每一名共产党员，不论担任何种职务、从事何种工作，首先是一名在党旗下宣过誓的共产党员，入党时发出过“随时准备为党和人民牺牲一切”的誓言，誓言就是承诺，承诺就要兑现。列宁说过："一个政治领导者不仅要对他自己的政策负责，而且还要对他所领导的人做的事情负责。"领导干部要有担当意识，遇事不推诿、不退避、不说谎，向组织说真话道实情，勇于承担责任，用担当诠释对党和人民的忠诚，自觉在思想上政治上行动上同党中央保持高度一致，党叫干什么就坚决干，党不允许干什么就坚决不干。党的各级组织、部门和领导干部有任务分工的不同，但都要服从于党和国家事业的全局，党中央的决策部署是一个整体，不能割裂、缺失，更不能有选择地执行，想担当就担当，不想担当就不担当，不能推过揽功，好事都占全，坏事都推给别人。党组织和个人的关系、党的领导方式，根本不同于资本主义制度下的官僚科层制，强调的是局部和个人要服从全局和整体。干部是基于对党的纲领和章程的认同宣誓入党，根据党的需要承担不同的工作，和组织不是雇佣关系，在责任问题上不能和组织讨价还价。每一名共产党员特别是领导干部都要牢固树立党章意识，自觉用党章规范自己的一言一行。

全面从严治党重在责任担当。党的十八大以来，以习近平同志为核心的党中央把全面从严治党纳入"四个全面"战略布局，强化主体责任和监督责任，真管真严、敢管敢严、长管长严，坚定不移正风肃纪、反腐惩恶。党的十九大作出全面从严治党永远在路上的重大政治论断，要求全党深刻认识党面临的"四大考验"的长期性和复杂性、"四种危险"的尖锐性和严峻性，坚持问题导向，保持战略定力，推动全面从严治党向纵深发展。这就要求党的各级领导干部必须正确把握权力、责任、担当的关系，明确在权力和责任的关系上，责任是第一位的；在义务和权力的关系上，义务在先。把对党忠诚、为党分忧、为党尽职、为民造福作为根本政治担当，用问责倒逼责任落实，保证人民赋予的权力始终用来为人民谋利益。

敢于担当是先进性纯洁性的重要体现。习近平总书记指出，“是否具有担当精神，是否能够忠诚履责、尽心尽责、勇于担责，是检验每一个领导干部身上是否真正体现了共产党人先进性和纯洁性的重要方面”，“公心，归根到底是对党、对人民、对干部的责任心”。忠诚干净担当是党对领导干部提出的政治要求。党的干部要以对党忠诚、为党分忧、为党尽职、为民造福的政治担当，以守土有责、守土负责、守土尽责的责任担当，面对大是大非敢于亮剑，面对矛盾敢于迎难而上，面对危机敢于挺身而出，面对失误敢于承担责任，面对歪风邪气敢于坚决斗争。我们党 100 多年来奋斗取得的伟大成就，充分展现了共产党人的担当精神。实现第二个百年奋斗目标、实现中华民族伟大复兴的中国梦，是前无古人的伟大事业，是艰巨繁重的系统工程，党的使命担当要转化为 9600 多万名党员和 490 多万个基层党组织的责任担当，才能把历史使命落到实处。

2014 年 2 月 8 日，习近平总书记在俄罗斯索契接受电视台专访时指出：“中国共产党坚持执政为民，人民对美好生活的向往就是我们的奋斗目标。我的执政理念，概括起来说就是：为人民服务，担当起该担当的责任。”对于这一责任，习近平同志在 2012 年 11 月 15 日刚刚当选为中共中央总书记，和中央政治局常委同中外记者见面时，曾经深情地讲过：“要始终把人民放在心中最高的位置，牢记责任重于泰山，时刻把人民群众的安危冷暖放在心上，兢兢业业，夙夜在公，始终与人民心心相印、与人民同甘共苦、与人民团结奋斗。”这不仅是习近平总书记的责任，同样是每一名党员、干部的责任。历史的接力棒传到了我们这代共产党人手中，就必须承担起自己的责任，继续把党建设好、把中国特色社会主义建设好。

第二节 推动“两个责任”一贯到底、同向发力

打铁必须自身硬。强化责任担当，首先要强化管党治党责任担当。在革命、建设、改革的历史进程中，我们党把管党治党责任摆上重要位置，逐步探索建立起明确责任、落实责任的制度机制。

一、中国共产党成立以来就把管党治党摆上重要位置，通过层层压实责任确保党的领导坚强有力、党的事业和党的建设顺利发展

新民主主义革命时期，我们党就重视管党治党责任的落实。一是在开展武装斗争的同时重视抓好基层党组织建设，落实党建任务和职责。比如，在井冈山斗争时期，围绕部队党组织的建设制定《党代表工作大纲》，规定部队党组织的主要任务是从组织上、体制上实现党对军队的领导，同时承担利用军队建党的经验推动地方党的建设的重要任务；部队党代表的职责是做军队、民众、党务、报告和调查等方面工作。通过落实责任，推动革命军

队和农村革命根据地党组织蓬勃发展。二是强化责任意识，旗帜鲜明地提出党的建设是全体党员肩负的政治责任。在 1939 年发表的《中国革命和中国共产党》中，毛泽东同志指出，中国革命的胜利要靠建设“一个全国范围的、广大群众性的、思想上政治上组织上完全巩固的、布尔什维克化的中国共产党”，强调“积极地建设这样一个共产党，乃是每一个共产党员的责任”。三是落实党组织和专门的纪律检查机关的执纪责任，以严格的纪律对不履行职责的行为进行追究。比如，早在 1925 年省港大罢工运动中，由党领导的省港罢工委员会就运用申斥、记过、记大过、取消名籍（撤差）、解散该级机构等方式，整顿组织内部失职渎职行为。1927 年党的五大第一次设立中央和省监察委员会，专门履行审查违纪行为职责，以巩固党的一致及权威。

社会主义革命和建设时期，我们党深入总结新民主主义革命时期党的建设基本经验，进一步压实管党治党各项责任。中华人民共和国成立初期到 1956 年党的八大期间，党中央先后提出在全党开展整风、整党的具体任务，工作中注意抓好责任落实。1950 年开展的整风运动中，党中央决定重点整顿各级领导机关和干部，落实首长负责制，要求其带头检查自身思想作风，纠正居功自傲情绪和“革命到头”的错误思想。1951 年开展的整党工作明确各级党委的责任，要求其对照共产党员的“八项标准”教育党员，并对党员进行审查鉴定，对不符合党员条件的人员作出组织处理。党的纪律检查机关积极履行职责，保障各项党建责任落到实处。比如，1953 年中央纪律检查委员会通知要求，各级纪委应当在“反对官僚主义、反对命令主义、反对违法乱纪”

斗争中成为党委的有力助手。同时，我们党也针对一些失职失责行为开展责任追究。1962 年 11 月，邓小平同志提出，“党要管党，一管党员，二管干部”。然而，由于当时党对执政党建设的长期性、复杂性、艰巨性的认识还不够充分，关于党的建设的正确探索未能持续深入，党的建设后来一度遭遇重大挫折。

改革开放和社会主义现代化建设新时期，党的建设的方向越来越明确，“党要管党、从严治党”成为了执政党必须解决好的重点问题，落实责任的制度机制也进一步完善。20 世纪 90 年代中期，党中央逐步提出了“责任制”的理念。1994 年，党的十四届四中全会决定建立党建工作责任制。此后，党中央制定了《关于建立健全地方党委、部门党组（党委）抓基层党建工作责任制的意见》，规定“地方党委、部门党组（党委）对本地区本部门基层党建工作负总责，书记是抓基层党建工作的第一责任人，分管领导是直接责任人，领导班子其他成员根据分工抓好职责范围内的基层党建工作”，进一步细化完善党建工作责任内容。此外，党的十四大把“从严治党”写入党章，党中央针对市场经济条件下党内出现的突出问题，狠抓党风廉政建设和反腐败斗争，建立了党风廉政建设责任制。1998 年，党中央、国务院颁布实施了《关于实行党风廉政建设责任制的规定》，强调各级领导班子和领导干部肩负着抓党风廉政建设的政治责任；2010 年修订的《关于实行党风廉政建设责任制的规定》进一步明确，党政机关领导班子对职责范围内的党风廉政建设负全面领导责任，其主要负责人是职责范围内的党风廉政建设第一责任人。伴随党的建设责任制的发展，责任追究相关制度建设也取得了新成果。2004 年，党的十六届四中全会通过的《中共中央关于加强党的执政能力建设的决定》首次提出依法实行问责制，加强对领导干部行使权力的制约和监督。2009 年印发的《关于实行党政领导干部问责的暂行规定》首次在党内法规中提出了问责的概念。相关问责制度的建立，为进一步落实责任提供了制度支撑。

中国特色社会主义新时代，以习近平同志为核心的党中央从巩固党的执政地位的大局出发，把落实主体责任作为管党治党的“牛鼻子”，推动党风廉政建设主体责任、监督责任深化为全面从严治党主体责任、监督责任，以问责督促责任落实、督促党的领导干部践行忠诚干净担当。习近平总书记深刻指出，“不明确责任，不落实责任，不追究责任，从严治党是做不到的”。党的十八届三中全会通过的《中共中央关于全面深化改革若干重大问题的决定》提出，落实党风廉政建设责任制，党委负主体责任，纪委负监督责任。这在党的历史上第一次明确了“两个责任”的内涵。2015 年 10 月，在中央政治局会议审议廉洁自律准则和党纪处分条例时，将党风廉政建设主体责任延伸拓展为全面从严治党主体责任，管党治党责任进一步清晰明确。党的十八届六中全会通过的《关于新形势下党内政治生活的若干准则》规定“落实党委主体责任和纪委监督责任，强化责任追究”；《中国共产党党内监督条例》明确“落实全面从严治党责任”是党内监督的一项重要内容，进一步充实了责任落实相关党内法规制度。党的十九大报告强调，坚决维护党中央权威和集中统一领导，严明党的政治纪律和政治规矩，层层落实管党治党政治责任，十九大党章把“强化管党治党主体责任和监督责任”写入总纲；党的十九届六中全会提出“完善和落实全面从严治党责任制度”；二十大党章将“强化管党治党主体责任和监督责任”修改为“强化全面从严治党主体责任和监督责任”，体现了实践的发展、认识的深化，体现了我们党矢志不渝肩负使命、担当责任的坚定决心，是对各级党组织落实“两个责任”强有力的指导和规范，有利于巩固和发展全党动手一起抓党建的良好局面。

二、新时代强化全面从严治党政治责任，以党风廉政建设和反腐败斗争的“两个责任”破题

党的十八大以来，在解决人民群众反映强烈的腐败和作风问题过程中，党中央深刻认识到，党委能否落实好主体责任直接关系党风廉政建设成效。习近平总书记在十八届中央纪委二次全会上强调：“抓好党风廉政建设和反腐败斗争，必须全党动手。各级党委对职责范围内的党风廉政建设负有全面领导责任，党委主要负责人是第一责任人。要坚持和完善反腐败领导体制和工作机制，发挥好纪检、监察、司法、审计等机关和部门的职能作用，共同推进党风廉政建设和反腐败斗争。严格执行责任制，分解责任要明确，检查考核要严格，责任追究要到位，让责任制落到实处。”党的十八届三中全会作出的《中共中央关于全面深化改革若干重大问题的决定》明确指出：“落实党风廉政建设责任制，党委负主体责任，纪委负监督责任，制定实施切实可行的责任追究制度。”这是在党的历史上首次以中央决定的形式，明确区分党委的主体责任和纪委的监督责任，突出党委抓党风廉政建设的主体地位和主导作用。

习近平总书记在十八届中央纪委三次全会上，深刻阐述了党委落实党风廉政建设主体责任的重大意义和丰富内涵，要求强化责任追究，不能让制度成为纸老虎、稻草人。习近平总书记指出：“为什么要强调党委负主体责任？是因为党委能否落实好主体责任直接关系党风廉政建设成效。现在，有的党委对主体责任认识不清、落实不力，有的没有把党风廉政建设当作分内之事，每年开个会、讲个话，或签个责任书就万事大吉了；有的对错误思想和作风放弃了批评和斗争，搞无原则的一团和气，疏于教育，疏于管理和监督，放任一些党员、干部滑向腐败深渊；还有的领导干部只表态、不行动，说一套、做一套，甚至带头搞腐败，带坏了队伍，带坏了风气。”习近平总书记明确指出：“党委的主体责任是什么？主要是加强领导，选好用好干部，防止出现选人用人上的不正之风和腐败问题；坚决纠正损害群众利益的行为；强化对权力运行的制约和监督，从源头上防治腐败；领导和支持执纪执法机关查处违纪违法问题；党委主要负责同志要管好班子，带好队伍，管好自己，当好廉洁从政的表率。各级党委特别是主要负责同志必须树立不抓党风廉政建设就是严重失职的意识，常研究、常部署，抓领导、领导抓，抓具体、具体抓，种好自己的‘责任田’。”“各级纪委要履行好监督责任，既协助党委加强党风建设和组织协调反腐败工作，又督促检查相关部门落实惩治和预防腐败工作任务，经常进行检查监督，严肃查处腐败问题。”习近平总书记强调：“有权就有责，权责要对等。无论是党委还是纪委或其他相关职能部门，都要对承担的党风廉政建设责任进行签字背书，做到守土有责。出了问题，就要追究责任。决不允许出现底下问题成串、为官麻木不仁的现象！不能事不关己、高高挂起，更不能明哲保身。”“对那些领导不力、不抓不管而导致不正之风长期滋长蔓延，或者屡屡出现重大腐败问题而不制止、不查处、不报告的，无论是党委还是纪委，不管是谁，只要有责任，都要追究责任。”

党风廉政建设责任能不能担当起来，关键在主体责任这个“牛鼻子”抓没抓住。习近平总书记反复强调，各级党委（党组）不能当“甩手掌柜”，要切实把党风廉政建设当作分内之事、应尽之责，真正把担子担起来，种好自己的“责任田”。党委（党组）书记是第一责任人，既要挂帅又要出征，对重要工作亲自部署、重大问题亲自过问、重要环节亲自协调、重要案件亲自督办。要进一步健全制度、细化责任、以上率下，层层传导压力，级级落实责任。

党风廉政建设责任中，监督责任发挥着不可替代的作用。习近平总书记一再要求：要强化上级纪委对下级党委和纪委的监督，对下级纪委不向上级纪委报告问题线索和案件查处情况的，必须严肃问责，推动纪委双重领导体制落到实处。纪检组长要一心一意履行监督职责，不要分管其他业务，如果都“打成一片”、混成一锅粥了，还怎么行使监督职责呢？对党风廉政方面的问题，该发现没有发现就是失职，发现问题不报告、不处理就是渎职，那就要严肃问责查处。

党风廉政建设责任的落实，也离不开巡视工作的督促推动。2014 年 1 月，在中央政治局常委会听取二〇一三年下半年中央巡视组巡视情况汇报时，习近平总书记要求：“要进一步拓展巡视监督内容。结合今年党风廉政建设的新要求，加强对主体责任、监督责任落实情况和组织纪律执行情况的检查监督，促进各级党委（党组）的责任担当。第一次巡视提出的问题，到现在还没有整改，要找省委书记说事，加强对省委书记的问责。”“对巡视发现的普遍性、倾向性问题，要及时反馈给地方、部门、企事业单位党委党组，督促落实主体责任，抓早抓小，堵塞制度漏洞。主要负责同志要种好自己的责任田，不抓党风廉政建设就是严重失职，对巡视整改不到位的地方、部门和单位，要抓住典型，严肃问责。”2014 年 6 月，在中央政治局常委会听取中央巡视工作领导小组二〇一四年中央巡视组首轮巡视情况汇报时，习近平总书记指出：“狠抓整改，落实主体责任。整改工作必须要跟上。一些地方发生窝案串案，有的地方成为腐败重灾区，主要负责人的责任是怎么履行的？不能‘新官不理旧账’。出了事，要追责。我们有的地方、单位管理失之于宽、无能为力，主要负责人是干什么的？要履责，要抓党风廉政建设！凡是整改不力的，都要严肃追责。巡视整改落实的情况都要‘回头看’，要揪住不放。”

三、随着实践发展，党风廉政建设主体责任、监督责任深化为全面从严治党主体责任、监督责任

党要管党、全面从严治党是党的建设的根本方针，管党治党责任是最根本的政治责任。习近平总书记在党的十八大刚刚闭幕后新一届中央政治局常委同中外记者见面时，鲜明提出了夯实管党治党责任这一重大政治命题。以习近平同志为核心的党中央提

出了一系列明确要求："从严治党，必须增强管党治党意识、落实管党治党责任。历史和现实特别是这次活动都告诉我们，不明确责任，不落实责任，不追究责任，从严治党是做不到的。""全面从严治党、推进标本兼治，最根本的就在于各级领导干部要把管党治党的责任担当起来。""权力就是责任，责任就要担当。忠诚干净担当是对领导干部提出的政治要求，要把责任牢牢扛在肩上，失职必问、失责必究。""增强监督实效，关键是各级党委（党组）特别是书记要强化政治担当、履行主体责任，把每条战线、每个领域、每个环节的党建工作抓具体、抓深入。各级纪委要协助党委推进全面从严治党。要坚持思想教育、政策感化、纪法威慑相结合，加强对党员、干部的经常性监督和全方位管理，用严管体现厚爱。"

2014 年 10 月，习近平总书记在党的群众路线教育实践活动总结大会上一连发出"三问"："是不是各级党委、各部门党委（党组）都做到了聚精会神抓党建？是不是各级党委书记、各部门党委（党组）书记都成为了从严治党的书记？是不是各级各部门党委（党组）成员都履行了分管领域从严治党责任？一些地方和部门还难以给出令人满意的答案。"这"三问"就是针对管党治党不力现象提出来的。习近平总书记深刻指出，全党同志必须在思想上真正明确，党的执政地位和领导地位并不是自然而然就能长期保持下去的，不管党、不抓党就有可能出问题甚至出大问题，结果不只是党的事业不能成功，还有亡党亡国的危险。各级各部门党委（党组）必须坚持从巩固党的执政地位的大局看问题，把抓好党建作为最大的政绩。如果我们党弱了、散了、垮了，其他政绩又有什么意义呢？抓好党建是本职、不抓党建是失职、抓不好党建是不称职。各级党委要把从严治党责任承担好、落实好，坚持党建工作和中心工作一起谋划、一起部署、一起考核，把各条战线、各个领域、各个环节的党建工作抓具体、抓深入，坚决防止“一手硬、一手软”。对各级各部门党组织负责人特别是党委（党组）书记的考核，首先要看抓党建的实效，考核其他党员领导干部工作也要加大这方面的权重。

习近平总书记多次强调，全面从严治党，党委要认真履行主体责任，纪委要认真履行监督责任，为完善和落实全面从严治党责任制度提供了根本遵循。党的十九大把习近平总书记关于管党治党责任的重要论述在党章中固化下来，强调“坚持从严管党治党”“强化管党治党主体责任和监督责任”。2019 年 10 月，党的十九届四中全会通过的《决定》提出了“完善和落实全面从严治党责任制度”的要求。2020 年 2 月，中共中央政治局常委会会议审议批准《党委（党组）落实全面从严治党主体责任规定》，进一步明确了责任内容、方式以及监督追责等具体问题，具有很强的操作性。相对党风廉政建设主体责任，全面从严治党主体责任的内涵更丰富全面，责任的范围更宽，不仅将党风廉政建设主体责任涵盖在内，还包括推进党的政治建设、思想建设、组织建设、作风建设、纪律建设、制度建设和反腐败斗争等方面的主体责任，与新时代党的建设总要求一脉相承，相辅相成，真正体现了党要管党、全面从严治党的政治要求。

二十大党章充分吸收上述重大制度创新成果，将“强化管党治党主体责任和监督责任”修改为“强化全面从严治党主体责任和监督责任”，彰显了我们党坚定不移纵深推进全面从严治党的决心意志。把党风廉政建设主体责任、监督责任深化为管党治党主体责任、监督责任直至全面从严治党主体责任、监督责任，实现了党的建设和管党治党理论的新飞跃。

四、落实全面从严治党监督责任，关键是要履行好党章赋予纪委的各项职责

十九大党章在《党的纪律检查机关》一章，总结党的十八大至十九大期间管党治党的实践经验，顺应全面从严治党要求，对纪律检查机关的领导体制、职责定位、主要任务等进行了修改完善。一是完善了纪检机关双重领导体制、全面派驻机制的内容，并首次写入地方纪委向同级党和国家机关全面派驻党的纪律检查组的内容，体现了党的十八大以来纪律检查体制改革创新成果，解决了影响监督实效的体制机制问题，增强了纪委监督的相对独立性和权威性。二是明确党的各级纪律检查委员会的定位是党内监督专责机关。从“专门”到“专责”，一字之变，凸显出政治责任和使命担当，就是强调各级纪委要履行好“专责”，真正成为党章党规党纪的维护者，党的路线方针政策的捍卫者，全面从严治党、党风廉政建设和反腐败斗争的推进者。三是充实完善了纪检机关的主要任务，明确党的纪律检查委员会协助党的委员会推进全面从严治党。这一新任务体现了党中央对纪律检查工作的高度重视，赋予纪检机关和纪检干部沉甸甸的政治责任。从“协助党的委员会加强党风廉政建设和组织协调反腐败工作”，到“协助党的委员会推进全面从严治党”，要求纪委不仅要继续

抓好正风肃纪、反腐惩恶，更要在全面从严治党上履行好协助职责。四是明确纪检机关的职责是监督、执纪、问责。这是习近平总书记对纪检机关提出的明确要求，也是对党的十八大以来纪检机关工作实践的高度凝练和准确概括。监督、执纪、问责三者既相互联系又相互促进，统一于全面从严治党、强化党内监督的实践，形成了从发现问题到执行纪律再到责任追究的链条，是各级纪检机关必须始终坚守的职责定位。五是充实纪委经常性工作任务，增写“进行问责或提出责任追究的建议”，要求纪委拿起问责利器，对在党的建设和党的事业中不履行或不正确履行职责的问题，严肃问责或提出建议。这些内容的修改，为各级纪委坚守职责定位、更好履职尽责提供了根本遵循。二十大党章在《党的纪律检查机关》一章，进一步充实党的各级纪律检查委员会的主要任务，第四十六条第一款增写推动完善党和国家监督体系的内容，使党的各级纪律检查委员会的主要任务由 3 项增加到 4 项，实现了与时俱进；进一步明确派驻纪律检查组的范围，第四十五条第四款增写按照规定向有关国有企业、事业单位派驻党的纪律检查组的内容，将党的十九大以来派驻机构改革的成果以党内根本大法的形式固定下来。

2021 年出台的《中国共产党纪律检查委员会工作条例》第二十六条，首次细化了党的各级纪律检查委员会协助同级党的委员会推进全面从严治党的职责：（一）协助同级党委制定全面从严治党规划、计划，推动各项工作落实。（二）推动全面从严治党主体责任制度执行，检查同级党委领导班子成员包括“一把手”管党治党责任落实情况，监督下级党组织落实主体责任情况。（三）加强对同级党委领导班子监督，发现班子成员包括“一把手”履职尽责、廉洁自律等方面重要问题，按照规定如实报告。（四）协助同级党委加强对本地区本单位政治生态、党风廉政等情况分析，有关问题向同级党委报告并提出意见建议。（五）协助同级党委开展巡视巡察工作。（六）对日常监督、巡视巡察、审计监督等发现问题整改情况开展检查，通过加强监督推动整改常态化。（七）协助起草相关党内法规和规范性文件。（八）参与党委组织的管党治党有关专项工作。同时明确要求，坚持履行协助职责和监督责任有机结合，促进全面从严治党党委主体责任和纪委监督责任贯通协同。

五、全面从严治党，必须推动各级党委（党组）、纪委履行好主体责任和监督责任

党要管党、全面从严治党，关键在主体责任，要害在“一把手”。不能认为纪委是党内监督专责机关，一谈到党内监督工作就觉得是纪委的事，一谈到全面从严治党就习惯性地把责任推给纪委，把纪委挺在前面。党的领导是全方位的，本身就包含着对党员进行管理与监督，批评教育、组织处理、纪律处分。管党治党必须全面从严，各级党组织及其负责人都是责任主体。如果党委的主体责任不落实、党委书记不抓，恐怕纪委的监督责任也难落实、纪委书记也难抓好。各级党委（党组）要牢固树立不管党治党就是严重失职的观念，切实把全面从严治党主体责任放在心上、抓在手上、扛在肩上，直接抓、具体抓、经常抓，种好自己的“责任田”，决不能“只挂帅不出征”，当“二传手”“甩手掌

柜”。党委书记要当好第一责任人，对党负责，对本地区本单位政治生态负责，对干部健康成长负责，自觉把监督作为分内之事，确保管党治党不留空白、见到实效。只有党委（党组）的主体责任、书记的第一责任人责任、班子其他成员的重要领导责任、纪委的监督责任真正扛起来，落实下去，全面从严治党才能持续见效、常态长效。

第三节　以规范问责、精准问责督促责任落实

我国问责制度古已有之。春秋战国时期就出现了有关问责的思想和规定。《周礼·地官》记载:“司徒之职在保息万民。”《韩诗外传》载:“群臣不正,人道不和,国多盗贼,人怨其上,则责之司徒。”从秦代起我们就建立起具备法治、问责等现代政治要素的强大国家,逐步形成了一套比较完备的理论实践体系。古往今来一个地方只要出事情,地方官员责无旁贷,难以推诿。中国共产党继承我国历史上的循名责实理念和失职问责做法,形成了一套完整的问责制度,为坚持和加强党的领导、推进党的事业和党的建设提供了有力保障。

一、我们党高度重视问责工作,有着优良传统和丰富实践经验

早在 1928 年党的六大通过的《中国共产党党章》中就规定,“党部执行纪律的方法,对于团体的是:指责……对于党员个人的是:各种形式的指责,警告,公开的指责”。这里的“指责”实际就是一种问责。1945 年党的七大通过的《中国共产党党章》

又对问责主体、问责对象进行了规定。其具体内容为“党的全国代表会议，有权撤换个别不能履行自己责任的中央委员及候补中央委员”。中华人民共和国成立后，中国共产党作为执政党开启了社会主义革命和建设的新探索。党的八大制定了党执政后的第一部党章，规定了沿用至今的纪律处分体系。如八大党章第十三条规定：“党员违反党的纪律，各级党的组织可以按照具体情况，分别给以警告、严重警告、撤销党内职务、留党察看、开除党籍的处分。”这与现行的《中国共产党纪律处分条例》关于违反纪律的领导干部要受到纪律处分的规定相同。十二大党章中明确规定“党组织如果在维护党的纪律方面失职，必须受到追究”，这也是党内问责制度的早期表述。

2009 年 6 月，为加强对党政领导干部的管理和监督，增强党政领导干部的责任意识，更好地贯彻落实科学发展观，不断提高党的执政能力和执政水平，中央办公厅、国务院办公厅印发了《关于实行党政领导干部问责的暂行规定》。《规定》明确，对决策严重失误造成重大损失或者恶劣影响的；政府职能部门管理、监督不力，在其职责范围内发生特别重大事故、事件、案件，或者在较短时间内连续发生重大事故、事件、案件，造成重大损失或者恶劣影响的；对群体性、突发性事件处置失当，导致事态恶化，造成恶劣影响的；违反干部选拔任用工作有关规定，导致用人失察、失误，造成恶劣影响等情形的党政领导干部实行问责。《规定》的适用对象包括政府系列在内的党政领导，尤其在问责情形中对政府职能部门“在行政活动中滥用职权，强令、授意实施违法行政行为，或者不作为，引发群体性事件或者其他重大事件的”进行问责作了突出强调。

党的十八大以前，党内对责任的理解更多强调“一岗双责”、谁主管谁负责，责任主体的意识不强。1998年颁布的《关于实行党风廉政建设责任制的规定》，对于主体责任和监督责任的强调不够，2010年修订后仍然没有突出政治责任。2009年颁布的《关于实行党政领导干部问责的暂行规定》更多局限于行政问责，重点是应对各种突发事件。党的领导弱化、党的建设缺失、全面从严治党不力，党的观念淡漠、组织涣散、纪律松弛问题依然大量存在，一个重要的原因就是有的党组织和党的领导干部管党治党不严、责任担当缺失。

二、党的十八大以来，以习近平同志为核心的党中央更加注重以问责促进责任落实

2012年12月4日，在首都各界纪念现行宪法公布施行30周年大会上的讲话中，习近平总书记强调：“我们要健全权力运行制约和监督体系，有权必有责，用权受监督，失责要问责，违法要追究，保证人民赋予的权力始终用来为人民谋利益。”2014年1月，习近平总书记在十八届中央纪委三次全会上明确要求，“中央纪委要抓紧完善并严格执行责任追究办法，对每一个具体问题都要分清党委负什么责任、有关部门负什么责任、纪委负什么责任，健全责任分解、检查监督、倒查追究的完整链条，有错必究，有责必问”。2016年1月，习近平总书记在十八届中央纪委六次全会上要求：“要完善和规范责任追究工作，建立健全责任追究典型问题通报制度，把问责同其他监督方式结合起来，以

问责常态化促进履职到位，促进党的纪律执行到位。”

2016 年 6 月 28 日，中共中央政治局会议审议通过《中国共产党问责条例》，问责条例的制定出台既充分体现出中国共产党依规管党治党、治国理政的鲜明时代特色，同时也意味着党内问责走向常态化。为了进一步坚持党的领导、加强党的建设、全面从严治党，保证党的路线方针政策和党中央重大决策部署更好贯彻落实，通过问责制度增强“四个意识”、坚定“四个自信”、做到“两个维护”，解决问责实践中出现的问责不到位、程序不规范、问责泛化简单化等问题，2019 年 8 月 25 日，中共中央印发修订后的问责条例，我们党的问责制度更加完善。

一是牢固树立“四个意识”，坚决维护以习近平同志为核心的党中央权威和集中统一领导。坚决维护习近平总书记党中央的核心、全党的核心地位，坚决维护党中央权威和集中统一领导，是党和国家前途命运所系，是全国各族人民根本利益所在，也是修订问责条例的根本原则和首要任务。党的十八大以来，党中央旗帜鲜明地强调增强“四个意识”、坚定“四个自信”、做到“两个维护”，全面加强党的领导，维护了党中央权威和集中统一领导。党的十九大将习近平新时代中国特色社会主义思想确立为我们党的行动指南，十九大和十九届二中、三中全会着眼新时代新使命，就推进党和国家各方面工作作出一系列战略部署。实现党的十九大描绘的宏伟蓝图，落实党中央各项重大决策部署，防范化解各种重大风险，要求全党上下团结一心、步调一致，确保党始终总揽全局、协调各方。问责条例把增强“四个意识”、坚定“四个自信”、做到“两个维护”明确为党的问责工作的指导思想，在问责情形中进一步对“四个意识”不强、“两个维护”不力等失职失责问题进行了细化具体化。实际上，问责条例通篇都体现了增强“四个意识”、坚定“四个自信”、做到“两个维护”，通过强化党的问责工作，督促各级党组织和党的领导干部深入贯彻习近平新时代中国特色社会主义思想，始终同党中央保持高度一致，坚守初心使命，践行忠诚干净担当，坚决贯彻落实党的路线方针政策和党中央重大决策部署，为实现党的奋斗目标提供强有力的保证。

二是加强党对问责工作的领导，进一步压实管党治党政治责任。建立健全党的问责制度，需要在党中央统一领导下，使各级党组织各负其责，充分发挥职责作用，真正做到有权必有责、有责要担当、失责必追究。修订后的问责条例进一步细化各级党组织开展问责工作的职责，规定党委（党组）应当履行全面从严治党主体责任，加强对本地区本部门本单位问责工作的领导；纪委应当履行监督专责，协助同级党委开展问责工作；党的工作机关应当依据职能履行监督职责，实施本机关本系统本领域的问责工作。问责条例贯彻党章、党内监督条例的要求，压实上级党组织对下级党组织的领导和监督责任，明确纪委、党的工作机关启动问责调查、作出问责决定应当报经同级党委或者其主要负责人批准的情形。规定对于应当启动问责调查未及时启动的，上级党组织应当责令有管理权限的党组织启动，根据问题性质或者工作需要，上级党组织可以直接启动问责调查，也可以指定其他党组织启动。通过坚持和加强党对问责工作的领导，督促各级党组织、党的领导干部负责守责尽责，做到失责必问、问责必严，把制度的刚性立起来，拔除管党治党政治责任不落实的钉子户，啃下体制机制改革的硬骨头，打通政令不通的关节点，确保上下贯通、执行有力。

三是以永远在路上的坚定和执着，推动全面从严治党向纵深发展。党的十八大以来，在以习近平同志为核心的党中央坚强领导下，我们党以顽强意志品质正风肃纪、反腐惩恶，党在革命性锻造中更加坚强，焕发出新的强大生机活力，为党和国家事业发展提供了坚强政治保证。但是，党面临的执政环境是复杂的，影响党的先进性、弱化党的纯洁性的因素也是复杂的，党内存在的思想不纯、政治不纯、组织不纯、作风不纯等突出问题尚未得到根本解决。党的十九大对于坚定不移全面从严治党，不断提高党的执政能力和领导水平作出重大部署，提出新时代党的建设总要求，强调要坚持问题导向，保持战略定力，推动全面从严治党向纵深发展。修订后的问责条例贯彻落实十九大战略部署，吸收在问责实践中形成的新经验，提炼对问责工作规律的新认识，进一步丰富完善问责情形，提出更高更严的标准。围绕新时代党的建设总要求，将 2016 年问责条例中党的建设缺失情形进行拓展，对维护党的纪律不力等情形进行细化；落实以人民为中心的发展思想，增加了履行管理监督职责不力、职责范围内发生严重事故事件，在涉及人民群众最关心最直接最现实的利益问题上不作为、乱作为、慢作为、假作为等问责情形；对原有的党的领导弱化，全面从严治党主体责任、监督责任落实不到位等问责情形，也根据新形势新任务进行了修改完善。问责条例突出体现了坚持党要管党、全面从严治党，深入推进党风廉政建设和反腐败斗争。问责工作必须持续从严，做到敢于问责、善于问责，不断增强党自我净化、自我完善、自我革新、自我提高的能力，努力推动全面从严治党取得更大战略性成果。

四是坚持精准规范问责，提高问责工作科学化和规范化水平。2016 年问责条例实施后，在实践中积累了许多新经验，也存在一些新情况新问题。修订后的问责条例坚持对症下药，针对问责不力、问责泛化简单化、程序不规范等现象和问题，完善制度机制，查堵偏差漏洞，把问责权力关进制度的笼子。着眼实事求是、精准问责，增加“权责一致、错责相当”“集体决定、分清责任”等作为问责工作原则；进一步明确了问责对象是党组织、党的领导干部而不是普通党员，重点是党委（党组）、党的工作机关及其领导成员，纪委、纪委派驻（派出）机构及其领导成员；将“分清责任”原则予以具体化，对党组织领导班子、领导班子主要负责人和直接主管的班子成员、参与决策和工作的班子成员的责任作了进一步划分；要求党组织和党的领导干部坚持把自己摆进去、把职责摆进去、把工作摆进去，注重从自身找问题、查原因，勇于担当、敢于负责，不得向下级党组织和干部推卸责任。着眼严肃问责、规范问责，专门增加了问责程序，从启动、调查、报告、审批、实施等各个环节对问责工作予以全面规范，坚持依规依纪依法开展问责，履行报告和审批程序，规定问责事实材料应当与调查对象见面，听取其陈述和申辩；调查结束后应当集体研究形成调查报告，综合考虑主客观因素，正确区分不同情况，精准提出处理意见；强调问责要做到事实清楚、证据确凿、依据充分、责任分明、程序合规、处理恰当；明确问责对象申诉的权利及程序，对不应当问责、不精准问责的，及时予以纠正，对滥用问责或者在问责工作中严重不负责任的严肃追究责任。问责条例通过健全问责程序，完善内控机制，提高了问责的制度化、规范化水平，有利于防止尺度把握不一，问责泛化、滥用、随意化。开展问责工作，应当严格执行问责条例规定，努力做到严肃问责、规范问责、精准问责、慎重问责，真正起到问责一个、警醒一片的作用，实现政治效果、纪法效果、社会效果有机统一。

五是保护干部干事创业积极性，激励新时代新担当新作为。实施问责的目的，是督促党组织和领导干部强化责任意识，激发担当精神，而不是束缚干部手脚。修订后的问责条例坚持严管和厚爱结合、激励和约束并重，惩前毖后、治病救人，既坚持原则、严格问责，推动责任落实，又区别情况、分类处理。坚持失责必问、问责必严，该是谁的责任就问谁的责任，该追究到哪一级的责任就追究到哪一级，该采取什么问责方式就采取什么问责方式，该问到什么程度就问到什么程度。对失职失责性质恶劣、后果严重的，实行终身问责。落实习近平总书记关于“三个区分开来”的要求，精准把握政策，对于在推进改革中因缺乏经验、先行先试出现的失误，尚无明确限制的探索性试验中的失误，为推动发展的无意过失等情形可以不予问责或者免予问责；对于及时采取补救措施，有效挽回损失或者消除不良影响等情形可以从轻或者减轻问责；至于对党中央、上级党组织三令五申的指示要求不执行或者执行不力等情形，则规定应当从重或者加重问责。树立鲜明的干事导向，规定要正确对待被问责干部，对影响期满、表现好的干部，符合条件的，按照干部选拔任用有关规定正常使用。开展问责工作，要明确问责目的，通过精准规范问责促进各级党组织和党的领导干部牢记初心使命、勇于担当作为，形成建功新时代、争创新业绩的浓厚氛围和生动局面。

三、新时代管党治党形成了失责必问、问责必严，精准问责、规范问责的常态

党的十八大以来，以习近平同志为核心的党中央以前所未有的勇气和决心推进全面从严治党，对失职失责行为进行精准、规范追责问责。

党中央坚决查处山西系统性、塌方式腐败问题，对省委领导班子作出重大调整。对湖南衡阳破坏选举案严肃问责，467 人受到责任追究。对四川南充拉票贿选案涉及的 477 人严肃处理。严肃查处辽宁省系统性拉票贿选问题，共查处 955 人，其中中管干部 34 人。对民政部原党组、原派驻纪检组管党治党不力严肃问责，原党组书记、分管副部长、派驻纪检组组长受到责任追究。对司法部党组原书记在干部工作中严重失察和违纪行为进行问责。因祁连山国家级自然保护区生态环境问题，甘肃省委、省政府以及包括 3 名省部级领导在内的多名领导干部被问责。彻底查处秦岭北麓西安境内违建别墅整而未治、阳奉阴违的问题，发挥警示教育作用。中央纪委国家监委调查督办湖南洞庭湖违规违法建设矮围、京津冀违建大棚房、长春长生公司问题疫苗等背后的责任问题、腐败问题、作风问题；对江苏响水天嘉宜化工有限公司“3·21”特别重大爆炸事故、吉林长白山国际旅游度假区项

目违规问题等严肃问责；对青海木里矿区非法采煤、违建别墅、违法占用耕地等问题加强监督执纪执法；对云南昆明滇池旅游度假区铭真高尔夫球场整改不力以及沿湖违规违法建设、广州市大规模迁移砍伐城市树木、中国石油集团新疆油田公司违建别墅等问题严肃追责问责，及时调查处置甘肃白银景泰县“5·22”公共安全责任事件等，对河南郑州“7·20”特大暴雨灾害中失职失责的80余名公职人员严肃问责。聚焦统筹疫情防控和经济社会发展，针对防疫责任和措施落实不力问题，指导有关地方纪委监委严肃调查追责问责。江苏省纪委监委对南京禄口国际机场疫情防控履行管理监督职责不力问题严肃问责，内蒙古满洲里、黑龙江哈尔滨、江苏扬州、河南郑州、湖南张家界、广东广州、陕西西安等多地纪检监察机关对疫情防控履职不力的有关人员严肃追责问责。

自2014年到党的十九大前，全国共有7020个单位党委（党组）、党总支、党支部，430个纪委（纪检组）和6.5万余名党员领导干部被问责。十九届党中央期间，全国共问责党组织3.9万个，问责党员领导干部、监察对象29.9万人。随着管党治党责任不断夯实，责任意识已经深入人心，有效保障了党中央重大决策部署贯彻落实，保障了党的事业和党的建设顺利推进。“知责任者，大丈夫之始也；行责任者，大丈夫之终也。”担当作为是党员干部应有的政治品格、从政本分，更是时代呼唤、民心所盼。站在新时代新征程上的中国共产党人，必将踔厉奋发、笃行不怠，以昂扬向上的精神状态、“时时放心不下”的责任感奋进新征程、建功新时代，用实际行动诠释对党和人民的忠诚。

第七章
从严治吏
坚决防止吏治腐败

我们党对吏治腐败的危害始终有着清醒认识。习近平总书记告诫全党:“吏治腐败是最大的腐败,用人腐败必然导致用权腐败。花钱跑官买官,一定在当权后用权力把钱千方百计捞回来。从严治党,必先从严治吏,要抓住管权治吏的要害,严肃查处用人腐败。”“用人上的不正之风和腐败现象对政治生活危害最烈,各级党委要从查处的大量腐败案件中反思选人用人的得失,下大决心治理吏治腐败;要坚决纠正‘劣币驱逐良币’的逆淘汰现象,以用人环境的风清气正促进政治生态的山清水秀;要从严管理干部,管理要全面、标准要严格、环节要衔接、措施要配套、责任要分明。”党的十八大以来,在党中央的坚强领导下,各级党组织坚持以严的标准要求干部、以严的措施管理干部、以严的纪律约束干部,以最坚决的态度、最果断的措施刷新吏治,打出了一套从严治吏的“组合拳”,极大净化了党内政治生态。

第一节 “凡提四必”把住选人用人关口

从惩治腐败角度来说，减少腐败存量、遏制腐败增量，首先要做到疏浚干部队伍源头，确保上游来水清澈。上游，就是指干部来源。上游的关键，就是指把好选人用人关。

一、防止干部“带病提拔”“带病上岗”，必须坚持“凡提四必”

“育才造士，为国之本。”治党治国之要，首在选人用人。以什么样的标准、导向、方式、途径选人用人，始终是关系党和人民事业的关键性、根本性问题。如果选上来的干部都是“带病提拔”的干部，就会挤占好干部、老实人上升空间，影响干部选拔任用公信力，耽误事业发展，损害政治生态。“安危在出令，存亡在所任。”反对腐败必须坚决把住选人用人关，发挥正确导向作用。只有坚决防止干部“带病提拔”“带病上岗”，把那些自身不干净、群众反映强烈、不收敛不收手，特别是搞隐藏式隐蔽性腐败的人，坚决挡在党的干部队伍之外，才能从根本上解决干部队伍素质不高的问题，努力确保干部队伍纯洁。

多年来，干部“带病提拔”“带病上岗”是党内外、各方面反映强烈的问题，我们在这方面也是有深刻教训的。被立案查处的山东省委原常委、济南市委原书记王敏，早在1992年就已经犯下了腐化堕落的错误，然而被“带病提拔”的历史长达22年。湖南省衡阳市委原书记李亿龙受贿时间长达18年，纵跨其担任长沙市芙蓉区区长、区委书记、浏阳市委书记、怀化市市长、怀化市委书记、衡阳市委书记等职务期间。2017年被立案查处、倾力打造“酒钢号”干部队伍的甘肃省委原常委、兰州市委原书记虞海燕，其受贿经历可以追溯到担任酒泉钢铁（集团）有限责任公司炼钢厂厂长期间，而他担任这一职务是在1992年。群众不禁要问，人都“病”了，为啥提拔？到底是哪个环节出现了问题？

党的十八大以来，党中央坚持全面从严治党、从严管理干部，大力整治“四风”，坚定不移惩治腐败，“带病”干部存量减少、增量得到遏制。各地各部门认真贯彻中央要求，严格执行新修订的干部任用条例，强化组织把关，挡住了不少“带病”的干部。但不可否认，“带病提拔”仍时有发生，还没有得到根本解决。为了根治干部“带病提拔”这一顽疾，加强和改进干部选用工作，2016年8月，中共中央办公厅印发《关于防止干部“带病提拔”的意见》。该《意见》把防止干部“带病提拔”作为干部工作的聚焦点、攻坚点，抓住了动议审查、任前把关两个关键，明确提出强化审核的“凡提四必”措施，将“凡提四必”上升为干部选拔任用的必经程序和基本要求，十分及时和必要。

“凡提四必”，即干部档案“凡提必审”，个人有关事项报告

“凡提必核”，纪检监察机关意见“凡提必听”，反映违规违纪问题线索具体、有可查性的信访举报“凡提必查”。“凡提四必”，可以说是识别干部的“透视机”和“诊断器”，为防止“带病提拔”构筑起坚固的“防火墙”。

习近平总书记对“凡提四必”的贯彻执行非常重视，多次提出要求。2021 年 1 月，在十九届中央纪委五次全会上，习近平总书记要求：“对拟进一步使用人选的干部档案必审、个人有关事项报告必核、纪检监察机关意见必听、反映线索具体且有可查性的信访举报必查，坚决防止‘带病提拔’，确保换届风清气正。”“组织部门应当按照好干部标准，严格‘凡提四必’程序，全面考察干部。纪检机关应当动态更新领导干部廉政档案，严把党风廉政意见回复关。”习近平总书记重要指示，为各级党组织坚决贯彻“凡提四必”程序要求提供了根本遵循。

二、干部档案要做到“凡提必审”

干部人事档案是各级党委（党组）和组织人事等有关部门在党的组织建设、干部人事管理、人才服务等工作中形成的，反映干部个人政治品质、道德品行、思想认识、学习工作经历、专业素养、工作作风、工作实绩、廉洁自律、遵纪守法以及家庭状况、社会关系等情况的历史记录材料。干部人事档案是教育培养、选拔任用、管理监督干部的重要基础，也反映出领导干部的能力和水平，是组织上任免干部的重要依据。

近年来发现一些人事档案涂改造假问题，有的干部在“三龄两历一身份”（年龄、工龄、党龄和学历、工作经历以及干部身份）上动手脚，严重影响党和政府的权威和公信力。被称为“五假干部”的司法部党组原成员、政治部原主任卢恩光，在年龄、入党材料、工作经历、学历、家庭情况等方面全面造假，1990年的入党志愿书上竟然有“在邓小平同志南巡讲话指引下”的表述，“一路造假一路高升”直达副部职位。共青团石家庄市委原副书记王亚丽，身份、年龄、履历、档案均涉嫌造假，档案中除了性别是真的，其余信息全是假的，盖的90多枚公章，有三分之一以上也是假的，正是通过不择手段地在干部档案“整形易容”，王亚丽从一名普通的农村女子，一步步升迁至团市委副书记。

为了贯彻落实党中央从严治吏要求，2014年10月至2016年6月，中央组织部在全国部署开展了干部人事档案专项审核工作。各级组织人事部门态度坚决、行动务实，对公务员和参照公务员法管理的机关（单位）工作人员、中央企事业单位中层以上管理人员和地方各级国有企事业单位领导班子成员的档案进行了审核，集中解决了档案中存在的问题。在专项审核工作中，针对干部重要信息记载不准确不一致的问题，组建调查组，通过调取原始户籍材料、学历学位认证、物证鉴定等方式查核了64.5万人的信息；针对档案材料不齐全不完整的问题，补充完善了2549万份材料；420名省管干部因档案造假受到组织处理或纪律处分，186人因档案问题被记录在案，未查清前不得提拔或重用；充分发挥典型案例的震慑教育作用，对安监总局原党组书记、局长杨栋梁等5起干部人事档案造假典型案例进行了通报。

全面从严管理干部人事档案，必须坚持标本兼治，把问题清理和制度建设结合起来。2015年修订的《中国共产党纪律处分条例》专门增加了处分规定，“篡改、伪造个人档案资料的，给予严重警告处分；情节严重的，给予撤销党内职务或者留党察看处分”。2015年出台的《干部人事档案造假问题处理办法（试行）》，严明纪律、细化措施，不断强化档案管理制度的严肃性、权威性。2018年印发的《干部人事档案工作条例》规定了党委（党组）及其组织人事部门、纪检监察机关、巡视巡察机构，下级机关（单位）和党员、干部、群众的监督职责，明确“纪检监察机关、巡视巡察机构按照有关规定，对干部人事档案工作进行监督检查”。2020年出台的《中华人民共和国公职人员政务处分法》第二十九条将档案造假纳入政务处分情形，规定“篡改、伪造本人档案资料的，予以记过或者记大过；情节严重的，予以降级或者撤职”。

织起来的防护网关键要用起来。在干部选用之前把干部档案再过一遍筛子，一旦发现档案涂改的、材料和信息涉嫌造假的就要立即启动查核程序，在未核准之前一律暂缓并停止任职、录用工作，核准后还要给予相应的党纪政务处分。目前，“凡提必审”已经实现常态化，对篡改、伪造个人档案资料的处理也已实现规范化、法治化，有力地杜绝了“带病”档案蒙混过关。

三、个人有关事项报告要做到“凡提必核”

党的十八大以来，领导干部个人有关事项报告工作在不断加强和改进。从党的十八届三中全会明确提出，要认真执行领导干部报告个人有关事项制度，并开展抽查核实工作，到2014年印发《领导干部个人有关事项报告抽查核实办法（试行）》，再到

2017年修订出台《领导干部报告个人有关事项规定》、制定《领导干部个人有关事项报告查核结果处理办法》，报告事项和抽查规定越来越细、越来越严、越来越实。

一个时期，一些领导干部个人有关事项和重大问题不报告的现象十分突出。有的生了重病不报告，有的家庭发生重大变故不报告，有的家属子女长期在海外、隐瞒“裸官”身份不报告，有的多次因私出国（境）不报告，有的身边人员出现重大事件不报告，有的一大堆房产、投资不报告，有的不如实填写档案材料，甚至有的连续多日失去联系、人跑到哪里、做什么事情组织上都不掌握。

对党忠诚老实、表里如一，是党的政治纪律的重要内容，按照要求如实报告个人有关事项，既是完成组织交办的一项重要工作任务，更是领导干部强化政治纪律和政治规矩意识、遵守政治纪律、履行职责使命的题中应有之义。如果一个领导干部自由散漫，目无组织，总想逃避组织监督，故意瞒报漏报，可能就是出问题的前兆。如果不是个人合法收入所得，违纪违法所得见不得阳光，更会想尽办法遮掩躲藏。

2017年2月，习近平总书记在省部级主要领导干部学习贯彻党的十八届六中全会精神专题研讨班开班式上指出：“如实向党组织报告个人有关事项，是领导干部必须遵守的纪律，也是检验领导干部对党是否忠诚老实的试金石。我们强调领导干部不要做‘两面人’，不要‘伪忠诚’，这件事就可以见真章。领导干部要对党组织忠诚老实，不藏着掖着，不自行其是，经得起组织上的任何审视和打量。如果连个人有关事项都不能如实申报，还谈什么对党忠诚老实。领导干部不如实报告个人有关事项，绝不是个人‘小节’，而是不守纪律的‘失节’。各级党组织要加强对领导干部个人有关事项报告真实性和完整性的监督检查，对无正当理由不按时报告、不如实报告或隐瞒不报的，要严肃处理。”

瞒报非小事，说谎有代价。《中国共产党巡视工作条例》规定，巡视组可以抽查核实领导干部报告个人有关事项情况；《中国共产党纪律检查机关监督执纪工作规则》规定，纪检监察机关初核时可调取个人有关事项报告。《领导干部报告个人有关事项规定》《领导干部个人有关事项报告查核结果处理办法》都明确了漏报、瞒报的主要情形及处理措施，凡是查核发现不如实报告或存在其他问题的都要严肃处理。《中国共产党纪律处分条例》也明确规定，“违反个人有关事项报告规定，隐瞒不报的”属于违反组织纪律行为，情节较重的给予警告或者严重警告处分。对于无正当理由不按时报告、漏报少报等的，党组织可根据情节轻重，给予批评教育、组织调整或者组织处理。

从 2015 年 1 月开始，中央组织部在全国范围部署推行领导干部个人有关事项“凡提必核”，将抽查比例由 3%—5%扩大到 10%。各级组织人事部门按照党政领导干部、事业单位领导人员和企业领导人员，分类分级随机确定抽查对象，确保抽查对象均衡分布，增强普遍约束。此外，还配合巡视工作，根据需要对被巡视单位领导干部个人有关事项进行抽查核实。党的十八大后，截至 2017 年 8 月，全国因不如实报告等问题，被暂缓任用或取消提拔重用资格、后备干部人选资格 1.1 万人，受到批评教育、责令作出检查 10.38 万人，诫勉 1.98 万人，组织处理 651 人，移交纪检监察机关处理609人。党的十九大后，领导干部报告个人有关事项及“凡提必核”制度更趋完备，实现常态化、长效化运转。中央组织部有关负责同志在党的二十大记者招待会上介绍，党的十八大以来，把领导干部个人有关事项报告制度纳入全面从严治党整体设计，作为从严管党治吏的利器，全面开展抽查核实，对领导班子换届提名人选全部查核，在党的二十大召开前对中管干部全覆盖查核一遍。这一举措有力保障了选人用人工作的质量。

四、纪检监察机关意见要做到“凡提必听”

党风廉政意见回复工作是干部选拔任用的一道重要关口，是防止“带病提拔”的一个关键环节，也是党内监督的一种重要方式，实质上是对被征求意见的单位和个人开展的一次廉政体检。

落实纪检监察机关意见“凡提必听”，对于纪检监察机关来说，重要抓手就是做好干部选拔任用党风廉政意见回复工作。《中国共产党党内监督条例》对做好党风廉政意见回复工作作出规定。《中国共产党纪律检查机关监督执纪工作规则》在《监督检查》一章也专门作出规定，“纪检监察机关应当做好干部选拔任用党风廉政意见回复工作，对反映问题线索认真核查，综合用好巡视巡察等其他监督成果，严把政治关、品行关、作风关、廉洁关”。《中国共产党纪律检查委员会工作条例》规定，党的纪律检查委员会应当加强日常监督，“建立健全党员领导干部廉政档案，开展党风廉政意见回复等工作”。

纪检监察机关在干部选拔任用过程中，认真贯彻落实有关规定要求，履行好全面从严治党监督责任。一方面，建好廉政档案，为党员领导干部精准“画像”。廉政档案除了干部信息外，一般还包括廉政情况综述、问题线索处置情况、党风廉政意见回复情况、民主生活会说明情况等。另一方面，纪检监察机关收到组织部门来函后，综合日常工作中掌握的情况，梳理反映拟提拔任用干部的问题线索及处置情况，需要了解核查的及时认真开展，并用好巡视巡察等其他监督成果，加强分析研判。在此基础上，严格把握政策界限，坚持原则、分类处置，区分不同情况向组织部门提出不影响使用、暂缓使用、不宜使用、组织处理等建议。

五、反映线索具体且有可查性的信访举报必查

这也是防止干部“带病提拔”的有效手段。“反映线索具体，有可查性”，是指信访举报事项内容具体，时间、地点、人物、事件等基本要素较为明确，可以依据线索进行核查，凡是问题没有查清的不得提交会议讨论。这项要求与党中央一直以来有腐必反、有贪必肃的坚定态度是一致的。

据媒体报道，2022 年 3 月，甘肃省平凉市委原常委、市政府原常务副市长黄继宗，因犯受贿罪被判处有期徒刑十二年，并处罚金 100 万元。2020 年，黄继宗听说组织上本来要提拔他的，但被省纪委拦了下来，内心十分惶恐不安，于是想去省纪委打探虚实来个“假投案”，但没想到省纪委根据信访情况综合研判后把他留置了。2019 年，湖北钟祥市委原书记林长洲。两个月前才刚刚被公示拟提名为市州政府副市长人选，两个月后并未出任

副市长，却被湖北省纪委监委宣布对其进行审查调查。这两人的落马，其实都是省纪委履行监督职责，落实“反映线索具体且有可查性的信访举报必查”的具体行动。

落实“反映线索具体且有可查性的信访举报必查”这项要求，也是充分发挥信访发现问题线索作用，强化信访监督的重要表现。一直以来，信访举报是纪委监委联系群众的重要载体和方式，也是查处作风问题、腐败问题的重要依据和途径。十九届党中央期间，全国纪检监察机关共接收信访举报 1695.6 万件次，其中检举控告类 734.4 万件次，很好地发挥了问题线索主渠道作用。

同时要注意的是，在干部考察期特别是集中换届期，针对干部的信访举报件往往比较多，诬告陷害也很常见，如果处理不及时就会影响干部工作状态和人事布局。对有反映有疑问的干部，不能简单地挂起来、拖下去，要贯彻“三个区分开来”要求，把问题及时核查清楚，真正做到对干部负责。

第二节　严肃查处破坏选举、拉票贿选案件

湖南衡阳、四川南充、辽宁等地拉票贿选、破坏选举案件，是新中国成立以来破坏党内选举制度和人大选举制度的重大案件，其规模之大、级别之高、造成影响之恶劣是空前的。以习近平同志为核心的党中央严肃查处这些案件，充分体现了坚持全面从严治党、坚决惩治腐败的鲜明态度，有力维护了党纪国法的权威和尊严，得到了广大党员、干部和人民群众衷心拥护和支持。2021年1月，习近平总书记在十九届中央纪律检查委员会第五次全体会议上发表重要讲话，对换届纪律提出明确要求，其中特别强调“各级党委要深刻吸取湖南衡阳、四川南充、辽宁等地拉票贿选、破坏选举案件教训”，“各级组织部门要严格执行制度规定，各级纪委监委要加强监督执纪，对拉票贿选、买官卖官、跑官要官的决不姑息，发现一起，查处一起，还要追究相关党组织和领导干部的责任”。

一、严肃查处湖南衡阳破坏选举案

2012年底、2013年初，湖南省衡阳市在召开人大会议选举省人大代表过程中，部分候选人拉票贿选，70多名省人大代表有56名存在送钱拉票行为，出席会议的527名市人大代表中有518名收受钱物，还有68名大会工作人员收受钱物。这么大的丑闻真是前所未有，是对我国人民代表大会制度的挑战，是对社会主义民主政治的挑战，是对国家法律和党的纪律的挑战，触碰了社会主义制度底线和我们党的执政底线。衡阳市人大常委会一位副秘书长曾对媒体说："如果当时党委、纪委及时出面查处，不可能酿成这么大的事件，就可以避免很多干部犯错误。但是当时整个衡阳像处于真空状态一样，没人管。"经调查处理，56名省人大代表被依法确认当选无效；512名市人大代表辞职，另有6名市人大代表因调离已经终止代表资格。衡阳市委原书记童名谦、衡阳市人大常委会原主任胡国初等60余名贿选案涉案官员被查处。

二、坚决惩办四川南充拉票贿选案

2011年10月19日，在四川省南充市委五届一次全会召开前，仪陇县委原书记杨建华动用公款80余万元，自己出面或安排下属，向部分可能成为市委委员的人员送钱拉票，通过拉票贿选当选为南充市委常委。在查清杨建华贿选事实的基础上，四川省委根据有关问题线索进一步摸排调查，发现在南充市委五届一次全会前，有关干部民主推荐中还存在其他送钱拉票问题。经过半年的纪律审查，根据案件事实和有关党纪法规，四川省委对全部 477 名涉案人员作出处理，其中给予开除党籍、开除公职处分并移送司法机关的 33 人，给予撤销党内职务以上处分的 77 人，给予严重警告并免职、严重警告、警告或行政记大过、记过处分以及免职处理的 267 人，诫勉谈话、批评教育 100 人。杨建华犯行贿罪、受贿罪、滥用职权罪，被依法判处有期徒刑二十年；时任南充市委书记刘宏建犯玩忽职守罪，被判处有期徒刑三年。

三、深入查办辽宁拉票贿选案

辽宁拉票贿选案，是指在 2011 年辽宁省委常委会换届选举和 2013 年辽宁省人大换届辽宁省全国人大代表选举、第十二届辽宁省人大常委会副主任选举搞拉票贿选等非组织活动涉嫌破坏选举犯罪等系列案件。2016 年，党中央依纪依法彻查辽宁拉票贿选案，共处理 955 人，其中中管干部 34 人，共有 523 名省人大代表涉及此案。2016 年 9 月 13 日，临时召开的十二届全国人大常委会第二十三次会议，表决通过了全国人大常委会代表资格审查委员会关于辽宁省人大选举产生的部分十二届全国人大代表当选无效的报告，确定 45 名全国人大代表当选无效。会议表决通过了全国人大常委会关于成立辽宁省十二届人大七次会议筹备组的决定，决定成立筹备组负责筹备辽宁省十二届人大七次会议的相关事宜。11 月 1 日，辽宁省十二届人大七次会议召开，会议选举产生了 31 名省十二届人大常委会委员，通过了 84 名省人大各专门委员会组成人员，完成了补选辽宁省人大常委会委员和补充省人大专门委员会组成人员的任务。至此，无法履行职责的辽宁省人大常委会才恢复正常工作。辽宁拉票贿选案，是新中国成立以来查处的第一起发生在省级层面、严重违反党纪国法、严重违反政治纪律和政治规矩、严重违反组织纪律和换届纪律、严重破坏人大选举制度的重大案件。依规依纪依法彻查和处理辽宁拉票贿选案，充分体现了以习近平同志为核心的党中央坚定不移推进全面依法治国、全国从严治党的鲜明态度和坚定决心，维护了人民代表大会制度的权威和尊严，维护了社会主义法治的权威和尊严。

四、汲取教训、查找疏漏，严防拉票贿选问题重演

造成破坏选举、拉票贿选问题，原因是多方面的：一是部分领导干部为官做事的思想不端正、动机不纯粹，世界观、人生观、价值观这个“总开关”出现偏差。二是团团伙伙、宗派主义作祟。有的以人划线，有的以地域拉帮，有的以单位结派，搞小团伙、小圈子，甚至到了招摇过市、毫不避讳的地步，严重恶化政治生态。三是相当长时间内制度不健全，已建立的制度空转、执行力不够，制度成了“纸老虎”“稻草人”。四是部分党组织党的领导弱化、党的建设缺失、全面从严治党不力。特别是部分“一把手”作为第一责任人，不认真履行全面从严治党政治责任，不下功夫抓党风廉政建设和反腐败斗争，工作流于形式，甚至为个人私利直接参与和纵容拉票贿选行为，导致党委领导核心作用严重弱化，正气不彰、腐败蔓延。辽宁拉票贿选案中，辽宁省委原书记王珉对发现的贿选问题放任不管，省纪委和省委组织部等部门，包括王珉的秘书都曾向他汇报选举中的不正常现象，他都

置之不理。王珉自己交代："我的秘书跟我讲，阜新市委的秘书长给他打电话，叫他们投王阳一票，那他说这个是拉票。组织部跟我一报告，说有四个人造假。我觉得也不要太追了，把这个事情搞出来，有什么好处呢。"面对逐渐升级的贿选，湖南衡阳市委原书记童名谦采取的态度是：不听、不管、不查，衡阳市纪委原书记肖斌也视而不见、听之任之。选举结束后，一名送出 60 余万元的农村基层代表候选人得知落选后当场晕倒。当晚，该候选人通过手机短信向童名谦等反映贿选情况，并提出个人要求。童名谦收到后，对短信反映的情况没有认真追查，仅仅要求各县市区退钱给落选的代表候选人，并做好思想工作，以求息事宁人。

付出的沉重代价不能付之东流。破坏选举、拉票贿选是吏治腐败的毒瘤，必须彻底剜除。要坚持教育在先、警示在先、预防在先，教育各级干部特别是领导干部讲政治、顾大局、守规矩，以反面典型为镜鉴，正确对待个人进退留转，自觉服从组织安排，严守政治纪律、组织纪律、换届纪律。要坚持正确用人导向，把德才兼备、以德为先贯穿干部工作全过程，深入整治选人用人不正之风，真正把好干部选拔出来，形成良好政治生态。要坚持以零容忍态度惩治破坏选举、拉票贿选行为，对拉票贿选、说情打招呼、买官卖官、官商勾结、资本操纵、干扰换届、破坏选举等违纪违法行为，发现一起查处一起，决不姑息、决不手软。要紧盯换届选举这个选人用人不正之风的易发多发期，把从严监督嵌入到换届选举各个环节、各个方面，对各类信访举报要高度重视、及时查核。要进一步加强制度建设，严把关键环节，从源头堵住制度漏洞，发挥遏制吏治腐败防火墙作用。要全面落实党委主体责任和纪委监督责任，压实党委书记第一责任人责任和组织部门直接责任，对发生破坏选举、拉票贿选等严重行为的党组织，严肃追责问责，确保换届选举风清气正。

第三节　完善领导干部个人有关事项报告制度

1995 年，中央办公厅、国务院办公厅出台《关于党政机关县（处）级以上领导干部收入申报的规定》，领导干部开始报告个人有关事项。

党的十八大以来，以习近平同志为核心的党中央立足我国现阶段国情，挖掘已有制度潜力，引领和推动领导干部个人有关事项报告制度进入高质量发展阶段，使其成为全面从严治党、从严治吏的一把利器。党的十八届三中全会要求认真执行领导干部报告个人有关事项制度，2014 年启动抽查核实工作，2015 年全面实行“凡提必核”。2017 年，中央办公厅、国务院办公厅出台《领导干部报告个人有关事项规定》，制定《领导干部个人有关事项报告查核处理办法》，连同之前出台的《报告材料汇总综合办法》《报告抽查核实办法》，共同构建起“一个规定、三个办法”制度体系。

2023 年 3 月 30 日，中共中央政治局召开会议，审议了新修订的《领导干部报告个人有关事项规定》。会议指出，修订《领导干部报告个人有关事项规定》，对于深入贯彻党的二十大精神，健全中国特色领导干部个人有关事项报告制度，完善党的自我革命制度规范体系，进一步加强对领导干部的管理和监督，具有重要意义。会议强调，领导干部个人有关事项报告制度是请示报告制度的重要组成部分，向组织如实报告个人有关事项是领导干部必须遵守的政治纪律和组织纪律。领导干部要深刻领悟“两个确立”的决定性意义，增强“四个意识”、坚定“四个自信”、做到“两个维护”，对党忠诚老实、光明磊落，说老实话、办老实事、做老实人，如实报告个人有关事项，自觉接受组织监督。高级干部要带头执行、模范遵守、以上率下。会议要求，各级党委（党组）要认真履行全面从严治党主体责任，以严的基调、严的措施、严的氛围抓好贯彻执行，严明报告纪律，加强抽查核实，坚决维护报告制度的严肃性和权威性，推动报告制度在全面从严治党中发挥更大作用。这标志着领导干部个人有关事项报告制度更加成熟、更加定型。

我国领导干部个人有关事项报告制度具有鲜明特点和独特优势：一是报告主体更为广泛。2017 年出台的《领导干部报告个人有关事项规定》规定：各级党的机关、人大机关、行政机关、政协机关、审判机关、检察机关、民主党派机关中县处级副职以上的干部（含非领导职务干部）都要报告个人有关事项；参照公务员法管理的人民团体、事业单位中县处级副职以上的干部（含非领导职务干部），未列入参照公务员法管理的人民团体、事业单位的领导班子成员及内设管理机构领导人员（相当于县处级副职以上），中央企业领导班子成员及中层管理人员，省（自治区、直辖市）、市（地、州、盟）管理的国有企业领导班子成员也要报告个人有关事项，彰显了对领导干部从严监督管理的要求。

二是报告内容更为全面。领导干部应报告的家事、财产等内容涉及面很广，包括本人婚姻、健康、持有因私出国（境）证件和行为、工资收入、劳务所得等情况；本人、配偶、共同生活的子女的房产、持有股票、基金和投资型保险以及在国（境）外的存款等情况；配偶、子女及其配偶从业和职务，移居国（境）外以及连续在国（境）外工作、学习、生活1年以上，被监察机关留置或者被司法机关追究刑事责任，投资企业或者担任高级职务，开办有偿社会中介和法律服务机构或者从业，投资私募股权投资基金、管理人或者担任高级职务等情况。

三是监督方式更加注重抽查。我国领导干部个人有关事项报告制度以往只注重填报不注重核实，影响了制度执行效果，对领导干部的监督约束作用不强。2014年，各级组织人事部门把开展领导干部个人有关事项报告抽查核实，作为全年组织工作的3项重点任务之一，采取有力措施扎实推进。中央组织部率先在中管干部中开展抽查核实，各地各单位组织人事部门按照部署要求积极推进抽查核实工作。从2015年1月开始，中央组织部在全国范围部署推行领导干部个人有关事项“凡提必核”，对拟提拔为副处级以上干部人选，拟列为副厅级以上后备干部人选，以及转任重要岗位人选等，一律进行核查核实。

第四节 “裸官”治理清除“跳船派”

“裸官”是个形象说法，是网络时代出现的新词汇。按照中央组织部 2014 年制定印发的《配偶已移居国（境）外的国家工作人员任职岗位管理办法》，这类人员是指配偶、子女均已移居国（境）外的；没有子女，配偶已移居国（境）外的；没有配偶，子女均已移居国（境）外的国家工作人员。移居国（境）外，是指获得外国国籍，或者获得国（境）外永久居留权、长期居留许可。党中央深刻洞察“裸官”现象的危害性，在全国范围开展了专项整治，有效防范化解了相关风险隐患。

党的十八大以来，党中央就加强“裸官”管理监督提出新的要求，出台一系列法规制度，进一步扎牢制度笼子。《党政领导干部选拔任用工作条例》明确规定,“裸官”不得列为考察对象。《中国共产党纪律处分条例》规定，违反有关规定取得外国国籍或者获取国（境）外永久居留资格、长期居留许可的，给予撤销党内职务、留党察看或者开除党籍处分。

在党的群众路线教育实践活动中，全国范围内开展裸官专项整治，中央组织部制定印发《配偶已移居国（境）外的国家工作人员任职岗位管理办法》，首次明确需对“裸官”进行清理；规定“裸官”不得在党政机关的领导成员岗位，国有企事业单位的主要负责人岗位，以及涉及军事、外交、公安、国家安全、国防科技工业、机要、组织人事等重要岗位任职。对在限入性岗位任职的“裸官”，组织人事部门按照干部管理权限，逐一进行谈心谈话，坚持做到把认识谈透、把政策谈明、把思想谈通、把选择谈定，或由其配偶（没有配偶的由其子女）主动放弃外国国籍、国（境）外永久居留权和长期居留许可，或调整其现岗位。不服从组织调整、交流决定的，给予批评教育、组织处理或纪律处分。截至 2014 年 12 月，基本完成了对全国副处级以上“裸官”的清理工作。全国共有 3200 余名副处级以上干部报告了配偶或者没有配偶、子女均已移居国（境）外的情况，对近千名在限入性岗位任职且配偶或子女不愿意放弃移居的领导干部，全部进行了岗位调整。

第八章

监督体系

形成全面覆盖、常态长效的监督合力

习近平总书记多次强调，“没有监督的权力必然导致腐败，这是一条铁律”。我们党全面领导、长期执政，面临的最大挑战是对权力的监督。监督的目的就是盯住权力、看住权力、管住权力，防止权力滥用。中国共产党从成立之日起就高度重视权力监督问题，新中国成立后围绕加强党和国家监督进行了不懈探索。党的十八大以来，以习近平同志为核心的党中央围绕坚持完善党和国家监督体系，作出一系列决策部署，构建起以党内监督为主导、各类监督贯通协调的机制，党和国家监督体系“四梁八柱”逐步完善，中国特色社会主义监督制度不断健全，发现问题、纠正偏差、促进治理功能持续增强，为党和国家事业取得历史性成就、发生历史性变革提供了重要制度保障。

第一节　强化纪委监委专责监督机制

《中国共产党党内监督条例》第九条规定，要“建立健全党中央统一领导，党委（党组）全面监督，纪律检查机关专责监督，党的工作部门职能监督，党的基层组织日常监督，党员民主监督的党内监督体系”。十九大党章明确规定，党的各级纪律检查委员会是党内监督专责机关，主要任务是：维护党的章程和其他党内法规，检查党的路线、方针、政策和决议的执行情况，协助党的委员会推进全面从严治党、加强党风建设和组织协调反腐败工作。2019 年 1 月，习近平总书记在十九届中央纪委三次全会上指出，“纪检监察机关是党和国家监督专责机关”。这是对纪检监察机关性质的准确定位。二十大党章在《党的纪律检查机关》一章，进一步充实党的各级纪律检查委员会的主要任务，第四十六条第一款增写“推动完善党和国家监督体系”的内容。

一、统筹推进党的纪律检查体制改革、国家监察体制改革、纪检监察机构改革

党的十八大以来，以习近平同志为核心的党中央着眼于党风

廉政建设和反腐败工作的新形势新任务，深入推进党的纪律检查体制改革，激发体制机制活力，创新监督执纪执法方式，强化法规制度保障，不断推进全面从严治党向纵深发展。

2013年，党的十八届三中全会开启了全面深化改革的大幕，也对全面深化党的纪律检查体制改革作出总体部署。习近平总书记在《关于〈中共中央关于全面深化改革若干重大问题的决定〉的说明》中指出："反腐败问题一直是党内外议论较多的问题。目前的问题主要是，反腐败机构职能分散、形不成合力，有些案件难以坚决查办，腐败案件频发却责任追究不够。全会决定对加强反腐败体制机制创新和制度保障进行了重点部署。主要是加强党对党风廉政建设和反腐败工作统一领导，明确党委负主体责任、纪委负监督责任，制定实施切实可行的责任追究制度；健全反腐败领导体制和工作机制，改革和完善各级反腐败协调小组职能，规定查办腐败案件以上级纪委领导为主；体现强化上级纪委对下级纪委的领导，规定线索处置和案件查办在向同级党委报告的同时必须向上级纪委报告；全面落实中央纪委向中央一级党和国家机关派驻纪检机构，改进中央和省区市巡视制度，做到对地方、部门、企事业单位全覆盖。"

落实党中央部署，党的纪律检查体制改革专项小组随之成立。2014年6月，中央政治局会议审议通过了《党的纪律检查体制改革实施方案》，对改革作出明确安排。各级纪检监察机关根据党章规定和中央要求，不断深化转职能、转方式、转作风，全面推进体制机制改革创新。一是全面实现中央纪委和监察部合署办公。二是聚焦中心任务，回归监督执纪问责的主业。三是抓住“两个责任”，形成齐抓共管的工作合力。制定实施《中国共产党问责条例》，围绕党的事业和党的建设领导责任，综合运用检查、通报、诫勉、组织处理、纪律处分等方式，追究主体责任、监督责任和领导责任。四是推动党的纪律检查工作双重领导体制具体化、程序化、制度化，不断提升纪检监察工作的相对独立性和有效性。五是推进派驻监督和巡视监督全覆盖。2015 年 1 月，中央纪委在中央办公厅、中央组织部、中央宣传部等中央和国家机关首次设立 7 家派驻机构。同年 11 月，中央办公厅印发方案，明确中央纪委设置 47 家派驻纪检组，实现对 139 家中央一级党和国家机关的派驻机构全覆盖。将巡视监督作为党内监督的战略性制度安排，赋予巡视制度新的活力。聚焦党风廉政建设和反腐败斗争，围绕“四个着力”发现问题，实行巡视组组长、巡视对象、巡视组与巡视对象关系“三个不固定”，带着问题进驻，下沉一级了解。十八届中央开展 12 轮巡视，共巡视 277 个党组织，在党的历史上首次实现一届任期内巡视全覆盖；对 16 个省区市开展巡视“回头看”，对 4 个中央单位进行“机动式”巡视，巡视利剑作用彰显。

实践不断发展，认识不断深化，改革不断深入。党的十八大后，党中央就一直思考和谋划如何适应全面从严治党新形势，在强化党内各方面监督的同时，更好发挥监察机关职能作用，强化国家监察，把公权力关进制度的笼子。2016 年 11 月，国家监察体制改革拉开帷幕。

坚持和加强党对反腐败工作的集中统一领导，是深化国家监察体制改革的根本目的。党的领导是党和国家事业不断发展的

“定海神针”。党管干部是坚持党的领导的必然要求和具体体现，是根本的政治原则，各级党组织既要选拔任用干部，更要管理监督干部。深化国家监察体制改革，就是要整合行政监察部门、预防腐败机构和检察机关反腐败相关职责，重新组建与纪委合署办公的监察委员会，作为专门反腐败工作机构，通过组织和制度创新，把反腐败斗争的领导权牢牢掌握在党的手里，加强对所有行使公权力的公职人员的监督，巩固发展反腐败斗争压倒性胜利，保证党中央大政方针贯彻落实，维护中国最广大人民的根本利益。

深化国家监察体制改革，是探索党长期执政条件下强化自我监督有效途径的具体实践。党全面领导、长期执政，面临的最大挑战是权力能否得到有效监督、能否防止领导干部受到腐蚀。党的十八届六中全会总结党内监督理论和实践创新成果，制定了党内监督条例，确立了党内监督全覆盖的格局。在强化党内监督的同时，党中央作出深化国家监察体制改革重大决策部署，这是立足中国国情、扎根中国文化，对权力运行制约和监督体系的创新，实现了党内监督和国家监察全覆盖，旨在探索出一条党长期执政条件下强化自我监督、实现自我净化的有效路径，不断坚定“四个自信”。通过纪委监委合署办公，形成对全体党员和所有行使公权力的公职人员监督全覆盖的体制机制，让纪检、监察两项职责同向发力、优势互补，推动构建党统一指挥、全面覆盖、权威高效的监督体系，把党内监督同国家机关监督、民主监督、司法监督、群众监督、舆论监督结合起来，形成监督合力、增强监督实效，不断深化标本兼治，永葆党的先进性纯洁性，确保党和国家长治久安。

构建集中统一、权威高效的国家监察体系，是推进国家治理体系和治理能力现代化的现实需要。所有行使公权力的公职人员，其权力都由党和人民赋予，都要受党和人民监督。国家监察体制改革前，党的纪律检查机关依照党章党规对党员的违纪行为进行审查，行政监察机关依照行政监察法对行政机关工作人员的违法违纪行为进行监察，检察机关依照刑事诉讼法对国家工作人员职务犯罪行为进行查处，反腐败职能既分别行使，又交叉重叠，没有形成合力。党中央坚持使命引领和问题导向相结合，坚持改革决策和立法决策相统一，坚持依规治党和依法治国相一致，领导制定宪法修正案确立监察委员会作为国家机构的法律地位，同时领导制定监察法，补上了反腐败国家专责机关和反腐败国家立法不完备的短板。依法将所有行使公权力的公职人员纳入监察范围；赋予监察机关必要的调查权限和手段，强调运用这些手段必须经过非常严格的审批，用留置取代“两规”，解决了长期想破解而未破解的法治难题；创制政务处分，弥补了纪、法中间的空白地带，既调查职务犯罪行为，又查处职务违法行为；规范工作流程，形成监察委员会调查、检察院起诉、法院审判的体制机制，使各环节相互衔接、相互制衡，进一步提升反腐败斗争法治化水平。

作为“事关全局的重大政治体制改革”“强化党和国家自我监督的重大决策部署”，国家监察体制改革始终由党中央领导、谋划、部署和推动。2016 年 1 月，习近平总书记在十八届中央纪委六次全会上强调，坚持党对党风廉政建设和反腐败工作的统一领导，扩大监察范围，整合监察力量，健全国家监察组织架构，形成全面覆盖国家机关及其公务员的国家监察体系。此后又明确指出，这不是单纯修法的问题，而是重大的组织制度和体制机制创新，要走深化改革的路径。2016年11月，中央办公厅印发《关于在北京市、山西省、浙江省开展国家监察体制改革试点方案》，决定在北京市、山西省、浙江省开展国家监察体制改革试点工作。改革伊始，党中央就成立深化国家监察体制改革试点工作领导小组，加强对改革试点工作的指导、协调和服务。各省区市党委坚决落实主体责任、党委书记当好"施工队长"，加强组织领导和协调指导，各方面服从服务大局，齐心协力工作，将党中央确定的改革蓝图转化为具体生动的实践。在试点基础上，党的十九大对深化国家监察体制改革作出战略部署，要求将试点工作在全国推开。2018年1月18日至19日召开的党的十九届二中全会强调，要依法建立党统一领导的反腐败工作机构，构建集中统一、权威高效的国家监察体系，实现对所有行使公权力的公职人员监察全覆盖。2018年2月底，31个省级、340个市级、2849个县级监察委员会全部完成组建，共划转编制6.1万个，实际转隶干部4.5万人。2018年2月26日至28日召开的党的十九届三中全会作出深化党和国家机构改革的决定，习近平总书记在《关于深化党和国家机构改革决定稿和方案稿的说明》中指出，"国家监察委员会就是中国特色的国家反腐败机构"。改革方案把组建国家监委列在"深化党中央机构改革"第一条，提出将监察部、国家预防腐败局的职责，最高人民检察院查处贪污贿赂、失职渎职以及预防职务犯罪等反腐败相关职责整合，组建国家监察委员会。2018年3月，十三届全国人大一次会议审议通过宪法修正案和监察法，选举国家监察委员会主任；十三届全国人大常委会第一次会议经表决任命国家监察委员会副主任、委员，标志着国家监察体制改革取得重大阶段性成果。2018 年 3 月 23 日，中华人民共和国国家监察委员会正式揭牌，党和国家反腐败工作新的一页就此开启。党中央推进深化国家监察体制改革，设立国家监察委员会及地方各级监察委员会，实现了党内监督和国家监察、依规治党和依法治国有机统一，是确立中国特色监察体系的创制之举，加强了党对反腐败工作全方位、全过程的领导。

2018 年 3 月 28 日，习近平总书记主持中央全面深化改革委员会第一次会议，审议《关于深化纪检监察体制改革和中央纪委国家监委机构改革情况的报告》，对持续深化改革、发挥改革的制度优势作出具体部署。2018 年 5 月 26 日，中央办公厅印发《中央纪律检查委员会、中华人民共和国国家监察委员会机关职能配置、内设机构和人员编制规定》，明确规定中央纪委与国家监委合署办公，实行一套工作机构、两个机关名称，履行党的纪律检查和国家监察两项职责，对党中央全面负责。

分类推进派驻机构改革，中央纪委国家监委统一设立 47 家派驻纪检监察组，监督中央一级党和国家机关 132 家单位；在 53 家中管企业设立纪检监察组或国家监委派驻监察专员办公室；向 15 家中管金融企业和 3 家单位派驻纪检监察组；31 所中管高校纪委书记担任国家监委派驻监察专员，设立监察专员办公室，与学校纪委合署办公。开展垂直管理单位和部分以上级管理为主单位纪检监察体制改革。深化地方派驻机构改革，优化省市县派驻机构设置，开展省级纪委监委向省管高校和国有企业派驻纪检监察组试点。健全派驻机构领导管理体制，完善请示报告、述职报备等制度。十九届党中央期间，纪检监察派驻机构发挥“派”的权威和“驻”的优势，共处置问题线索150.5万件、立案39.9万件、处分36.9万人。

中央纪委国家监委坚决贯彻落实党中央关于深化纪检监察体制改革的决策部署，党的十八届三中全会后的历次中央纪委全会工作报告，都将改革作为年度重点工作之一。党的十九大后，持续深化改革的要求一以贯之，从明确全面推进国家监察体制改革、要求创新纪检监察体制机制，到强调一体推进党的纪律检查体制改革、国家监察体制改革、纪检监察机构改革，再到促进纪检监察体制改革系统集成、协同高效，改革蹄疾步稳、持续深化，监督更加有力有效延伸到公权力运行的每个角落。通过深化纪检监察体制改革，实现了反腐败领导体制的重塑、组织机构的重塑、工作力量的重塑、责任体系的重塑、执纪执法机制的重塑。

二、纪检监察机关自觉接受各方面监督、强化自我监督

随着纪检监察体制改革深入推进，纪检监察机关监督范围扩大、手段丰富，社会关注度更高，一旦出现执纪执法者违纪违法的问题，影响就会被放大。2016年9月，习近平总书记在审议深化国家监察体制改革方案时强调，在赋予国家监委必要权限的同时，也要加强监督制约、防止权力滥用。党中央颁布实施《中国共产党纪律检查机关监督执纪工作规则》，审议批准《监察机关监督执法工作规定》，就是对纪检监察机关定制度、立规矩。监察法也专章“对监察机关和监察人员的监督”作出规定，明确

了监察机关接受各方面监督的义务和要求等内容。

宪法和监察法规定，各级监委由本级人民代表大会产生，对本级人民代表大会及其常务委员会负责，并接受其监督。坚持党对纪检监察工作的领导，与监委依法对人大及其常委会负责、接受监督是一致的。监察法第五十三条规定，各级人民代表大会常务委员会听取和审议本级监察委员会的专项工作报告。这是监委接受人大监督的重要方式。2020 年 8 月 10 日，国家监委就反腐败国际追逃追赃工作情况向十三届全国人大常委会第二十一次会议作了专项工作报告。国家监委把推进专项工作报告准备工作的过程，作为接受全国人大及其常委会监督的过程。报告主题确定前，国家监委联合全国人大监察和司法委员会对 31 个省（区、市）和新疆生产建设兵团全覆盖调研，全面了解各地开展监委专项工作报告情况。报告主题确定后，在报告起草、修改和调研过程中，国家监委积极与全国人大常委会和全国人大监察和司法委员会沟通联系，严格按照要求做好相关工作。国家监委分别召开部分中央和国家机关有关负责同志、部分特约监察员和专家学者、部分省市县纪委监委负责同志座谈会，听取对报告稿的意见建议，并两次将报告稿送全国人大监察和司法委员会征求意见。向全国人大常委会报告专项工作，是国家监委落实党中央决策部署、贯彻实施宪法和监察法、深化国家监察体制改革、依法接受人大监督的重要内容，有利于促进监委依法接受人大监督程序化、制度化，确保监察机关依法严格履行职责、行使权力。根据党中央的决策部署，国家监委在向全国人大常委会报告专项工作后，自上而下、依法有序推进地方监委向本级人大常委会报告专项工作。2021 年，各省区市监委稳妥有序完成向本级人大常委会报告专项工作。

监察法对监察机关接受民主监督、司法监督、社会监督、舆论监督等也作出明确规定。各级监委把承办人大代表、政协委员的议案、建议、提案，与贯彻落实党中央关于全面从严治党的决策部署结合起来贯通研究、一体落实。主动对接以审判为中心的刑事诉讼制度改革，建立健全与司法执法机关有序对接的机制制度，形成与司法机关、执法部门互相配合、互相制约的体制机制。加强理论阐释和宣传解读，加大党风廉政建设和反腐败斗争形势任务、成效经验宣传力度，坚持公开透明，依法及时发布审查调查、专项治理、巡视巡察等工作信息，坚持公开透明、主动发声，加强舆情分析研判，有效引导社会舆论，接受舆论监督、社会监督。国家监委把建立特约监察员制度作为引入外部监督的重要方面，积极搭建平台，确保特约监察员对纪检监察机关及其工作人员履行职责和道德、作风等情况进行有效监督。

坚持打铁必须自身硬，不断强化自我监督。习近平总书记多次强调，纪检监察机关要以更高的标准、更严的纪律要求自己，在强化自我监督、自我约束上作表率，推进纪检监察工作规范化、法治化、正规化，确保党和人民赋予的权力不被滥用、惩恶扬善的利剑永不蒙尘。中央纪委国家监委和各级纪检监察机关牢记习近平总书记要求，不断完善自身权力运行机制和管理监督制约体系，健全制度规则，强化内部管理，公正规范履职，确保执纪执法权受监督、有约束。牢固树立法治意识、程序意识、证据意识，严格按照权限、规则、程序开展工作。厘清责任边界，坚持宽打窄用、严格审批程序，明确不同级别的监察机关、设在不同单位的监察机构能够使用的措施种类、审批权限和办理程序，既在实体上有法可依、在程序上有章可循，又做到全程留痕、有据可查。规范措施使用，严格措施监管，规范监察机关之间协作配合机制，以及其他机关协助监察机关调取组织人事档案、查询通信资料等工作程序，防范和杜绝各类措施使用上的失控漏管风险。准确把握留置条件，严格审批权限，确保留置措施不被滥用。严格依法调查取证，收集、固定、审查被调查人涉嫌职务犯罪的供述和辩解、证人证言、物证、书证等证据材料，严格遵循刑事审判关于证据的要求和标准。依法保障被调查对象合法权益，以事实为根据、以法律为准绳，在适用法律上一律平等。深化纪检监察机构改革，完善内部监督制约机制，在纪检监察系统设立内部专门监督机构，实行监督检查与审查调查职能分离、部门分设，形成内部制衡，防止权力过于集中。建立健全纪检监察信访举报、案件监督管理、监督检查、审查调查、办案安全、案件审理和涉案财物管理等方面机制制度和工作流程，严格按照制度履行职责、行使权力、开展工作，不断提高工作规范化、法治化、正规化水平。坚持严管就是厚爱，严格执行打听、干预监督检查审查调查工作登记备案制度，建立健全和落实回避制度、离岗离职从业限制制度、案件处置重大失误责任追究制度等，架起“高压线”、建好“防火墙”。铁面无私清理门户，严肃查处执纪违纪、执法违法行为，坚决清除以权谋私、以权搞特殊、蜕化变质的害群之马，持续防治“灯下黑”，建设忠诚干净担当的纪检监察铁军。十八届党中央期间，全国谈话函询纪检监察干部

1.1万人，组织处理7600余人，处分1万余人。十九届党中央期间，全国谈话函询纪检监察干部4.3万人，组织处理721人，处分1.6万人，移送检察机关620人。

三、做实纪委监委党和国家监督专责机关职责

改革是手段，不是目的。持续深化纪检监察体制改革，一个重要目的是做实纪委监委监督专责，推动制度优势更好转化为治理效能。作为党和国家监督专责机关，纪检监察机关的“专责”体现在两个方面：一是职权专有。党内法规和国家法律赋予纪检监察机关的监督执纪问责和监督调查处置职责是纪检监察机关专有的，其他机关和部门没有授权，均无权行使。二是责任专负。在党和国家机关中，纪检监察机关专司监督职责，在推进全面从严治党、开展党风廉政建设和反腐败斗争中负有不可推卸的监督责任，发现不了问题是失职，发现问题不处置是渎职，履职不力就必须承担责任。

（一）监督执纪问责

监督执纪问责是对纪委职责的高度凝练。监督是纪律检查机关的基本职责，是指对党的组织和党员领导干部履职用权、对全体党员履行义务进行检查督促，重在发现问题。执纪是纪律检查机关的核心职责，是指对党的组织和党员违反党的章程和其他党内法规的行为进行审查，重在查处问题。问责是纪律检查机关的重要职责，是指纪律检查机关对在党的建设和党的事业中失职失责的党组织和党员领导干部的主体责任、监督责任和领导责任进行追究，重在压实责任。三者之中，监督是基础，执纪是关键，

问责是保障，三者相互作用、缺一不可。

为了履行好监督执纪问责职责，党章第四十六条规定各级纪委要经常开展“六项经常性工作”。党章以列举的方式进行规定，强调纪委做好这六项工作的不可替代性，以及责任的不可推卸性。

第一项经常性工作是，各级纪委要“经常对党员进行遵守纪律的教育，作出关于维护党纪的决定”。纪律是管党治党的尺子。各级纪委要向党员进行普遍的、深入的遵守纪律的教育，增强党员自觉遵守纪律的观念和意识。

第二项经常性工作是，各级纪委要“对党的组织和党员领导干部履行职责、行使权力进行监督，受理处置党员群众检举举报，开展谈话提醒、约谈函询”。纪律检查机关要把监督挺在前面，把党的纪律挺在前面，加强对党的组织和党员领导干部履行职责、行使权力的监督检查。

第三项经常性工作是，各级纪委要“检查和处理党的组织和党员违反党的章程和其他党内法规的比较重要或复杂的案件，决定或取消对这些案件中的党员的处分”。对存在严重违纪需要追究党纪责任的立案审查。立案审查结束后，纪律检查机关案件审理部门对党组织和党员违反党纪、依照规定应当给予纪律处理或者处分的案件进行审理，形成审理报告。审理报告经纪检监察机关主要负责人批准后，提请纪委常委会会议审议，作出处分决定。

第四项经常性工作是，各级纪委要“进行问责或提出责任追究的建议”。纪律检查机关依据《中国共产党问责条例》，按照职责权限，对管辖范围内的党组织和党的领导干部进行问责。另外，纪律检查机关要提出责任追究的建议。纪律检查机关提出追究建议必须经过审批，严格依据程序执行，不得滥用建议权。

第五项经常性工作是，各级纪委要“受理党员的控告和申诉”。处理检举控告是纪律检查机关的基本职能，是党内监督与群众监督相结合的重要途径，在全面从严治党中发挥基础性作用。申诉是指党员、党组织对所受党纪处分或纪律检查机关所作的其他处理不服，向党组织和纪检机关提出的申诉请求。

第六项经常性工作是，各级纪委要“保障党员的权利”。2020年12月中共中央印发修订后的《中国共产党党员权利保障条例》规定，党的纪律检查机关应当担负起保障党员权利的职责，加强对党组织和领导干部履行党员权利保障工作职责情况的监督检查，受理和处置有关党员权利保障方面的检举、控告和申诉，检查和处理侵犯党员权利方面的案件，对侵犯党员权利的党组织和党员作出处理、处分决定或者提出处理、处分建议。

（二）监督调查处置

《中华人民共和国监察法》第三条规定，各级监察委员会是行使国家监察职能的专责机关，依法对所有行使公权力的公职人员进行监察，调查职务违法和职务犯罪，开展廉政建设和反腐败工作，维护宪法和法律的尊严。监察法第十一条规定，各级监察委员会依照监察法和有关法律规定履行监督、调查、处置职责。监督调查处置是对监察机关职责的准确定位。监察法对监察机关职责的规定，与党章规定纪委的监督、执纪、问责职责相协调，确保纪委与监委职责上相匹配，保证履职的同步性。

监督是监察委员会的首要职责，监察法明确要求，对公职人员开展廉政教育，对其依法履职、秉公用权、廉洁从政从业以及道德操守情况进行监督检查。监察委员会代表党和国家，依照宪法、监察法和有关法律法规，监督所有公职人员行使公权力的行为是否正确，确保权力不被滥用，确保权力在阳光下运行。

调查是监察委员会的关键职责，是指监察机关调查公职人员涉嫌职务违法和职务犯罪，是监察委员会的一项经常性工作。它是监察委员会开展廉政建设和反腐败工作，维护宪法和法律尊严的一项重要措施。调查的主要内容，包括涉嫌贪污贿赂、滥用职权、玩忽职守、权力寻租、利益输送、徇私舞弊以及浪费国家资财等职务违法和职务犯罪行为，基本涵盖了公职人员的腐败行为类型。

处置是监察委员会的重要职责，这项职责主要包括四个方面内容：监察委员会根据监督、调查结果，对违法的公职人员依照法定程序作出警告、记过、记大过、降级、撤职、开除等政务处分决定；对履行职责不力、失职失责的领导人员进行问责；对涉嫌职务犯罪的，将调查结果移送人民检察院依法审查、提起公诉；依照法定职权，根据监督、调查结果，就监察对象所在单位在廉政建设、权力制约、监督管理、制度执行以及履行职责等方面存在问题需要整改纠正的，依法提出监察建议。

为了完成监督调查处置职责，监察法第十一条列举了监察机关要经常开展的工作。

一是开展廉政教育。廉政教育是防止公职人员发生腐败的基础性工作。廉政教育的核心是加强理想信念教育，引导公职人员树立正确的权力观、地位观、利益观，讲规矩、守法律，时刻把国家和人民的利益放在首位，筑牢拒腐防变的思想道德防线。

二是开展监督检查。监察机关对公职人员依法履职、秉公用权、廉洁从政从业以及道德操守情况进行监督检查。监督的方法包括列席或者召集会议、听取工作汇报、实施检查或者调阅、审查文件和资料、建立和完善廉政档案、提出党风廉政意见回复建议等。

三是开展监察调查。监察机关对涉嫌贪污贿赂、滥用职权、玩忽职守、权力寻租、利益输送、徇私舞弊以及浪费国家资财等职务违法和职务犯罪进行调查。对公职人员涉嫌职务违法和职务犯罪的调查，突出地体现了监察委员会作为国家反腐败工作机构的定位，是监察委员会开展廉政建设和反腐败工作的重要措施。

四是开展处分问责。监察机关根据调查结果作出相应处置。开展处分问责主要包括四个方面的内容:（1）对职务违法的公职人员依法作出政务处分决定。（2）对履行职责不力、失职失责的领导人员进行问责。（3）涉嫌职务犯罪的，将调查结果移送人民检察院依法审查、提起公诉。（4）对监察对象所在单位提出监察建议。

第二节　巡视利剑越擦越亮

如今，人们经常可以在新闻媒体上看到各种关于巡视的报道，中央巡视组进驻和反馈的消息频频登上电视。2017 年 9 月，一部《巡视利剑》电视专题片，首集开播后仅 4 小时，网络播放量就达近 90 万次。中央巡视组与“老虎”过招交锋的大量细节，让观众领略到反腐败斗争为何会被称为“没有硝烟的战场”，也让巡视工作更加深入人心、家喻户晓。谈及巡视工作，很多群众由衷地说：“巡视组一到就巡出很多问题，没想到巡视的威力这么大！”很多干部反映：“巡视成果明显，群众拍手称快，对腐败分子具有极大的震慑力。”

一、中国共产党巡视制度的形成与发展

习近平总书记曾给中央巡视组作过一个形象的比喻，“中央给了巡视组尚方宝剑，是‘钦差大臣’，是‘八府巡按’，就要尽职履责”。习近平总书记引用的“八府巡按”，其实是对古代巡视官员的俗称。公元前 106 年，汉武帝实行刺史出巡制，在中央设立十三部刺史，作为巡视地方的专职监察官，标志着古代巡视制

度的正式确立。明清时期巡视制度逐步走向成熟，明朝建立了御史巡按制度，巡按御史作为皇帝的钦差，“代天子巡狩”；清朝沿袭并发展了明朝的巡视制度。中国共产党的巡视制度，汲取了中华优秀传统文化营养、借鉴了历史上巡视制度的宝贵遗产，是马克思主义政党理论与当代中国实际紧密结合的创新成果，是对中国特色社会主义党建理论的丰富和发展。

在早期的探索实践基础上，1928 年 10 月，中国共产党汲取大革命失败的教训，制定了党的历史上第一部巡视条例，规定了巡视的目的在于“使上级党部之一切策略、工作计划和指导能正确的被下级党部接受和执行，帮助下级党部确定正确的政治、组织、工作的路线和一切工作的方法，彻底改造党的组织”。1931 年 5 月，再次颁布了《中央巡视条例》。党的十一届三中全会后，随着党的建设逐步走上正轨，党内巡视制度建设也随着形势的发展和党的工作需要逐步恢复和发展。20 世纪 80 年代前期，党中央开始酝酿恢复党内巡视制度建设工作。到 80 年代末 90 年代初，这一项工作得以真正恢复并不断发展。1989 年党的十三届四中全会以后，党中央明确提出要开展党内巡视工作，并对新时期如何开展党内巡视工作作出部署。1990 年，党的十三届六中全会指出，中央和省区市党委可以根据需要派出巡视工作小组。落实这一部署，经党中央批准，1996 年中央纪委第一次派出巡视组。2001 年中央纪委、中央组织部联合派出巡视组。2002 年 11 月，党的十六大正式提出建立和完善巡视制度。2003 年 5 月，中央纪委、中央组织部巡视组正式成立，随后，中央巡视工作有序开展。党的十七大第一次把巡视制度写入党章，规定“党的中央和省、自治区、直辖市委员会实行巡视制度”。2009 年，党中央颁布《中国共产党巡视工作条例（试行）》，将中央纪委、中央组织部巡视组改为中央巡视组，体现了党中央集中统一领导。

二、党的十八大以来巡视成为党之利剑、国之利器

进入新时代，巡视制度在全面深化改革、全面从严治党的伟大实践中更加成熟、更加定型，巡视利剑作用和综合监督平台作用充分彰显。

（一）巡视的权威来自党中央

巡视是党章规定的重要制度，是全面从严治党的重大举措，是加强党内监督的战略性制度安排，是中国特色社会主义民主监督制度。党的十八大以来，中央政治局会议、中央政治局常委会会议多次研究巡视工作，听取每一轮巡视情况汇报、审议巡视情况专题报告，习近平总书记每次都发表重要讲话，全面系统阐述巡视工作方针与任务。十八届中央政治局常委会会议第一次研究部署中央巡视工作时，习近平总书记就深刻指出，巡视是党章赋予的重要职责，是加强党的建设的重要举措，是从严治党、维护党纪的重要手段，是加强党内监督的重要形式；强调中央巡视组是党中央直接派的，要当好“钦差大臣”，切实加强对党组织领导班子及其成员特别是主要负责人的监督，无论是谁，包括中央政治局委员兼任省区市党委书记的，都在巡视监督范围之内。习近平总书记明确指出，巡视工作要围绕党风廉政建设和反腐败斗争这个中心，把发现问题、形成震慑作为主要任务，着力发现执行党的政治纪律、开展党风廉政建设和反腐败斗争、贯彻落实

中央八项规定精神、选拔任用干部等方面的突出问题，当好中央的“千里眼”，找出“老虎”和“苍蝇”；强调巡视组要落实监督责任，敢于碰硬，做到早发现、早报告，促进问题解决，拔“烂树”、治“病树”、护“森林”，坚决遏制腐败现象蔓延势头；鲜明提出“发现问题、形成震慑，推动改革、促进发展”的巡视工作方针，有效解决了过去巡视“任务宽泛、职能发散”的问题；创造性提出“巡查式”“点穴式”“回访式”“机动式”等方式方法，擦亮了巡视利剑，增强了巡视威慑力和实效性。习近平总书记关于巡视工作的重要论述，深刻阐述了巡视监督主体、监督职责、监督对象等重大问题，科学界定了巡视工作定位，为巡视工作深入开展定准了坐标、指明了方向。

根据党章和有关党内法规，党的中央和省、自治区、直辖市委员会实行巡视制度，建立专职巡视机构，在一届任期内对所管理的地方、部门、企事业单位党组织全面巡视。中央有关部委和国家机关部门党组（党委）根据工作需要，开展巡视工作。从巡视内容来看，主要是：贯彻落实党的路线方针政策和党中央重大决策部署情况，落实全面从严治党主体责任和监督责任情况，落实新时代党的组织路线情况，落实巡视整改和成果运用情况。从工作方式来看，每到被巡视地方或单位后，巡视组要通过听取汇报、列席会议、个别谈话、召开座谈会、民主测评、接待群众来信来访、查阅相关会议记录等资料、明察暗访、实地考察等方式，做大量艰苦细致的工作，广泛收集和听取各方面意见。

党的十九大报告对巡视工作给予充分肯定，明确要求“深化政治巡视，坚持发现问题、形成震慑不动摇，建立巡视巡察上下联动的监督网”。十九大党章，在《党的组织制度》一章中专列一条对巡视巡察工作作出规定，修改充实为三款内容。第一款：党的中央和省、自治区、直辖市委员会实行巡视制度，在一届任期内，对所管理的地方、部门、企事业单位党组织实现巡视全覆盖。第二款：中央有关部委和国家机关部门党组（党委）根据工作需要，开展巡视工作。第三款：党的市（地、州、盟）和县（市、区、旗）委员会建立巡察制度。以党内根本大法确立巡视在全面从严治党中的战略作用、在党内监督制度中的战略地位，为做好新时代巡视工作提供了根本遵循。党中央还专门出台加强巡视整改和成果运用的意见，明确责任、措施和要求，为全面贯彻中央巡视工作方针、推动新时代巡视工作高质量发展提供了重要制度保障。

（二）巡视的力量来自广大干部群众

人们常说，“人在做，天在看”。“天”是什么？“天”就是党和人民。巡视要坚持人民立场，人民群众痛恨什么、反对什么，就重点巡视什么、纠正什么，把巡视利剑直插基层，层层传导压力，层层落实责任。坚持以人民为中心，着力强化巡视监督联系群众纽带功能，将巡视利剑直插基层，推动解决群众身边腐败问题和不正之风，是推动全面从严治党向基层延伸的关键一招，也是凝聚民心的有力之举。

中央巡视组坚持以人民为中心，着力强化巡视监督联系群众纽带功能，推动解决群众身边腐败问题和不正之风。对发现的一些脱贫攻坚中的腐败问题、黑恶势力背后的“保护伞”问题、落实惠民政策中的作风问题，督促有关党组织立行立改。不少群众来信来电表达感谢之情，有的还向中央巡视组送上锦旗。每一封来信、每一个电话、每一面锦旗，都饱含着对党的信任和期盼。中央巡视工作领导小组认真研究人民群众意见建议，深入推进市县巡察工作，打通全面从严治党“最后一公里”，着力构建巡视巡察上下联动的监督网。实践证明，只有坚守以人民为中心的发展思想，坚持党内监督和群众监督相结合，巡视利剑才会越擦越亮。只有把利剑直插基层，着力发现和推动解决群众反映强烈的突出问题，才能让群众增强获得感，实现干部清正、政府清廉、政治清明、社会清朗。

（三）推进巡视高质量全覆盖

党的十八届三中全会提出，改进中央和省区市巡视制度，做到对地方、部门、企事业单位全覆盖。党的十八届六中全会进一步强调，党委要在一届任期内实现巡视全覆盖。十八届党中央把推进巡视全覆盖作为全面从严治党的重大举措，共开展 12 轮巡视，在党的历史上首次实现一届任期内巡视全覆盖。

党的十九大后巡视工作的一个突出特点，就是在全覆盖基础上向着高质量的目标继续迈进。创新组织方式，板块轮动开展常规巡视，首次开展脱贫攻坚专项巡视，对金融资产管理公司进行提级巡视。创新建立巡视报告问题底稿制度、纪律作风后评估制度等，确保精准发现问题、报告问题。巡视报告问题底稿制度，就是要求凡是写进报告的问题都要有具体的人和事作支撑，特别是对重大问题的定性判断，既要有面上情况的总体分析，也要有典型事例和数据支撑。巡视后评估制度，就是要求巡视干部的一言一行、一举一动都要接受监督，严格按照党章、巡视工作条例、巡视组工作规则办事，严守职责边界，严禁超越权限，坚决执行“不干预被巡视地区（单位）正常工作、不履行执纪审查职责”的要求，不缺位、不越位、不错位，确保巡视工作规范有序开展。进一步加强与纪检监察、审计、信访等部门单位的配合协作，实现有效对接、成果共享，监督合力进一步形成，为高质量推进巡视全覆盖提供了有力支撑。根据党中央关于巡视工作的统一部署，十九届党中央共开展 9 轮巡视，实现一届任期内巡视全覆盖。党的十九大以来，各省区市党委也已实现巡视全覆盖。

巡视全覆盖的质量，取决于发现问题的效果。进入新时代，巡视工作突出问题导向，发现了一批领导干部违规违纪问题线索。十八届党中央期间，中央巡视组受理信访 159 万件，与干部群众谈话 5.3 万人次。十八届中央纪委立案审查的中管干部案件中，超过 60% 的问题线索来自巡视。根据巡视发现的问题线索，严肃查处孙政才、苏荣、周本顺、王珉、白恩培、王三运、黄兴国、卢恩光等严重违纪案件，以及山西系统性、塌方式腐败案，湖南衡阳破坏选举案，四川南充拉票贿选案，辽宁拉票贿选案等重大案件，形成极大震慑和警示，严肃了党内政治生活，展示了党中央猛药去疴、除恶务尽的立场决心，提振了全党全社会的反腐信心。在中央巡视的示范带动下，各省区市党委巡视组发现反映领导干部问题线索 5.8 万余件，推动纪检监察机关对 1225 名厅局级、8684 名县处级干部立案审查。党的十九大后，巡视工作在发现问题上保持了高标准、高质量。党的十九大至二十大五年间，中央巡视组与干部群众谈话 5.8 万人次，发现问题 1.6 万个，移交一批问题线索。中央纪委国家监委根据巡视移交线索查处了蒲波、曾志权、吴浈、胡问鸣、骆家駹等案件。五年间，各级巡视巡察机构共受理群众信访举报424.6万件次。巡视成为发现问题的“尖兵”、纪律审查的“前哨”，促进了减存量、遏增量，为反腐败斗争取得压倒性胜利并全面巩固提供了有力支撑。

2023年3月，全国巡视工作会议暨二十届中央第一轮巡视动员部署会在北京召开，宣布对中国核工业集团有限公司等30家中管企业党组开展常规巡视，对中国投资有限责任公司等5家中管金融企业党委开展巡视“回头看”，对国家体育总局党组开展机动巡视。会议强调“更好发挥政治巡视利剑作用”，释放出坚定不移深化政治巡视的强烈信号。对中管企业开展常规巡视，要聚焦企业党组织坚持党对国有企业全面领导、履行全面从严治党主体责任等情况，着力查找影响制约高质量发展的主要矛盾、突出问题。对金融单位开展巡视“回头看”，要深入检查落实上一轮巡视整改要求的实际行动和成效，督促金融单位把巡视整改与学习贯彻党中央关于金融改革的部署要求结合起来，推动解决金融领域存在的突出问题。对国家体育总局开展机动巡视，要聚焦履行党的领导职能责任、贯彻落实体育强国建设重大决策部署情况，深入查找、推动解决体育领域特别是足球领域腐败问题和深层次体制机制问题，为建设体育强国提供有力保障。

（四）坚定不移深化政治巡视

政治巡视是新时代中央巡视工作重大理论和实践创新成果。党的十八大以来，习近平总书记多次强调，巡视是政治巡视，要以“四个意识”为政治标杆，深入查找政治偏差，发挥政治导向作用，坚决维护党中央权威和集中统一领导。贯彻落实习近平总书记重要讲话和重要指示批示精神，巡视工作主动适应新时代新形势新要求，旗帜鲜明把“两个维护”作为政治巡视根本任务，紧扣党的领导职能责任，聚焦贯彻党的路线方针政策和党中央重大决策部署、落实全面从严治党战略部署、落实新时代党的组织路线等情况，加强监督检查，推动落实落地，政治巡视理论更加成熟，实践更加深化，成效更加显著。

旗帜鲜明把“两个维护”作为根本任务。坚持和加强党的领导，落实全面从严治党战略，保障党的路线方针政策和党中央决策部署贯彻落实，增强各级党组织和党员干部拒腐防变能力，保持党的先进性和纯洁性，保持党同人民群众的血肉联系，督促全党增强“四个意识”、坚定“四个自信”、做到“两个维护”。十九届中央首轮巡视动员部署会即明确强调，要坚守政治巡视职能定位，把“两个维护”作为巡视工作的根本政治任务，围绕党的政治建设、思想建设、组织建设、作风建设、纪律建设和反腐败斗争，以及巡视整改情况等方面深入开展监督检查。

聚焦“四个落实”强化政治监督。政治巡视紧扣被巡视单位职能责任，特别是核心职能，聚焦落实党的理论和路线方针政策以及党中央重大决策部署情况、习近平总书记重要讲话和重要指示批示精神情况，落实全面从严治党战略部署情况，落实新时代党的组织路线情况，落实中央巡视、审计等监督发现问题和“不忘初心、牢记使命”主题教育检视问题整改责任情况，突出坚持和完善中国特色社会主义制度、权力在正确轨道上运行情况等重点，加强监督检查，强化政治监督，深入查找被巡视党组织存在的政治偏差和突出问题。

把握“四个对照”监督标准。政治巡视对照习近平新时代中国特色社会主义思想，对照党章党规党纪，对照党的路线方针政策和党中央重大决策部署，对照被巡视党组织职能责任和“三定”规定，去审视、衡量党组织和党员领导干部的政治立场、政治态度、政治担当，查找和推动纠正政治偏差。

走实“四个紧盯”监督路径。紧盯被巡视党组织职能责任，督促认真履行党中央赋予的职能责任，以实际行动做到“两个维护”；紧盯全面从严治党阶段性特征，把握不同领域、不同层级的主要矛盾和矛盾的主要方面，推动全面从严治党向纵深发展；紧盯领导班子和“关键少数”，盯住“一把手”和班子其他成员的权力责任，督促既带头做到对党忠诚、担当履职尽责、正确行使权力，又落实管党治党责任、层层传导压力、管好干部队伍；紧盯人民群众反映强烈的突出问题，坚持人民群众痛恨什么、反对什么，就重点巡视什么、纠正什么，不断增强人民群众获得感幸福感安全感，保证政治巡视的正确方向和监督效果。

党的十八大以来，巡视工作聚焦党中央关于坚决打好防范化解重大风险、精准脱贫、污染防治的攻坚战，统筹疫情防控和经济社会发展、做好“六稳”工作、落实“六保”任务等重大决策部署，发现了一批贯彻落实不坚决、履行职能责任不到位、搞形式主义官僚主义等问题，有效保障了党中央政令畅通，有力维护了党中央权威和集中统一领导。

（五）建立健全巡视巡察上下联动战略格局

党中央从健全完善党和国家监督体系，推进国家治理体系和治理能力现代化的高度，对巡视工作格局进行系统谋划。习近平总书记多次指出，要加强党中央对巡视巡察工作的集中统一领导，层层传导责任压力，深化省区市巡视，推动中央单位巡视，促进市县巡察向基层延伸，做到横向全覆盖、纵向全链接、全国一盘棋；坚持系统观念，深化上下联动、贯通融合，推动巡视与纪检监察监督统筹衔接，与其他监督协同配合，发挥巡视综合监督作用和联系群众纽带功能。党的十九大对巡视巡察工作上下联动作出明确部署。中央出台关于市县党委建立巡察制度的意见，关于中央部委、中央国家机关部门党组（党委）开展巡视工作的指导意见（试行）和关于加强巡视巡察上下联动的意见等制度，中央、省、市、县四级全部建立巡视巡察制度。

发挥巡视巡察系统作用和组织优势，坚持巡视巡察一体推进。扎实做好对省区市巡视工作的指导督导和对中央单位巡视工作的分类指导，增强系统思维，全面调动系统资源，充分发挥每级优势，建立完善工作机制，上借下力、下借上势，做到有序运转、一体推进巡视巡察工作高质量发展。包括健全上下联动的领导体制，坚持和完善中央统一领导、分级负责的领导体制，完善党委（党组）书记听取巡视巡察汇报情况报备制度，建立巡视巡察工作规划、年度计划报备制度，下级巡视巡察机构定期向上一级巡视巡察机构报告工作制度，建立巡视巡察工作约谈制度、考核评价制度、责任追究制度，层层传导压力，层层落实责任；建立上下联动的工作机制，坚持一体谋划、一体部署、一体推进，做到全覆盖上下联动、专项巡视巡察上下联动、成果运用上下联动、巡视宣传上下联动、信息化建设上下联动，实现全国巡视巡察“一盘棋”；完善上下联动的制度体系，坚持实践探索在前、总结提炼在后，完善中央巡视工作制度，指导省（区、市）党委巡视机构建立完善配套工作制度；强化上下联动的组织保障，各级党委（党组）要切实担负起巡视巡察工作主体责任，严格落实党章和巡视工作条例等有关规定要求，建立健全巡视巡察机构，明确巡视巡察办公室作为党委（党组）工作部门，配齐配强相应专职人员，充实工作力量，加大培训力度，提高巡视巡察干部履职能力。党的十九大以来，总结实践经验，加强分类指导，对中央单位内部巡视加大推动力度，对省区市巡视工作现场指导督导，引导市县巡察向基层延伸，稳步开展对村（社区）巡察。

2020 年 3 月至 6 月，内蒙古自治区上下联动开展涉煤领域专项巡视巡察，紧盯重点人、重点事、重点问题倒查 20 年。在自治区本级对 7 个重点涉煤盟市开展专项巡视的同时，还整合相关盟市、旗县巡察力量，组建 21 个联动巡察组，采取提级、交叉方式，对 43 个所属涉煤旗县（市、区）的 279 家涉煤重点部门（单位）同步开展专项巡察。专项巡察共发现问题 1300 多个，有力推动了涉煤领域腐败治理。

巡察工作在上下联动战略格局中处于基础地位，是推动党中央大政方针、全面从严治党要求在基层落实落地的重要抓手。十九届党中央期间，市、县两级巡察覆盖率达到 100%，发现和推动解决了一批脱贫攻坚、“三资”管理、征地拆迁、农村低保、教育医疗、执法司法等领域群众反映强烈的痛点难点问题，有力促进全面从严治党向基层延伸，提升基层监督、基层治理实效。

（六）强化巡视整改和成果运用

强化巡视整改落实和成果运用，是全面贯彻巡视工作方针的内在要求，也是发挥监督保障执行、促进完善发展作用的关键一环。习近平总书记每次听取巡视汇报都旗帜鲜明点人、点事、点问题，对成果运用作出具体指示，明确要求对巡视发现的问题和线索，移交中央纪委、中央组织部和有关部门分类处置，做到件件有着落、事事有回音；强调党中央和国务院分管领导都要担起责任，加强督促指导，统筹推动解决分管部门、分管领域存在的问题。

在党中央坚强领导下，制定巡视整改落实和成果运用意见，明确责任要求，完善制度机制，推动做好巡视“后半篇文章”。创新巡视反馈方式，实行集中反馈和“一对一”现场反馈相结合。压紧压实整改主体责任，推动党委（党组）把整改融入从严管党治党、融入深化改革、融入班子队伍建设、融入日常工作。纪检监察机关和组织部门认真履行整改监督责任，加强跟踪督办，对典型问题开展专项整治，对虚假整改问题严肃问责。开展联动整改、协同整改、集成整改，推动巡视与纪检监察、组织、审计等监督发现的问题一体整改，不断提高整改实效。推动建立整改评估机制，督促被巡视党组织公布整改情况、接受社会监督。综合用好巡视成果，十八届党中央期间，中央巡视组和巡视办共形成专题报告 230 份，向党中央和国务院分管领导通报巡视情况 59 次，向中央改革办报送 89 份专题报告，推动深化改革、加强制度建设，整改情况向党内通报，向社会公开；十九届党中央期间，中央巡视组共形成专题报告 84 份，向党中央、国务院分管领导和有关职能部门通报巡视情况 103 次，向中央改革办提供专题报告 44 份。

第三节 以党内监督为主导，促进各类监督贯通协调

完善党和国家监督体系，涉及各类监督主体、监督制度，是一项艰巨复杂的系统工程。随着全面从严治党向纵深发展，完善党和国家监督体系已由前期的夯基垒台、立柱架梁，中期的全面推进、积厚成势，逐步进入到系统集成、协同高效的新阶段。各领域各环节监督的关联性明显增强，每一种监督都会对其他监督产生重要影响，也都需要其他监督协同配合，必须上下统筹、联动推进，努力形成科学有效的权力运行和监督体系，增强监督合力和实效。

一、完善党和国家监督体系

党的十九大提出"健全党和国家监督体系"重大战略任务，要求"构建党统一指挥、全面覆盖、权威高效的监督体系，把党内监督同国家机关监督、民主监督、司法监督、群众监督、舆论监督贯通起来，增强监督合力"。2020 年 1 月，习近平总书记在十九届中央纪委四次全会上，对完善党和国家监督体系进行了深

刻系统阐释。他指出："完善党和国家监督体系，总要求是党统一领导、全面覆盖、权威高效，着力点是增强监督严肃性、协同性、有效性。统一领导，就是要强化主体责任，加强统筹协调，使监督工作在决策部署指挥、资源力量整合、措施手段运用上更加协同。各级党委（党组）要严格日常监督，综合运用谈心谈话、检查抽查、指导民主生活会、受理信访举报、督促巡视巡察整改等形式，把管理和监督寓于实施领导的全过程。全面覆盖，就是要坚持有形覆盖和有效覆盖相统一，抓好'关键少数'，带动整个监督体系更加严密、更加有效运转。要盯紧权力运行各环节，抓住政策制定权、审批监管权、执法司法权等关键点，合理分解、科学配置权力，严格职责权限，加快推进机构、职能、权限、程序、责任法定化。权威高效，就是要科学设计体制机制，提升监督体系整体效能。要把党委（党组）全面监督、纪委监委专责监督、党的工作部门职能监督、党的基层组织日常监督、党员民主监督等结合起来、融为一体。以党内监督为主导，推动人大监督、民主监督、行政监督、司法监督、审计监督、财会监督、统计监督、群众监督、舆论监督有机贯通、相互协调。"2021 年 1 月，习近平总书记在十九届中央纪委五次全会上指出："完善党和国家监督体系，使监督融入'十四五'建设之中。党的十九届五中全会《建议》和'十四五'规划是统筹经济社会发展全局的总施工图。要把监督贯穿于党领导经济社会发展全过程，把完善权力运行和监督制约机制作为实施规划的基础性建设，构建全覆盖的责任制度和监督制度。"2022 年 10 月 16 日，习近平总书记在党的二十大报告中强调，"健全党统一领导、全面覆盖、权威高效的监督体系”，这是对新时代全面从严治党成功实践的深刻总结，是对执政党建设规律和国家治理规律的深刻把握，彰显了一张蓝图绘到底的决心意志，对于党在长期执政条件下推进自我革命、实现中华民族伟大复兴历史使命具有重要意义。

二、以党内监督为主导

党内监督在党和国家监督体系中起主导作用，是由我们党的执政地位所决定的。习近平总书记指出：“党的执政地位，决定了党内监督在党和国家各种监督形式中是最基本的、第一位的。只有以党内监督带动其他监督、完善监督体系，才能为全面从严治党提供有力制度保障。”“党内监督既是中国共产党自身建设的重要内容，也是重要保障。全面从严治党，必须从根本上解决主体责任缺失、监督责任缺位、管党治党宽松软的问题。解决这些问题，必须强化中国共产党党内监督。”作为一个拥有 9600 多万名党员、490 多万个基层党组织的执政党，外部监督是必要的，但最根本的还是要靠自我监督。党内监督缺位，必然导致党的领导弱化、党的建设缺失、全面从严治党不力。发挥党内监督政治引领作用，以党内监督带动其他监督，符合中国国情、具有强大生命力，也能够最大限度释放监督效能。

党内监督在党和国家监督体系中起主导作用，是因为我们党是一个永葆自我革命精神的先进政党。勇于自我革命，是我们党最鲜明的品格，也是我们党最大的优势。中国共产党是一个马克思主义政党，而马克思主义本质上是一种革命的、开放的学说，它的根本立场和方法决定了以它为指导思想的党，能够坚持一切从实际出发，把实践作为检验真理的唯一标准，按照实践的要求，及时矫正自己活动中的一切失误。回顾党的历史，我们党历经艰难困苦、风险挑战、生死抉择，但都以坚定的自我革命精神，勇于修正错误的斗争精神，一次次刀刃向内，革除自身顽瘴痼疾，从而使我们党一次次转危为安。实践充分证明，中国共产党是一个勇于同一切消极腐化现象作最坚决斗争的政党，也只有具有这种彻底的自我革命精神的政党才有资格在党和国家监督体系中发挥主导作用，才能永葆党的先进性和纯洁性。党的自我革命永远在路上。新征程上，要确保党不变质、不变色、不变味，始终成为全国人民的主心骨，就要持续强化党内监督，准确把握新时代新阶段的特征和要求，敢于斗争、善于斗争，不断清除一切损害党的先进性和纯洁性的因素，不断清除一切侵蚀党的健康肌体的病毒。

三、推进“四项监督”统筹衔接

党的十九届四中全会《决定》明确要求“推进纪律监督、监察监督、派驻监督、巡视监督统筹衔接”，这既是坚持和完善党和国家监督体系的要求，也是把制度优势转化为治理效能的重要抓手。

统筹衔接的前提是厘清每项监督的各自职能边界，各守其位、各尽其责。纪律监督是纪委作为党内监督专责机关的基本职责，主要是依据党章党规党纪对党的组织和党员领导干部履职用权、对党员履行义务进行监督，确保全党增强“四个意识”、坚定“四个自信”、做到“两个维护”，坚决贯彻落实党的路线方针政策和党中央决策部署。纪律监督既要实现对所有党员监督全覆盖、确保无盲区，又要突出重点抓“关键少数”，通过加强对“一把手”和领导班子的监督，督促各级党组织认真履行全面从严治党主体责任，不断坚持和巩固党的全面领导、加强党中央的集中统一领导。监察监督是党和国家自我监督的重要内容，是监察机关作为国家监察专责机关的基本职责。监察监督既要实现对所有行使公权力的公职人员监督全覆盖，又要与纪律监督相互协同，并推进全面从严治党与国家反腐败高效协同；既要对公职人员依法履职、秉公用权、廉洁从政从业以及道德操守情况进行监督检查，并开展廉政教育，又要对涉嫌贪污贿赂、滥用职权、玩忽职守、权力寻租、利益输送、徇私舞弊以及浪费国家资财等职务违法和职务犯罪进行调查，并根据调查结果作出相应处置、进行追责问责或移送司法机关处理。派驻监督本质上是政治监督，是代表上级纪委监委加强对下级党组织和领导干部监督的重要形式。纪委监委；或者依法派驻监察机构，派驻监察专员并设立监察专员办公室，与该单位党的纪检机构合署办公。派驻纪检监察组依据党章、宪法和监察法，根据纪委监委授权、直接对纪委监委负责，履行党的纪律检查和国家监察两项职责。派驻机构与驻在单位是监督与被监督的关系。巡视监督是上级党组织对下级党组织履行党的领导职能责任的政治监督，主要是依据党章和巡视工作条例等党内法规，聚焦被巡视党组织、党员领导干部履行职能责任，发现问题、形成震慑，推动改革、促进发展。“四项监督”中，纪律监督是党内监督的基本形式，监察监督是党内监督的拓展和延伸，派驻监督是纪委监委直接领导和授权的监督，巡视监督是党内监督的重要方面。推进“四项监督”贯通融合、统筹衔接，是加强党的全面领导的必然要求，是推进国家治理体系和治理能力现代化的重要内容，也是实现纪检监察工作高质量发展的客观需要。

中央纪委国家监委制定了关于进一步加强纪律监督、监察监督、派驻监督、巡视监督统筹衔接的意见，推动“四项监督”在决策部署指挥、资源力量整合、措施手段运用上更加协同，构建上下贯通、左右衔接、内外联动的“一盘棋”监督格局。

在实践中，纪检监察机关创造了“室组地”联合办案模式，即监督检查室、派驻机构和地方纪委监委协同联动办案，这也是“四项监督”深度融合的鲜明例证。2021 年 12 月 7 日，中央纪委国家监委驻国家税务总局纪检监察组、江苏省监委发布消息，山东省税务局原党委委员、总会计师高萍被开除党籍、开除公职。高萍案件涉及人员多，案情较为复杂，调查取证需跨省进行。在中央纪委国家监委第三监督检查室、江苏省纪委监委指导下，查案过程坚持违纪违法一起查工作原则和纪律审查监察调查双立案工作模式。在协作配合下，此案中涉及异地、多人的留置行动得以顺利实施，案件在短时间内取得重大进展。2020 年至 2021 年，驻国家税务总局纪检监察组先后与 22 个省级纪委监委就 81 名党员干部职务违法犯罪问题协商管辖事宜；36 个省级税务局党委纪检组首次全部自主立案。

党的十八大以来，随着纪检监察体制改革的逐步深入，纪律监督、监察监督、派驻监督、巡视监督“四个全覆盖”权力监督格局已初步形成并有效发挥作用，监督合力逐步彰显，治理效能持续释放。

四、促进各类监督贯通协调

党和国家监督体系是横向到边、纵向到底、集中统一、权威高效的庞大体系，各类监督都是重要组成部分，贯通协调才能形成监督合力。党的十九届四中全会《决定》提出：以党内监督为主导，推动各类监督有机贯通、相互协调。习近平总书记在十九届中央纪委四次全会上指出，要以党内监督为主导，推动人大监督、民主监督、行政监督、司法监督、审计监督、财会监督、统计监督、群众监督、舆论监督有机贯通、相互协调。2022 年 6 月，习近平总书记在十九届中央政治局第四十次集体学习时强调，深化党和国家监督体制改革，以党内监督为主导，促进各类监督力量整合、工作融合，强化对权力监督的全覆盖、有效性，确保权力不被滥用。

以党内监督为主导，推动各类监督有机贯通、相互协调，必须强化纪委监委监督的协助引导推动功能。实践中，各级纪检监察机关坚持把纪检监察监督这个“小系统”与党和国家监督体系这个“大系统”连接起来，健全信息沟通、线索移交、措施配合、成果共享等机制，促进党内监督与人大监督、民主监督、行政监督、司法监督、审计监督、财会监督、统计监督、群众监督、舆论监督贯通协调，推动各监督单位既负起应有的监督责任，又主动强化与其他监督的贯通协调，更好发挥制度优势，打好监督组合拳。近年来，中央纪委国家监委推动中央和国家机关有关单位建立健全与其他监督协作配合制度机制40多项，取得丰硕成果。

推动纪检监察监督同人大监督贯通协调。人民代表大会制度的重要原则和制度设计的基本要求，就是国家机关及其工作人员的权力都要受到制约和监督。通过加强在贯彻党中央重大决策部署方面的工作协同，把人大监督、执法检查监督、代表建议办理同纪委监委发现问题、执纪执法、促进标本兼治结合起来，形成监督合力。

推动纪检监察监督同民主监督贯通协调。结合民主监督内容，探索贯通纪委监委监督与民主监督的有效途径。围绕党和国家大政方针、重大改革举措、重要决策部署贯彻执行情况，涉及人民群众切身利益的实际问题解决落实情况，国家机关及其工作人员遵纪守法、加强作风建设、密切联系群众、开展党风廉政建设等情况，推进监督协调衔接。通过办理政协委员提案等方式，接受监督，同向发力。

推动纪检监察监督同行政监督贯通协调。行政监督是上级行政机关对下级行政机关及其工作人员的监督，与纪委监委监督在监督对象上高度重叠。纪检监察机关与行政执法部门加强沟通交流，在问题线索移送、案件查办配合等方面密切协作，形成反腐败工作合力；在做好查办案件"后半篇文章"上相互配合，推动深化改革、健全制度、完善治理体系。

推动纪检监察监督同司法监督贯通协调。司法监督是国家司法机关依据法定职权、依照法定程序，对法律实施情况进行监督。党的十九大以来，纪检监察机关与司法机关建立起较为紧密的协作机制，有力促进了法法衔接。要继续健全信息沟通、线索移交、措施配合、成果共享等机制，从案件管辖、工作程序、权限措施、证据标准、处置政策以及反腐败国际合作等方面加强协作，提升有效衔接司法的质量和水平。

推动纪检监察监督同审计监督贯通协调。审计监督不仅发挥“经济体检”作用，也为纪委监委执纪执法提供重要支撑。纪检监察机关加强与审计机关在问题线索移交、开展重要专项工作等方面的协作配合，对审计发现的问题、提出的建议及时研究，对审计移送的问题线索依规依纪依法严肃处理，并将经济责任审计结果运用于党风廉政建设考核等方面。同时，推动纪委监委监督成果在审计领域的统筹运用。

推动纪检监察监督同财会监督贯通协调。财会监督包括财政监督和会计监督，是经济金融风险和财会风险的监测器、预警仪，也是廉政风险的防火墙、显微镜。纪检监察机关与财政部门加强会商沟通，对财会监督中发现的苗头性倾向性问题实行同题共答、及时提醒纠正，对违纪违法问题线索认真分析甄别、及时进行处置，抓早抓小、防微杜渐。

推动纪检监察监督同统计监督贯通协调。统计监督不但在了解国情国力、服务经济社会发展中发挥着重要作用，而且也有助于发现廉政风险、违纪违法问题线索。纪检监察机关积极探索与统计部门协同开展监督的路径办法，注重发现统计造假背后的腐败问题，建立线索移交、风险预警、处置联动机制，实现监督效果倍增。

推动纪检监察监督同群众监督贯通协调。群众监督是密切党群干群关系的有力抓手。通过充分保障群众知情权，推进党务公开和各领域办事公开，畅通群众反映意见建议和检举控告渠道，及时反馈办理情况，完善激励保护机制，调动群众监督的积极性。正确区分正常检举控告、错告以及诬告陷害等行为的界限，完善澄清正名和查处诬告陷害行为制度机制，为担当者担当、为负责者负责。

推动纪检监察监督同舆论监督贯通协调。舆论监督是人民群众通过各种舆论媒介对国家和社会进行的监督，具有主体多元、手段多样、影响力大等特点。纪检监察机关适应信息化时代新特点新要求，不断提高纪检监察工作透明度，注重从舆情动态中了解社情民意、发现问题线索、纠正工作偏差，推动纪检监察工作实现高质量发展。

党的十八大以来，党中央以党内监督为主导，推动各类监督贯通协调，党和国家监督从理论突破到实践创新、从重点监督到全面覆盖、从做强单体到系统集成，搭建起“四梁八柱”，中国特色社会主义监督制度逐步成熟定型，统筹贯通、常态长效的监督合力正在形成，发现问题、纠正偏差、促进治理功能不断增强。中国共产党强化自我监督的成功实践，使一党执政无法自我监督的“魔咒”被彻底打破，充分彰显了中国共产党领导和中国特色社会主义制度的显著优势。

第九章

成功实践

走出中国特色反腐败之路

反腐败斗争是一场顺应人民期盼、纯洁党的肌体、真正赢得民心的斗争。实践证明，我们党进行的反腐败斗争是有理论、有目标、有行动、有成效的。党的十八大以来，以习近平同志为核心的党中央以“十年磨一剑”的定力推进全面从严治党，以“得罪千百人，不负十四亿”的使命担当推进史无前例的反腐败斗争。在党中央领导下，构筑起了党统一领导反腐败斗争的体制机制，加强了党对反腐败工作全方位、全过程的领导；确立了反腐败工作的原则，坚持无禁区、全覆盖、零容忍，坚持重遏制、强高压、长震慑，坚持受贿行贿一起查，坚持有腐必反、有贪必肃，产生了巨大震慑效应；形成了“一体推进不敢腐、不能腐、不想腐”这个反腐败工作的基本方针和全面从严治党的重要方略；构筑起了反腐败工作的法治体系。反腐败已经形成了无禁区、全覆盖、零容忍的战略态势，已经形成了利剑高悬、震慑常在，发现一起、查处一起的常态，走出了一条依靠中国共产党领导反对腐败、依靠社会主义法治严惩腐败、依靠社会主义制度优势治理腐败的中国特色反腐败之路。

第一节　依靠中国共产党领导反对腐败

靠谁领导反腐败？这是关系反腐败斗争成败的关键问题。中国共产党的百年历史，是一部争取人民解放和中华民族伟大复兴的历史，也是一部领导全党上下和人民群众同腐败进行不懈斗争的历史。20 世纪初，世界局势风雷激荡，中国政坛风起云涌，各式政党争相问世。百年弹指一挥间，那个时期成立的绝大多数政党早已烟消云散，而中国共产党从诞生时只有 50 多人的小党发展到今天拥有 9600 多万名党员的世界最大的政党，新中国从一个积贫积弱、百废待兴的落后国家发展成为世界第二大经济体，中华民族迎来了从站起来、富起来到强起来的伟大飞跃，一个重要原因，就是党始终以强烈的历史自觉和彻底的自我革命精神，坚持不懈领导开展党风廉政建设和反腐败斗争，不断实现自我净化、自我完善、自我革新、自我提高。

一、新民主主义革命时期党领导下的反腐败实践

这一时期，我们党在党内、军内和革命根据地严明纪律、严惩腐败、建设廉洁政治，为成立中华人民共和国，实现民族独

立、人民解放提供了有力保障。作为马克思主义政党，我们党一直主张“消灭党员‘特殊地位’与官僚腐化”。1922 年党的二大通过的《关于共产党的组织章程决议案》要求把党建设成有严密组织和铁一般纪律的“群众党”。成为全国性革命政党后，党员数量急剧增加。大革命时期，我们党于 1926 年发出《坚决清洗贪污腐化分子》的通告，坚决清除混入革命队伍投机腐败的坏分子和坏倾向，确保党自身的纯洁性和战斗力以争取革命的胜利。1927 年 4 月，党的五大成立中央监察委员会。在局部执政探索中，毛泽东等中央领导同志高度重视思想建党，先后提出加紧反对官僚腐化贪污现象、铲除贪官污吏、建立廉洁政府等思想。1933 年，在中央苏区，中华苏维埃共和国临时中央政府执行委员会专门发出《关于惩治贪污浪费行为》的第二十六号训令，对贪污行为进行惩处。在延安，开展整风运动，加强对党员干部的宣传引导和思想纠偏，颁布《陕甘宁边区惩治贪污暂行条例》，强调共产党员有犯罪者从重治罪。

二、社会主义革命和建设时期党领导下的反腐败实践

这一时期，我们党依靠群众、发动群众，旗帜鲜明开展反对贪污腐化行动。新中国成立后，面对全面执政后政治地位变化带来的部分党员领导干部思想懈怠、贪图享乐问题，毛泽东等中央领导同志指出，贪污腐化行为是资产阶级作风，是极大的犯罪。党的八大指出，要重视我党队伍中出现的贪污腐化、违法乱纪、道德堕落等情况，从思想和组织上进行反对腐化堕落现象的斗争，坚决把贪污腐化分子清除出党。我们党先后开展包括整党运

动、“三反”运动、20世纪60年代农村“三反”运动、“新五反”运动在内的反贪污腐化运动和社会主义共产主义教育等廉政教育运动，制定了包括《中华人民共和国惩治贪污条例》《关于划分浪费与贪污界限的四类标准》《关于处理贪污浪费问题的若干规定》在内的系列法规制度，探索建立党的纪律检查委员会（监察委员会）和政务院人民监察委员会（国务院监察部），对贪污浪费等行为进行严厉查处。

三、改革开放和社会主义现代化建设新时期党领导下的反腐败斗争

这一时期，我们党不断加强思想和制度建设，探索依靠制度化法治化推进党风廉政建设和反腐败斗争新路径。党的十二大指出，党风问题是关系到执政党生死存亡的问题，要纠正各种利用职权谋取私利的行为和对党对人民不负责任的官僚主义作风。目睹苏东剧变及官员腐败给国际共产主义运动造成的巨大伤害，我们党深刻总结苏共和东欧各国马克思主义政党的教训，坚持一手抓改革开放，一手抓惩治腐败，贯彻“一要坚决，二要持久”的方针，探索通过制度建设和法治方式开展反腐败斗争的有效途径。党的纪律检查委员会和监察部在这一时期先后恢复设立，成为我们党纯洁党风、大力打击贪污腐败的重要力量。党的十四大后，我们党积极探索在发展社会主义市场经济的条件下有效开展党风廉政建设和反腐败斗争的新路径。将“坚持不懈地反对腐败，加强党风建设和廉政建设”等内容写入党章，确立“标本兼治、综合治理”的反腐败方针。党的十六大后，在“四大考验”“四

种危险”日益凸显的情况下，我们党深刻认识到腐败带来的巨大危害，坚持拒腐防变、警钟长鸣。在“标本兼治、综合治理”的同时强调“惩防并举、注重预防”，通过反腐败制度创新和拒腐防变长效机制建设，努力从源头上防治腐败。

四、新时代党领导下的反腐败斗争

党的十八大以来，面对严峻复杂的反腐败斗争形势，以习近平同志为核心的党中央把全面从严治党纳入“四个全面”战略布局，正风肃纪、反腐惩恶，刹住了一些过去被认为不可能刹住的歪风邪气，解决了一些长期想解决而没能解决的顽瘴痼疾，探索出了党长期执政条件下实现自我监督的有效途径，反腐败斗争取得压倒性胜利并全面巩固。我们在反腐败斗争中取得了显著成效、积累了重要经验。一是构建起党全面领导的反腐败工作格局，健全了党中央统一领导、各级党委统筹指挥、纪委监委组织协调、职能部门高效协同、人民群众参与支持的反腐败工作体制机制。二是从治标入手，把治本寓于治标之中，让党员干部因敬畏而“不敢”、因制度而“不能”、因觉悟而“不想”。三是始终坚持严的基调不动摇，以零容忍态度惩治腐败，坚决遏制增量、削减存量，严肃查处阻碍党的理论和路线方针政策贯彻执行、严重损害党的执政根基的腐败问题，坚决清除对党阳奉阴违的两面人、不收敛不收手的腐败分子，深化重点领域反腐败工作，态度不变、决心不减、尺度不松。四是扎紧防治腐败的制度笼子，形成了一整套比较完善的党内法规体系和反腐败法律体系，增强制度刚性，防止“破窗效应”，贯通执纪执法，强化综合效能，确保各项法规制度落地生根。五是构筑拒腐防变的思想堤坝，用理想信念强基固本，用党的创新理论武装全党，用优秀传统文化正心明德，补足精神之“钙”，铸牢思想之“魂”，筑牢思想道德防线。六是加强对权力运行的制约和监督，深化党的纪律检查体制改革、国家监察体制改革，实现党内监督全覆盖、对公职人员监察全覆盖，强化党的自我监督和群众监督，把发现问题、推动整改、促进改革、完善制度贯通起来，教育引导党员干部秉公用权、依法用权、廉洁用权、为民用权。

面向未来，要加强党中央对反腐败工作的集中统一领导，发挥党的政治优势、组织优势、制度优势，压实各级党委（党组）全面从严治党主体责任特别是“一把手”第一责任人责任，贯通落实相关职能部门监管职责，健全各负其责、统一协调的管党治党责任格局。要把反腐败斗争同党的政治建设、思想建设、组织建设、作风建设、纪律建设、制度建设贯通协同起来，发挥政治监督、思想教育、组织管理、作风整治、纪律执行、制度完善在防治腐败中的重要作用，打好总体战，取得新成效。

第二节　依靠社会主义法治严惩腐败

法治是人类文明进步的重要标志，也是我们党的不懈追求，是惩治腐败的利器。我们党把严明纪律写在党的旗帜上，把依法治国确立为党领导人民治理国家的基本方略，把依法执政确立为党治国理政的基本方式，注重把党的各项工作纳入党内法规制度轨道，注重运用法治思维和法治方式反对腐败，为党风廉政建设和反腐败斗争提供了坚实法治保障。

一、我们党成立后就始终重视反腐倡廉法规制度建设

1921 年党的一大通过的中国共产党纲领，对党的名称、纲领、党员条件、党的组织和党的纪律等作了规定，15 条中有 6 条涉及纪律。1922 年 7 月党的二大通过的第一部党章，设纪律专章，对党组织和党员的纪律作出了明确规范。到 1927 年，我们党已经发布了 20 余个法规性文件，其中 1926 年出台了第一个反腐肃贪的法规性质文件——关于坚决清洗贪污腐化分子的通告。在第二次国内革命战争时期，制定了“三大纪律、八项注意”，第一次对党和军队提出了全面的纪律要求，其中“不拿群

众一针一线”“一切缴获要归公”以及“买卖公平”“借东西要还”“损坏东西要赔偿”等廉洁纪律、群众纪律在党内军内耳熟能详。1928年，中央颁布《巡视条例》，这是我们党巡视制度的起源。1931年11月，中央苏区第一次党代表大会通过的《党的建设问题决议案》，第一次将严肃党的纪律、反对官僚腐化现象作为党的建设工作的中心任务之一。1933年，中央苏区颁布了《关于惩治贪污浪费行为》的训令，第一次明确规定了贪污浪费行为的量刑标准。1938年，党的六届六中全会首次提出“党内法规”的概念，“四个服从”成为党的政治纪律和组织纪律。1945年七大党章在总结多年来经验教训的基础上，把纪律建设推进到一个新阶段，专列了《奖励与处分》一章。在各革命根据地、各解放区，出台了《陕甘宁边区惩治贪污条例（草案）》等一批融党纪、政纪、军纪于一体的惩治腐败法规。1949年，在新中国成立前夕，毛泽东同志在党的七届二中全会上特别提醒全党警惕资产阶级糖衣炮弹的侵袭，要求党员干部做到“两个务必”。

新中国成立之初，毛泽东同志指出，对于贪污、浪费和官僚主义现象，如果不加以肃清，就有亡党、亡国、亡身的危险。1951年12月，中共中央发出《关于实行精兵简政、增产节约、反对贪污、反对浪费和反对官僚主义的决定》，在全国范围内开展了教育与惩戒相结合的“三反”“五反”运动，并因此制发了《中央关于三反运动中处理党纪问题的指示》等10余个规范性文件。1952年，中央人民政府颁布《中华人民共和国惩治贪污条例》。在作风建设方面，1955年，中央纪委制定出台了关于检查浪费、损坏粮食的规定；1961年1月，中央下发了《党政干部三大纪律、八项注意（草案第二次修正稿）》；1963年，中央监委制定出台了关于严肃处理违法乱纪、腐化堕落等错误和反对特殊化行为的规定。

改革开放伊始，党中央清醒认识到在经济体制转换的历史条件下可能出现腐败易发多发的严峻形势。1978年，邓小平同志把党规党法与国家法律放在同等重要的地位，提出国要有国法，党要有党规党法，党章是最根本的党规党法，没有党规党法，国法就很难保障。邓小平同志还指出，反对腐败还是要靠法制。1980年颁布党的第一部准则《关于党内政治生活的若干准则》。1985年，中共中央、国务院印发了《关于禁止领导干部的子女、配偶经商的决定》，第一次对领导干部配偶子女经商办企业提出禁止性要求。1990年，中共中央颁布《中国共产党党内法规制定程序暂行条例》，正式使用了“党内法规”这一名称，明确界定了党内法规的概念、适用范围和制定程序等。此后，党中央陆续制定了《中国共产党党员领导干部廉洁从政若干准则》《中国共产党纪律处分条例》《中国共产党党内监督条例（试行）》等一批重要党内法规，为建立健全反腐倡廉法规制度体系打下了重要基础。在国家法律方面，出台了刑法及其修正案、刑事诉讼法、反洗钱法等惩治腐败犯罪的刑事法律制度，行政监察法、审计法、国家赔偿法、政府信息公开条例等有关监督方面的法律法规，招标投标法、政府采购法、土地管理法等其他相关法律法规，保证了改革开放和社会主义现代化建设顺利进行。

二、以习近平同志为核心的党中央高度重视反腐倡廉法规制度建设

习近平总书记强调，要善于用法治思维和法治方式反对腐败；加强反腐败国家立法，加强反腐倡廉党内法规制度建设，让法律制度刚性运行；要把权力关进制度的笼子里。党的十八届三中全会指出，健全反腐倡廉法规制度体系，健全改进作风常态化制度。2015 年 6 月 26 日，十八届中央政治局就加强反腐倡廉法规制度建设进行第二十四次集体学习。习近平总书记在主持学习时强调，我们党长期执政，既具有巨大政治优势，也面临严峻挑战，必须依靠党的各级组织和人民的力量，不断加强和改进党的建设、管理、监督。铲除不良作风和腐败现象滋生蔓延的土壤，根本上要靠法规制度。要加强反腐倡廉法规制度建设，把法规制度建设贯穿到反腐倡廉各个领域、落实到制约和监督权力各个方面，发挥法规制度的激励约束作用，推动形成不敢腐、不能腐、不想腐的有效机制。2021 年 4 月，习近平总书记在广西考察时强调，要始终抓好党风廉政建设，使不敢腐、不能腐、不想腐一体化推进有更多的制度性成果和更大的治理成效。这些重要论述为加强反腐倡廉法规制度建设指明了方向。

（一）加强法规制度建设顶层设计

2014 年 10 月，党的十八届四中全会通过《中共中央关于全面推进依法治国若干重大问题的决定》，习近平总书记对决定稿作了说明并发表重要讲话。这是党的历史上第一次专题研究、专门部署全面依法治国的中央全会，在我国社会主义法治史上具有

里程碑意义。2018 年 1 月，党的十九届二中全会专题研究宪法修改问题，提出修改宪法部分内容的建议，这在党的中央全会历史上也是第一次。3 月，十三届全国人大一次会议通过宪法修正案，国家根本法实现了与时俱进、完善发展，符合中国实际，反映了全党全国各族人民的共同意愿，为实现“两个一百年”奋斗目标和中华民族伟大复兴的中国梦提供了有力宪法保障。2018 年 2 月，党的十九届三中全会决定组建中央全面依法治国委员会，这是我们党历史上第一次设立这样的机构，目的是加强党中央对法治中国建设的集中统一领导，健全党领导全面依法治国的制度和工作机制，更好落实全面依法治国基本方略。习近平总书记亲自担任中央全面依法治国委员会主任并于 2018 年 8 月 24 日主持召开中央全面依法治国委员会第一次会议，并发表重要讲话。

2013 年 11 月，中共中央印发《中央党内法规制定工作五年规划纲要（2013—2017 年）》，这是党史上第一次对党内法规的制定工作进行科学规划和顶层设计。2017 年，中共中央印发《关于加强党内法规制度建设的意见》,《意见》提出到建党 100 周年时，形成比较完善的党内法规制度体系、高效的党内法规制度实施体系、有力的党内法规制度建设保障体系，党依据党内法规管党治党的能力和水平显著提高。《意见》明确党内法规制度体系，是以党章为根本，以民主集中制为核心，以准则、条例等中央党内法规为主干，由各领域各层级党内法规制度组成的有机统一整体，确定了以“1+4”为基本框架的党内法规制度体系，即在党章之下分为党的组织法规制度、党的领导法规制度、党的自身建设法规制度、党的监督保障法规制度 4 大板块。2018 年 2 月，中共中央印发《中央党内法规制定工作第二个五年规划（2018—2022 年）》，进一步明确了形成比较完善的党内法规制度体系的任务书、路线图、时间表。党的十八大以来，我们党高度重视党内法规制度建设，现行近 4000 部有效党内法规中，近 10 年新制定修订的占 70% 以上。我们党已经形成比较完善的党内法规体系，这一制度建设重大成果来之不易。同时，积极推进反腐败国家立法，实现了改革成果的法治化，扎紧了防治腐败的制度笼子，反腐败工作在法治轨道上行稳致远。

（二）把严的基调贯穿始终

坚持无禁区、全覆盖、零容忍，坚持重遏制、强高压、长震慑，坚持受贿行贿一起查。党中央于 2015 年、2018 年两次修订《中国共产党纪律处分条例》，2020 年十三届全国人大常委会第十九次会议审议通过《中华人民共和国公职人员政务处分法》，围绕严格纪法要求，开列“负面清单”，分别划出了党组织、党员和公职人员的行为底线，推动实现党员、公职人员因敬畏纪法而“不敢腐”。其中，党纪处分条例坚持纪法分开、纪在法前、纪严于法，对党员违纪行为作出比法律更严格的规定。党纪处分条例还将党的十八大以来不收敛、不收手，问题线索反映集中、群众反映强烈，政治问题和经济问题交织的腐败案件，以及违反中央八项规定精神的问题作为执纪审查的重点，体现了两点论与重点论、减少腐败存量与遏制腐败增量的有机统一。

严明政治纪律，把严肃其他纪律带起来。《关于新形势下党内政治生活的若干准则》将“严明党的政治纪律”专列为一部分，强调了党员不准散布违背党的理论和路线方针政策的言论等 12

个“不准”。党纪处分条例把党的政治建设摆在首位，把坚决维护习近平总书记党中央的核心、全党的核心地位，坚决维护党中央权威和集中统一领导作为根本的政治纪律和政治规矩，对习近平总书记反复强调严防的“七个有之”等问题作出更有针对性的处分规定。2019 年印发的《中共中央关于加强党的政治建设的意见》明确，严肃查处“七个有之”问题，把政治上蜕变的两面人及时辨别出来、清除出去，坚决防止党内形成利益集团攫取政治权力、改变党的性质，坚决防止山头主义和宗派主义危害党的团结、破坏党的集中统一。

失责必问、问责必严，以精准有力问责督促责任落实。党中央于 2016 年制定、2019 年修订的《中国共产党问责条例》，聚焦管党治党政治责任，明确规定对在党的领导、党的建设、党的事业中不履行或者不正确履行职责的党组织和党的领导干部严肃追究责任，既追究党的领导干部的责任，又追究党组织的责任，既追究主体责任、监督责任，又追究领导责任。2019 年修订后的问责条例还在问责情形中充实“全面从严治党主体责任、监督责任落实不到位”的具体表现，并把在涉及人民群众最关心最直接最现实的利益问题上不作为、乱作为、慢作为、假作为等纳入问责情形，坚持有权必有责、有责要担当、失责必追究，着力提高问责工作的政治性、精准性、实效性。

严格以案促改，推动完善制度、堵塞漏洞、深化改革、加强监管。《中国共产党纪律检查机关监督执纪工作规则》《纪检监察机关处理检举控告工作规则》等党内法规和监察法及其实施条例、《监察机关监督执法工作规定》等法律法规和规范性文件针对纪检监察建议作出规定，要求对监督中发现突出问题的，检举控告较多且经核实发现党风廉政建设和履行职责存在问题的，应当向有关党组织或单位提出纪律检查建议或者监察建议，并督促整改落实。《县以上党和国家机关党员领导干部民主生活会若干规定》《党委（党组）落实全面从严治党主体责任规定》等党内法规明确，发生违纪违法案件的，应当专门召开民主生活会，及时剖析整改。问责条例也规定，被问责党组织、被问责领导干部及其所在党组织应当深刻汲取教训，明确整改措施。作出问责决定的党组织应当加强督促检查，推动以案促改。

（三）织密扎紧监督的制度笼子

压实党委（党组）和纪检监察机关的监督责任。2016 年出台的《中国共产党党内监督条例》聚焦党内监督存在的薄弱环节，围绕权力、责任、担当设计监督机制，坚持权责对等，突出强调党委（党组）在党内监督中负主体责任，书记是第一责任人，党委常委会委员（党组成员）和党委委员在职责范围内履行监督职责，明确纪委是党内监督的专责机关，履行监督执纪问责职责。监督执纪工作规则既明确了党委（党组）和纪检监察机关等监督主体，又明确了监督主体的责任，能够有效促进党委（党组）、纪检监察机关强化政治担当，在党内监督方面守土有责、守土负责、守土尽责。2021 年出台的《中国共产党纪律检查委员会工作条例》规定，党的各级纪律检查委员会围绕实现党章赋予的任务，坚持聚焦主责主业，履行监督、执纪、问责职责。坚持把监督作为基本职责，抓早抓小、防微杜渐。党的纪律检查委员会应当强化政治监督，加强日常监督，开展专项监督，加强基层监督，畅通信访举报渠道，对反映党组织、党员的问题线索经过初步核实，对于涉嫌违纪、需要追究党纪责任的，应当按照规定予以立案审查，对应当追究党纪责任的党组织和党员进行纪律处理、处分。

加强对“一把手”和领导班子的监督。党内监督条例第六条明确规定，“党内监督的重点对象是党的领导机关和领导干部特别是主要领导干部”，在此基础上，第十七条又规定“党内监督必须加强对党组织主要负责人和关键岗位领导干部的监督”。2021 年党中央印发《中共中央关于加强对“一把手”和领导班子监督的意见》，这是党中央首次聚焦对“一把手”和领导班子监督制定的专门文件。该《意见》围绕加强对“一把手”的监督、同级领导班子监督和对下级领导班子的监督细化制定了 21 项规定，重申并完善了巡视巡察、请示报告、民主生活会、谈话、述责述廉、个人有关事项报告、信访举报、问题整改等制度，有利于强化党组织自上而下的监督，做实做细同级监督，不断完善党内监督体系，从制度机制上破解对“一把手”监督和同级监督难题，把“不能腐”的制度笼子扎得更紧更牢。

把监督融入日常、做在经常。做实做细日常监督，有利于及时发现苗头性、倾向性问题，做到早警示、早纠正、早处理。党内监督条例将党内谈话制度列为党内监督制度之一，明确了提醒谈话和诫勉谈话两种情形，体现了抓早抓小、治病于初萌的理念。监督执纪工作规则专设《监督检查》一章，强调纪检监察机关应当结合被监督对象的职责，加强对行使权力情况的日常监督，发现苗头性、倾向性问题或者轻微违纪问题，及时约谈提醒、批评教育、责令检查、诫勉谈话，提高监督的针对性和实效性。十九大党章增写了“运用监督执纪‘四种形态’，让‘红红脸、出出汗’成为常态，党纪处分、组织调整成为管党治党的重要手段，严重违纪、严重触犯刑律的党员必须开除党籍”等内容。党内监督条例、党纪处分条例、监督执纪工作规则、纪律检查委员会工作条例等党内法规，对运用监督执纪“四种形态”作出明确规定。纪律检查委员会工作条例规定了日常监督方式，主要包括：座谈，召集、参加或者列席会议，了解党内同志和社会群众反映；查阅查询相关资料和信息数据；现场调查，驻点监督；督促巡视巡察整改；谈心谈话，听取工作汇报，听取述责述廉；建立健全党员领导干部廉政档案，开展党风廉政意见回复等工作。

健全党统一领导、全面覆盖、权威高效的监督体系。党内监督条例明确“党内监督没有禁区、没有例外”，要求建立健全党中央统一领导，党委（党组）全面监督，纪律检查机关专责监督，党的工作部门职能监督，党的基层组织日常监督，党员民主监督的党内监督体系。同时，专章规定党内监督要与党外监督相结合，并就党内监督与有关国家机关监督、民主党派监督、社会监督及舆论监督的关系作出规定。监察法以法律的形式全面填补了国家监督空白，将六类监察对象统一纳入监察范围。政务处分法进一步将法定的监察对象全面纳入政务处分范围，实现了对所有行使公权力的公职人员的监督全覆盖。此外，巡视工作条例、派驻机构工作规则、监督执纪工作规则、《关于全面落实中央纪委向中央一级党和国家机关派驻纪检机构的方案》等，就实现巡视监督、派驻监督全覆盖，推动“四项监督”统筹衔接等作出规定。

习近平总书记在十九届中央纪委四次全会上指出，要以党内监督为主导，推动人大监督、民主监督、行政监督、司法监督、审计监督、财会监督、统计监督、群众监督、舆论监督有机贯通、相互协调。国家法律法规关于各类监督的规定，是促进各种监督协调贯通、形成反腐倡廉工作合力的重要制度依据。人大监督方面，有全国人民代表大会组织法、各级人民代表大会常务委员会监督法等。民主监督方面，各级政协发挥民主监督作用的制度依据主要是政协章程和《政协全国委员会关于政治协商、民主监督、参政议政的规定》等规定。行政监督方面，行政处罚法、行政复议法、行政许可法、行政诉讼法等法律法规，强化了对行政权的监督制约。司法监督方面，刑法、刑事诉讼法等法律法规，构建起对腐败分子追究刑事责任的司法制度。审计监督方面，审计法、审计法实施条例完善审计制度，强化对财政经济活动的检查。财会监督方面，预算法、会计法、资产评估法等，从制度上防范财务造假行为。统计监督方面，统计法、统计法实施条例等为防范和惩治统计造假行为确立了制度依据。群众监督、舆论监督方面，公务员法、法官法、检察官法、警察法、信访条例等都规定了有关公职人员接受监督的内容，等等。这些规定，为发挥党内监督主导作用，推动各类监督有机贯通、形成合力，不断健全党统一领导、全面覆盖、权威高效的监督体系提供了制度遵循。

（四）筑牢拒腐防变的思想道德防线

明确廉洁自律的行为规范。2015 年出台的《中国共产党廉洁自律准则》是我们党执政以来第一部坚持正面倡导、面向全体党员的党内廉洁自律规范，是向全党发出的道德宣示和对人民的庄严承诺。准则要求党员正确对待和处理公与私、廉与腐、俭与奢、苦与乐的关系，党员领导干部不仅要遵守党员行为规范，还要自觉保持人民公仆本色、自觉维护人民根本利益、自觉提升思想道德境界、自觉带头树立良好家风，为党员和党员领导干部立起能够看得见、够得着的高标准。此外，《关于新形势下党内政治生活的若干准则》、党内监督条例等也对领导干部加强廉洁自律、陶冶道德情操等作出规定，要求领导干部永葆共产党人政治本色。

强化思想道德和党纪国法教育。立根固本，要把教育作为基础性工作来抓。监察法和监察官法赋予了监察机关和监察官“对公职人员开展廉政教育”的职责。《党委（党组）落实全面从严治党主体责任规定》要求党委（党组）开展经常性的全面从严治党宣传教育，特别是党章党规和党性党风党纪教育，注重发挥正反典型的示范警示作用，在本地区本单位营造全面从严治党良好氛围。《中共中央关于加强党的政治建设的意见》规定，充分利用各类爱国主义教育基地和党性教育基地对广大党员干部进行教育和熏陶，推进社会主义核心价值观宣传教育。《干部教育培训工作条例》《中国共产党党员教育管理工作条例》《中国共产党党校（行政学院）工作条例》等也从教育党员干部坚定理想信念、增强党性修养等方面作出具体规定。

自觉树立良好的家风家教。领导干部的家风家教，直接关系到干部的政德培养。《关于新形势下党内政治生活的若干准则》明确“领导干部特别是高级干部必须注重家庭、家教、家风，教育管理好亲属和身边工作人员”，廉洁自律准则对党员领导干部规定了“廉洁齐家，自觉带头树立良好家风”的廉洁自律规范，党内监督条例要求中央政治局委员“带头树立良好家风，加强对亲属和身边工作人员的教育和约束”。2021 年中央宣传部、中央文明办、中央纪委机关等联合印发《关于进一步加强家庭家教家风建设的实施意见》，指出要把家风建设作为党员和领导干部作风建设重要内容，引导党员和领导干部筑牢反腐倡廉的家庭防线，以纯正家风涵养清朗党风政风社风。

营造崇廉拒腐的社会氛围。夯实“三不腐”一体推进的思想基础，需要在全社会涵养廉洁文化，营造崇廉拒腐、公平正义的社会氛围。2013 年印发的《关于培育和践行社会主义核心价值观的意见》明确，把开展道德实践活动与培育廉洁价值理念相结合，营造崇尚廉洁、鄙弃贪腐的良好社会风尚。2022 年 1 月，中央办公厅印发了《关于加强新时代廉洁文化建设的意见》，明确把夯实清正廉洁思想根基作为重要任务，有利于推动各级党组织提高政治站位、强化思想认识，把全面从严治党伟大实践中的有效做法和成功经验上升为制度规范，把党章党规有关廉洁自律的要求进一步具体化，推动全面从严治党向更广范围、更深层次推进，既教育引导党员干部永葆清正廉洁的政治本色，又重视塑造崇廉拒腐、崇德向善的社会环境，不断从量的积累迈向质的突破，实现干部清正、政府清廉、政治清明、社会清朗，实现海晏河清、朗朗乾坤。

法规制度的生命力在于执行。党的十八大以来，党中央坚持把法规制度执行摆在更加突出位置，深入开展党内法规学习宣传教育，坚决纠正有令不行、有禁不止行为。中央纪委国家监委加强对重点法规的宣讲培训、答疑释惑，开展法规执行情况专项检查和法规实施评估工作，确保让铁规发力、让禁令生威。我们相信，在党中央的坚强有力领导下，在推动全面从严治党向纵深发展的进程中，一体推进不敢腐、不能腐、不想腐方针方略将更好地落实到管党治党的各领域各方面，取得更多的制度性成果和更大的治理效能。

第三节　依靠社会主义制度优势治理腐败

中国特色社会主义制度和国家治理体系是党领导人民在长期实践探索中形成的科学制度体系。党的十九届四中全会《决定》指出："中国特色社会主义制度和国家治理体系是以马克思主义为指导、植根中国大地、具有深厚中华文化根基、深得人民拥护的制度和治理体系，是具有强大生命力和巨大优越性的制度和治理体系，是能够持续推动拥有近十四亿人口大国进步和发展、确保拥有五千多年文明史的中华民族实现'两个一百年'奋斗目标进而实现伟大复兴的制度和治理体系。"《决定》将中国特色社会主义制度和国家治理体系的显著优势概括为 13 个方面。这一重要论断和科学概括，体现了以习近平同志为核心的党中央对中国特色社会主义建设规律认识的深化，是反腐败斗争取得压倒性胜利并全面巩固的政治前提和制度基石。

一、坚持党的集中统一领导，坚持党的科学理论，保持政治稳定，确保国家始终沿着社会主义方向前进的显著优势

中国共产党的领导是中国特色社会主义最本质的特征，是中国特色社会主义制度的最大优势，党是最高政治领导力量。党的科学理论是党和国家一切工作和活动的行动指南。新中国成立70多年来，我们始终坚持在党的集中统一领导下推进反腐败斗争，始终坚持以马克思主义中国化成果指引党和人民治理腐败的实践。党的十八大以来，宪法和党章都在总纲中明确“中国共产党的领导是中国特色社会主义最本质的特征”，为坚持和加强党的全面领导提供了根本制度保障。在政治领导方面，我们党坚持党风廉政建设和反腐败的任务提出、政策制定、工作部署，都以服从服务于中国特色社会主义事业发展为出发点和落脚点，与全面从严治党和国家经济建设、政治建设、文化建设、社会建设、生态文明建设统筹谋划，将党风廉政建设和反腐败工作寓于党的事业之中，保证党中央重大决策部署有效贯彻执行，保证中华民族伟大复兴事业顺利推进。在思想领导方面，以习近平同志为主要代表的中国共产党人，创立了习近平新时代中国特色社会主义思想，提出党的自我革命战略思想，围绕新时代治国理政、全面从严治党、党风廉政建设和反腐败斗争作出一系列重要论述，提出了一系列新思想新观点新论断，为治理腐败提供了强大思想武器和行动指南。在组织领导方面，提出“两个责任”，党委担负主体责任，党委书记担负第一责任，纪委担负监督责任；党政

职能部门细化责任，各司其职，各负其责；各地方各系统以上率下，层层传导压力，级级落实责任，形成党中央集中统一领导、各级党委统筹指挥、纪委监委组织协调、职能部门高效协同、人民群众支持参与的反腐败工作体制机制。实践证明，“两个确立”是我们党在新时代取得的重大政治成果，是党和国家事业取得历史性成就、发生历史性变革的决定性因素。具体到反腐败斗争中，坚持和加强党的集中统一领导，是战胜一切困难和风险、根治腐败顽瘴痼疾的“定海神针”。真正学深学透习近平新时代中国特色社会主义思想，深刻领悟党的自我革命战略思想，用以武装全党、教育人民，新时代党风廉政建设和反腐败斗争就一定能不断从胜利走向胜利。

二、坚持人民当家作主，发展人民民主，密切联系群众，紧紧依靠人民推动国家发展的显著优势

人民当家作主是我国社会主义民主的本质和核心，密切联系群众是党的宗旨的必然要求。习近平总书记在十九届中央纪委六次全会上深刻指出，一百年来，党外靠发展人民民主、接受人民监督，内靠全面从严治党、推进自我革命，勇于坚持真理、修正错误，勇于刀刃向内、刮骨疗毒，保证了党长盛不衰、不断发展壮大。习近平总书记重要论述，贯穿百年、透彻深邃，深刻揭示了我们党跳出历史周期率“两个答案”的辩证关系，深刻阐释了发展人民民主、接受人民监督对于党的建设的重要意义。党一贯重视发展人民民主，让人民监督政府，在倾听人民呼声、接受人民监督中自觉进行自我反省、自我批评、自我教育，在服务人民

中不断完善自己。党的十八大以来，以习近平同志为核心的党中央坚持国家一切权力属于人民，坚持一切为了群众、一切依靠群众，不断深化对跳出历史周期率“第一个答案”的规律性认识，总结归纳了民主的科学评判标准，系统提出了全过程人民民主的重大理念并大力推进，注重从各层次各领域扩大公民有序政治参与，建立健全多层次监督体系，依法实行民主选举、民主协商、民主决策、民主管理、民主监督，完善各类公开办事制度，及时回应人民需求和关切，不断增强人民群众获得感、幸福感、安全感。实践证明，中国特色社会主义制度和国家治理体系体现了最广泛、最真实、最管用的民主，体现了党的群众路线的丰富内涵，能够最大限度凝聚最广大人民智慧和力量，形成治国理政、党和国家监督的强大合力。

三、坚持全面依法治国，建设社会主义法治国家，切实保障社会公平正义和人民权利的显著优势

全面依法治国是坚持和发展中国特色社会主义的本质要求和重要保障，不仅体现着制度文明的发展进步，更体现着依规依纪依法治理腐败的政治智慧。习近平总书记多次强调，要善于用法治思维和法治方式反对腐败，加强反腐败国家立法，加强反腐倡廉党内法规制度建设，让法律制度刚性运行。自党的十五大首次提出依法治国、建设社会主义法治国家以来，党风廉政建设和反腐败斗争更加注重制度建设。党的十八大以来，我们党不断加强以党的纪律规范为代表的党内法规制度建设和以监察法及其配套法规为代表的反腐败国家立法，为反腐败斗争提供法治保障。我

们坚持党纪国法面前人人平等，“老虎”“苍蝇”一起打，受贿行贿一起查，不搞法外施恩，没有免罪的“丹书铁券”，也没有“铁帽子王”。我们坚持宽严相济的反腐败政策策略，当宽则宽、当严则严、不枉不纵，在党纪国法框架内实现政治效果、纪法效果和社会效果相统一。我们注重纪法贯通、法法衔接，实事求是运用“四种形态”，既注重查处职务违法犯罪，又特别关注“好同志”到“阶下囚”之间的过渡地带。实践证明，中国特色社会主义制度和国家治理体系能够使全面依法治国贯穿国家治理全过程、落实到治理腐败各方面，充分体现最广大人民的根本利益，有力保障法律面前人人平等，真正造福人民、保护人民。

四、坚持全国“一盘棋”，调动各方面积极性，集中力量办大事的显著优势

我国社会主义制度决定了全民族、全社会、全体中国人民在根本利益上的高度一致，集中力量办大事是我们成就事业的重要法宝。习近平总书记强调：“我们最大的优势是我国社会主义制度能够集中力量办大事。”“每个人的力量是有限的，但只要我们万众一心、众志成城，就没有克服不了的困难。”新中国成立以来，我们党不忘初心、牢记使命，在进行伟大社会革命的同时，领导人民进行了伟大的自我革命，与腐败进行了不懈斗争。党的十八大以来，在以习近平同志为核心的党中央领导下，各级党委统筹指挥，认真履行全面从严治党主体责任，党委书记切实扛起第一责任人责任，班子其他成员落实重要领导责任，把党中央关于从严管党治党、开展党风廉政建设和反腐败斗争的各项决策

部署一项一项落到实处；各级纪委监委协助党委推进全面从严治党，加强党风建设和组织协调反腐败工作，切实履行党内监督和国家监察专责机关职责，促进纪律监督、监察监督、派驻监督、巡视监督统筹衔接；坚持以党内监督为主导，推动人大监督、民主监督、行政监督、司法监督、审计监督、财会监督、统计监督、群众监督、舆论监督有机贯通、相互协调，形成了党和国家监督、党风廉政建设和反腐败斗争合力。实践证明，“积力之所举，则无不胜也”。中国特色社会主义制度的这一显著优势，能够有效调动各方面参与反腐败斗争积极性，激发最广大人民智慧和力量，实现海晏河清、朗朗乾坤。

五、坚持各民族一律平等，铸牢中华民族共同体意识，实现共同团结奋斗、共同繁荣发展的显著优势

我国是统一的多民族国家。各族先民胼手胝足、披荆斩棘，共同开发了祖国的锦绣河山，共同书写了我们悠久的历史，共同创造了我们灿烂的文化，共同培育了我们伟大的精神。近代以后，面对亡国灭种的空前危机，各族人民共御外侮、同赴国难，抛头颅、洒热血，共同书写了中华民族艰苦卓绝、气壮山河的伟大史诗。在百年抗争中，各族人民血流到了一起、心聚在了一起，共同体意识空前增强，中华民族实现了从自在到自觉的伟大转变。新中国成立以来，我们坚持中国特色解决民族问题的正确道路，创建民族区域自治制度，形成系统的民族理论和民族政策，不断铸牢中华民族共同体意识，使各民族以平等地位参与国家和社会生活，共同落实党风廉政建设和反腐败斗争

的各项决策部署，共享国家发展和进步成果。党的十八大以来，我们坚定不移走中国特色解决民族问题的正确道路，坚持各民族一律平等，坚持各民族共同团结奋斗、共同繁荣发展，保证民族自治地方依法行使自治权，保障少数民族合法权益，巩固和发展平等团结互助和谐的社会主义民族关系，推动民族自治地区坚定不移正风肃纪反腐惩恶，推动中华民族走向包容性更强、凝聚力更大的命运共同体。实践证明，正是中国特色社会主义制度和国家治理体系，能够坚持各民族一律平等，使各民族像石榴籽一样紧紧抱在一起，共同团结奋斗、共同繁荣发展、共同建设清廉中国。

六、坚持公有制为主体、多种所有制经济共同发展和按劳分配为主体、多种分配方式并存，把社会主义制度和市场经济有机结合起来，不断解放和发展社会生产力的显著优势

高举中国特色社会主义旗帜，坚持走中国特色社会主义道路，体现在基本经济制度上，就是要毫不动摇地坚持和完善社会主义基本经济制度。不能走封闭僵化的老路，也不能走改旗易帜的邪路，体现在基本经济制度上，就是既不能否定公有制经济，也不能否定非公有制经济。新中国成立后，我们党在基本经济制度主要是所有制、分配制度等方面进行了不懈探索，走过一些弯路，也积累了宝贵经验。改革开放以来，我们坚定社会主义市场经济改革方向，把社会主义制度和市场经济有机结合起来，建立并不断完善社会主义市场经济体制。我们毫不动摇坚持巩固和发

展公有制经济，不断增强国有经济竞争力、创新力、控制力、影响力、抗风险能力，毫不动摇鼓励、支持、引导非公有制经济发展，激发非公有制经济活力和创造力；我们坚持保护劳动所得，在按劳分配为主体的基础上，允许和鼓励资本、土地、知识、技术、管理、数据等生产要素按贡献参与分配，不断完善再分配调节机制，促进社会分配合理有序，全面提高了人民群众的物质文化生活水平，为反腐败斗争创造了坚实的经济基础和群众基础。实践证明，中国特色社会主义制度和国家治理体系所坚持的基本经济制度，为调动各方面积极性和创造性、解放和发展社会生产力、提高社会清廉水平，提供了重大制度条件。

七、坚持共同的理想信念、价值理念、道德观念，弘扬中华优秀传统文化、革命文化、社会主义先进文化，促进全体人民在思想上精神上紧紧团结在一起的显著优势

革命理想高于天，坚定理想信念、坚守共产党人精神追求，始终是共产党人安身立命的根本。文以化人、文以载道，文化自信是更基础、更广泛、更深厚的自信，增强文化自信离不开中华优秀传统文化、革命文化和社会主义先进文化的滋养。新中国成立 70 多年来，我们始终坚持马克思主义指导地位，坚守社会主义和共产主义信念，注重发挥社会主义意识形态的强大引领作用。特别是改革开放后，我们又明确将中国特色社会主义作为全国各族人民的共同理想，党的十八大后进一步提出实现中华民族伟大复兴的中国梦，极大激励和凝聚了亿万中华儿女。我们始终坚持物质文明和精神文明两手抓，大力弘扬中华优秀传统文化、

革命文化、社会主义先进文化，积极培育和践行社会主义核心价值观，使全体人民在理想信念、价值理念、道德观念上紧紧团结在一起，使修身慎行、怀德自重、清廉自守成为党员干部和公职人员的自觉追求。实践证明，中国特色社会主义制度和国家治理体系，具有强大的思想和精神凝聚力，能够为中国特色社会主义事业、党风廉政建设和反腐败斗争提供源源不断的精神动力和文化滋养。

八、坚持以人民为中心的发展思想，不断保障和改善民生、增进人民福祉，走共同富裕道路的显著优势

人民群众是我们党的力量源泉，人民立场是我们党的根本政治立场。新中国成立70多年来，我们党牢记为中国人民谋幸福、为中华民族谋复兴的初心和使命，践行全心全意为人民服务的根本宗旨，坚持发展为了人民、发展依靠人民、发展成果由人民共享，与侵害人民利益的腐败和不正之风进行了坚决斗争。党的十八大以来，以习近平同志为核心的党中央坚持以人民为中心的发展思想，在保障和改善民生、朝着共同富裕目标持续迈进和全面从严治党、建设廉洁政治方面取得历史性成就。我们党旗帜鲜明提出，凡是群众反映强烈的问题都要严肃认真对待，凡是损害群众利益的行为都要坚决纠正，真正做到有什么问题就解决什么问题，什么问题突出就集中整治什么问题，推动全面从严治党向基层延伸。各级纪检监察机关深化扶贫领域腐败和作风问题专项治理，深挖彻查涉黑涉恶腐败和“保护伞”，坚决查处民生领域侵害群众利益问题，纠治漠视侵害群众利益问题，让群众感到全

面从严治党就在身边、正风反腐就在身边。实践证明，中国特色社会主义制度和国家治理体系，能够真正实现好维护好发展好最广大人民的根本利益，整治好群众身边的腐败和不正之风，不断提高群众的获得感、幸福感、安全感。

九、坚持改革创新、与时俱进，善于自我完善、自我发展，使社会始终充满生机活力的显著优势

改革创新是坚持和发展中国特色社会主义的必由之路。新中国成立 70 多年特别是改革开放 40 多年来，我们党领导人民坚持解放思想、实事求是、与时俱进、求真务实，不断结合发展变化的实际，勇于探索创造，善于总结经验，在坚持和巩固什么、完善和发展什么、摒弃和革除什么等重大问题上保持清醒头脑，贯彻科学原则，采取有力措施，社会主义在中国风景独好、独树一帜。特别是党的十八大以来，全面深化改革如火如荼，通过涉险滩、啃硬骨头、破顽瘴痼疾，理论创新、实践创新、制度创新、文化创新以及各方面创新全面加强，经济体制、政治体制、文化体制、社会体制、生态文明体制和党的建设制度全面完善，构建起自我净化、自我完善、自我革新、自我提高的制度规范体系，形成党中央统一领导、全面覆盖、权威高效的监督体系。在改革创新带来蓬勃生机和旺盛活力的同时，我国社会保持长期稳定，政治生态持续向好。实践证明，中国特色社会主义制度和国家治理体系既始终坚持科学社会主义基本原则，又善于在改革创新中自我完善和发展，是完全能够守正创新、把社会创造活力充分激发出来的，是完全能够持续深化党和国家监督体制改革、不断把

制度优势转化为治理效能的，是完全能够把权力关进制度的笼子、实现不敢腐不能腐不想腐的。

十、坚持德才兼备、选贤任能，聚天下英才而用之，培养造就更多更优秀人才的显著优势

为政之要，惟在得人。能否培养造就更多更优秀的人才，是衡量一个国家的社会制度和国家治理体系是否具有优势的一个重要标尺。办好中国的事情，关键在党，关键在人，关键在人才。我们党历来高度重视选贤任能，始终把选人用人作为关系党和人民事业的关键性、根本性问题来抓，同时坚持党管人才原则，以识才的慧眼、爱才的诚意、用才的胆识、容才的雅量、聚才的良方，把党内和党外、国内和国外各方面优秀人才集聚到党和人民的伟大奋斗中来。党的十八大以来，以习近平同志为核心的党中央鲜明提出新时代好干部标准，树立正确用人导向，坚持严管和厚爱结合、激励和约束并重，严把选人用人政治关、廉洁关，把制度执行力和治理能力作为干部选拔任用、考核评价的重要依据，建成一支忠诚干净担当的高素质干部队伍，为社会主义现代化建设事业培养和集聚了一批又一批优秀人才。实践证明，中国特色社会主义制度和国家治理体系，能够充分挖掘我国人力资源大国潜力，把全社会各方面优秀人才不断集聚到党和人民的伟大事业中来，把广大党员、干部和公职人员培养成为政治过硬、本领高强、清正廉洁的战斗团队，形成各类人才创造活力竞相迸发、聪明才智充分展现的生动局面。

十一、坚持党指挥枪，确保人民军队绝对忠诚于党和人民，有力保障国家主权、安全、发展利益的显著优势

人民军队是中国特色社会主义的坚强柱石，党对人民军队的绝对领导是中国特色社会主义的重要制度安排。这一重要制度安排，发端于南昌起义，奠基于三湾改编，定型于古田会议，是人民军队完全区别于一切旧军队的政治特质，是人民军队的建军之本、建军之魂。新中国成立后，人民军队坚决听党指挥，追歼残敌、进军边疆、剿灭匪特，胜利进行抗美援朝战争和多次边境自卫作战，有力应对和坚决打击了一切危害国家主权、安全、发展利益的挑衅行为，同时积极完成了一系列重大工程建设、抢险救灾等急难险重任务，持之以恒开展党风廉政建设和反腐败斗争，保持了人民军队的政治本色。党的十八大以来，人民军队以党在新时代的强军目标为指引，坚决贯彻军委主席负责制，重整行装再出发，实现了政治生态重塑、组织形态重塑、力量体系重塑、作风形象重塑，革除了肌体上的腐败毒瘤，革命化现代化正规化水平不断提高。实践证明，中国特色社会主义制度和国家治理体系坚持党指挥枪，使人民军队以党的旗帜为旗帜、以党的方向为方向、以党的意志为意志，能够有力保障国家主权、安全、发展利益，能够在中国特色强军之路上不断迈出坚实步伐，能够战胜腐败这个和平时期最大的敌人。

十二、坚持"一国两制"，保持香港、澳门长期繁荣稳定，促进祖国和平统一的显著优势

"一国两制"是党领导人民实现祖国和平统一的一项重要制

度，是中国特色社会主义的一个伟大创举。“一国两制”是一个完整的概念，要始终准确把握“一国”和“两制”的关系。“一国”是根，根深才能叶茂；“一国”是本，本固才能枝荣。香港、澳门回归祖国以来，我们全面贯彻“一国两制”“港人治港”“澳人治澳”、高度自治的方针，依照宪法和基本法对特别行政区行使全面管治权，“一国两制”实践取得举世公认的成功。党的十八大以来，我们把维护中央对香港、澳门特别行政区全面管治权和保障特别行政区高度自治权有机结合起来，既坚定支持特别行政区政府和行政长官依法施政、积极作为，有序推进民主，维护社会稳定，坚决治理腐败，履行维护国家主权、安全、发展利益的宪制责任；又支持香港、澳门融入国家发展大局，以粤港澳大湾区建设、粤港澳合作、泛珠三角区域合作等为重点，全面推进内地同香港、澳门包括反腐败在内的各领域互利合作。面向未来，我们要全面准确贯彻“一国两制”方针，坚守“一国”之本，善用“两制”之利，扎扎实实做好各项工作，推动内地和港澳在反腐败工作中互学共鉴、加强合作。实践证明，“一国两制”是解决历史遗留的香港、澳门问题的最佳方案，在台湾也是完全行得通、办得到的，在实现中华民族伟大复兴、建设清廉中国的历史进程中发挥着不可替代的作用。

十三、坚持独立自主和对外开放相统一，积极参与全球治理，为构建人类命运共同体不断作出贡献的显著优势

独立自主是我们的建国方针，对外开放是我们的基本国策，把二者紧密结合和统一起来，在独立自主中不闭关锁国，在对外

开放中坚持独立自主，是解读新中国“两大奇迹”的一个重要密码。新中国成立后，正是我们坚持走独立自主的发展道路，带领全国人民在一穷二白基础上创造了社会主义建设的伟大成就。改革开放以来，正是我们既打开国门搞建设、又坚定不移走自己的路，既大力实施引进来、又积极主动走出去，既不断完善反腐倡廉体制机制，又吸收借鉴其他国家和地区腐败治理经验，不断为我国经济社会发展和腐败治理注入了新动力、增添了新活力、拓展了新空间。党的十八大以来，在以习近平同志为核心的党中央坚强领导下，我们积极推动形成全面开放新格局，主动参与全球治理体系改革和建设，提出构建人类命运共同体、“一带一路”建设等重要倡议，积极参与全球反腐败治理，成功举办“一带一路”国际合作高峰论坛廉洁丝绸之路分论坛，发起廉洁丝绸之路北京倡议，推动完善中老铁路廉洁建设长效机制，推进在联合国、二十国集团、亚太经合组织、金砖国家等框架下反腐败合作，不断贡献中国智慧、中国力量、中国方案，赢得国际社会高度评价和积极响应。实践证明，中国特色社会主义制度和国家治理体系坚持独立自主和对外开放相统一，使中国日益成为世界百年未有之大变局中的重要稳定器和强大正能量，在积极参与全球治理、推动构建人类命运共同体、推进构建国际反腐新秩序上的作用和优势越来越凸显。

以上 13 个方面的显著优势，是中国特色社会主义本质特征的具体体现，是几代中国共产党人把马克思主义基本原理同中国具体实际相结合、在治国理政中不懈探索奋斗的结晶，具有深厚的理论和实践支撑，是我们坚定中国特色社会主义道路自信、理论自信、制度自信、文化自信的基本依据，是深化全面从严治党、不断提高腐败治理效能的重要基石，必须倍加珍惜、全面坚持。

西方曾有人断言，中国共产党解决不了腐败问题，革自己的命比登天还难。党的十八大前后，有人宣扬一种错误的论调，所谓“不反腐败亡国，真反腐败亡党”。事实证明，党的十八大以来的反腐败斗争，不仅没有影响党的形象和权威，反而一再证明其正确性、必要性、紧迫性，展示了中国共产党刀刃向内、刮骨疗毒、勇于自我革命的气魄，取得了反腐败斗争压倒性胜利并全面巩固，保证了党和国家长治久安、兴旺发达。这也告诉我们一个真理，不反腐败亡党亡国，真反腐败兴党兴国。

第十章

自我革命

跳出历史周期率的第二个答案

在党的十九届六中全会上，习近平总书记专门提到“窑洞对”：我们党历史这么长、规模这么大、执政这么久，如何跳出治乱兴衰的历史周期率？毛泽东同志在延安窑洞里给出了第一个答案，这就是“只有让人民起来监督政府，政府才不敢松懈”；经过百年奋斗特别是党的十八大以来新的实践，我们党又给出了第二个答案，这就是自我革命。2022 年 1 月，在十九届中央纪委六次全会上，习近平总书记指出，今年是党的十八大以来第十个年头，十年磨一剑，党中央把全面从严治党纳入“四个全面”战略布局，以前所未有的勇气和定力推进党风廉政建设和反腐败斗争，探索出依靠党的自我革命跳出历史周期率的成功路径。一百年来，党外靠发展人民民主、接受人民监督，内靠全面从严治党、推进自我革命，勇于坚持真理、修正错误，勇于刀刃向内、刮骨疗毒，保证了党长盛不衰、不断发展壮大。同年 10 月，在党的二十大上，习近平总书记强调，必须持之以恒推进全面从严治党，深入推进新时代党的建设新的伟大工程，以党的自我革命引领社会革命。习近平总书记的重要论述，阐明了跳出历史周期率的两个答案及其相互关系，为深化全面从严治党、推进党风廉政建设和反腐败斗争指明了方向。

第一节 “窑洞对”与跳出历史周期率的第一个答案

1945年7月，中国抗日战争胜利前夕，黄炎培和其他5名国民参政会参政员前往延安会见中共领导人，试图为经历外敌入侵劫难之后的中国寻找一条正确的出路。在延安杨家岭住处的窑洞里，毛泽东与黄炎培两人推心置腹、纵论古今，形成了历史上著名的“窑洞对”。

一、“窑洞对”与历史周期率

黄炎培返回重庆后，发表了著名的《延安归来》。其中有一段是这样写的：“有一回，毛泽东问我感想怎样？我答：我生六十多年，耳闻的不说，所亲眼看到的，真所谓‘其兴也浡焉’，‘其亡也忽焉’，一人，一家，一团体，一地方，乃至一国，不少单位都没有能跳出这周期率的支配力。大凡初期时聚精会神，没有一事不用心，没有一人不卖力，也许那时艰难困苦，只有从万死中觅取一生。既而环境渐渐好转了，精神也就渐渐放下了。有的因为历时长久，自然地惰性发作，由少数演为多数，到风气养成，虽有大力，无法扭转，并且无法补救。也有为了区域一步步扩大了，它的扩大，有的出于自然发展，有的为功业欲所驱使，强求发展，到干部人才渐见竭蹶、艰于应付的时候，环境倒越加复杂起来了，控制力不免趋于薄弱了。一部历史，'政怠宦成'的也有，'人亡政息'的也有，'求荣取辱'的也有。总之没有能跳出这周期率。中共诸君从过去到现在，我略略了解的了。就是希望找出一条新路，来跳出这周期率的支配。"毛泽东答：我们已经找到新路，我们能跳出这周期率。这条新路，就是民主。只有让人民来监督政府，政府才不敢松懈。只有人人起来负责，才不会人亡政息。正是在这次谈话中，中国封建社会两千余年来兴衰治乱的历史现象被第一次进行了系统总结，也正是在这次对话中，中国共产党人第一次自信地提出了破解历史周期率的办法。

二、中国共产党人有着更加深沉的使命忧患感、历史忧思感

1944年在中国农历中是甲申年，郭沫若在纪念李自成领导农民起义三百周年之际撰写了《甲申三百年祭》，深入分析了明朝历时276年而亡、李自成政权得而复失的原因，就如何避免政权由盛而衰、人亡政息作出了回答。文章首先在重庆《新华日报》上分四期连载，一时激起许多有识之士对中国未来的思考。当时在延安的毛泽东读后深受触动，指示有关部门立即刊印。中共中央机关报《解放日报》于1944年4月18日、19日将其全文转载。延安新华书店总店和各解放区陆续印发了单行本。正是出于

对革命事业休戚相关的考虑，毛泽东敏锐地觉察到郭沫若《甲申三百年祭》一文的深刻意义，故将其列入整风重要文件，让全党高级干部认真学习。1944 年 4 月 12 日，毛泽东同志在延安给高级干部作《学习和时局》讲演时，历数了党的历史上因为骄傲而吃了四次大亏的教训，强调：“全党同志对于这几次骄傲，几次错误，都要引为鉴戒。近日我们印了郭沫若论李自成的文章，也是叫同志们引为鉴戒，不要重犯胜利时骄傲的错误。”5 月 20 日，毛泽东同志在中央党校作关于时局问题的报告时指出，目前，对世界和中国来说，胜利都快要到来了。那么，如何迎接胜利呢？必须特别强调两个问题，一是要防止骄傲，二是要打开思想。6 月 7 日，中央宣传部和中央军委政治部联合发出通知，要求全党“首先是高级领导干部，无论遇到何种有利形势和实际胜利，无论自己如何功在党国，德高望重，必须永远保持清醒与学习态度，万万不可冲昏头脑，忘其所以，重蹈李自成的覆辙”。不久，林伯渠专程从延安飞抵重庆。他亲自告诉郭沫若，党中央、毛主席决定把《甲申三百年祭》作为整风文件，供党内学习，并且已经在延安和各解放区普遍印发。8 月下旬，郭沫若收到周恩来从延安托人带来的用陕甘宁边区产的淡蓝色马兰纸印的《甲申三百年祭》的单行本，郭沫若备受鼓舞，深幸他的这篇文章符合了党和人民的需要。当晚，他给毛泽东、周恩来以及其他在延安的朋友一一修书，感谢他们对自己的鼓励和鞭策。1944 年 11 月，毛泽东复信郭沫若，告诉他中国共产党已把《甲申三百年祭》当作整风文件看待，并说：“小胜即骄傲，大胜更骄傲，一次又一次吃亏。如何避免此种毛病，实在值得注意。”他还指出：

"我虽然兢兢业业，生怕出岔子，但说不定岔子从什么地方跑出来；你看到了什么错误，希望随时示知。"

1949年1月，毛泽东同志在西柏坡主持召开中共中央政治局会议，强调必须谨慎，不能急于求社会主义化。如果希望搞社会主义，太快，会翻筋斗。3月5日，毛泽东同志主持召开中共七届二中全会。他在报告中特别指出，我们很快就要在全国胜利了，夺取这个胜利，已经是不要很久的时间和不要花费很大的气力了；巩固这个胜利，则是需要很久的时间和要花费很大的气力的事情。夺取全国胜利，这只是万里长征走完了第一步。报告告诫全党，资产阶级的"糖衣炮弹"将成为对于无产阶级的主要危险。务必使同志们继续地保持谦虚、谨慎、不骄、不躁的作风，务必使同志们继续地保持艰苦奋斗的作风。3月13日，毛泽东同志在全会结束时作总结讲话。他强调：凡是自己没有弄清楚或自己不懂的，都要先问下级。先做学生，然后再做先生；先向下面请教，然后再下命令。这不会影响自己的威信，而只会增加自己的威信。下面正确的意见，必须听，并且照它做。中央领导的正确，就是综合了各地供给的材料、报告和正确的意见。如果各地不来材料，不提意见，中央就很难正确地发号施令。对下面来的错误意见也要听，根本不听是不对的；不过听了而不照它做，并且要给以批评。

1949年3月23日，中共中央从西柏坡起程前往北平时，毛泽东说："今天是进京的日子，不睡觉也高兴呀。今天是进京'赶考'嘛。进京'赶考'去，精神不好怎么行呀？"周恩来笑着回答："我们应该都能考试及格，不要退回来。"毛泽东说："退回来就失败了。我们绝不当李自成，我们都希望考个好成绩。”毛泽东把进京执政当作是“进京赶考”，也是告诉大家进京赶考会有两个结果。一个是“金榜题名”，一个是“名落孙山”。“金榜题名”是说进京赶考及格，中国共产党的执政获得了全国人民的支持和拥护；“名落孙山”自然会和当年李自成一样，后果就不言而喻了。出发前一天，毛泽东就曾问卫士长李银桥：“要进城了，你准备得怎样啊？”李银桥说：“东西都收拾好了，随时可以行动。”毛泽东指着李银桥的太阳穴说：“小心，不要中了资产阶级的糖衣炮弹，不要当李自成。”他还把中央直属单位和警卫部队的干部召集起来，对大家说：“我们要进京了。我们进京可不是李自成进京，他们进京后就腐化了。我们共产党进京，是要继续革命，建设社会主义，一直到共产主义。”据毛泽东的卫士回忆，在前往北平的火车上，毛泽东重提郭沫若的《甲申三百年祭》，告诫大家：“这仅仅是读了个开头，这篇文章是要永远读下去的。”直到党中央抵达临时驻地香山，毛泽东一路都在说“不要做李自成”。由此可以看出，毛泽东所说的“进京赶考”是在向全党发出强烈警示。

三、新中国成立后破解历史周期率的探索实践

新中国成立后，党中央预见到党在全国执政面临的新挑战，着重提出执政条件下党的建设的重大课题，从思想上组织上作风上加强党的建设、巩固党的领导。面对部分党员领导干部思想懈怠、贪图享乐问题，毛泽东等中央领导同志指出贪污腐化行为是资产阶级作风，是极大的犯罪。1950 年 5 月，党中央发出关于

在全党全军开展整风运动的指示，要求严格地整顿全党作风，首先是整顿干部作风。1951 年 2 月，中央发出《中共中央政治局扩大会议决议要点》，提出以三年时间进行一次整党的任务。在整党进行过程中，全国开展了反贪污、反浪费、反官僚主义的“三反”运动，坚决查处刘青山、张子善等重大典型案件，向全国人民表明我们党决不容忍利用执政党地位谋取私利的腐败现象。经过整党，共有 41 万人被开除出党或被劝告退党，增强了党组织的纯洁性。这一时期，我们党制定了包括《中华人民共和国惩治贪污条例》《关于划分浪费与贪污界限的四类标准》《关于处理贪污浪费问题的若干规定》在内的系列法规制度。党中央根据形势任务的需要，把建立健全监督体系摆上重要议程。新中国成立后仅一个月，党中央就决定成立各级党的纪律检查委员会，规定了检查违犯党的纪律的行为、受理审查并决定违犯纪律的处分、在党内加强纪律教育等主要任务与职权。1955 年党中央决定成立各级监察委员会，要求“不限于受理案件，而且要积极地检查党员遵守党的章程、党的纪律、共产主义道德和国家法律、法令的状况”。进入改革开放和社会主义现代化建设新时期，我们党继续探索破解历史周期率的有效途径，取得了一系列理论创新、制度创新和实践创新成果。

第二节　新时代形成跳出历史周期率的第二个答案

党的百年征程，既是一部波澜壮阔的社会革命奋斗史，也是一部激浊扬清的自我革命斗争史。2018 年 1 月，习近平总书记在十九届中央纪委二次全会上强调："自我监督是世界性难题，是国家治理的哥德巴赫猜想。我们要通过行动回答'窑洞之问'，练就中国共产党人自我净化的'绝世武功'。"2022 年 1 月，习近平总书记在十九届中央纪委六次全会上提出"九个坚持"，概括了对建设什么样的长期执政的马克思主义政党、怎样建设长期执政的马克思主义政党的规律性认识，以"六个必须"阐释了党推进自我革命的成功经验，深刻揭示了我们党在过去一百年，特别是党的十八大以来探索出依靠党的自我革命跳出历史周期率的第二个答案。

一、坚持自我革命是党百年奋斗重要历史经验

国际社会主义运动的历史经验告诉我们，没有一个政党是不犯错误的，重要的问题是能否从错误中学习、在改正中进步。

马克思说，无产阶级革命与其他革命不同之处就在于：它自己批评自己，并靠批评自己壮大起来。列宁说过：“公开承认错误，揭露犯错误的原因，分析产生错误的环境，仔细讨论改正错误的方法——这才是一个郑重的党的标志。”中国古人讲：“君子之过也，如日月之食焉：过也，人皆见之；更也，人皆仰之。”黄炎培在《延安归来》书中写道：“我认为中共朋友最可宝贵的精神，倒是不断地要好，不断地求进步，这种精神充分发挥出来，前途希望是无限的。”确如伟大革命领袖所言，也确如黄炎培所观察，中国共产党始终在自我批评、自我净化，始终在通过总结教训提高对客观规律的认识，进而纠正错误，使错误成为正确的先导。当年的“窑洞之问”，中国共产党人在新的伟大实践中给出了第二个答案：自我革命。回顾党的历史，我们党总是在推动社会革命的同时，勇于推动自我革命，始终坚持真理、修正错误，敢于正视问题、克服缺点，勇于刮骨疗毒、去腐生肌。正因为我们党始终坚持这样做，才能够在危难之际绝处逢生、失误之后拨乱反正，成为永远打不倒、压不垮的马克思主义政党。

100 多年来，我们党作出了三份历史决议，体现了彻底的自我革命精神。1945 年《关于若干历史问题的决议》中，125 次出现“错误”一词，对经验教训的总结极为深刻。1981 年《关于建国以来党的若干历史问题的决议》明确提出，“坚持真理，修正错误”，这是我们党必须采取的辩证唯物主义和历史唯物主义的根本立场。2021 年《中共中央关于党的百年奋斗重大成就和历史经验的决议》，将“坚持自我革命”列入百年奋斗的十条历史经验，鲜明宣示“党的伟大不在于不犯错误，而在于从不讳疾忌医，积极开展批评和自我批评，敢于直面问题，勇于自我革命”。

二、跳出历史周期率第二个答案的提出与发展

革命性是马克思主义政党的基本特质。马克思、恩格斯从人类社会发展规律和无产阶级政党建设规律出发，深刻阐述了社会革命的发生根源和自我革命的内在机理，指出革命之所以必需，不仅是因为没有任何其他的办法能够推翻统治阶级，而且还因为推翻统治阶级的那个阶级，只有在革命中才能抛掉自己身上一切陈旧的肮脏东西，才能胜任重建社会的工作。习近平总书记继承发展马克思主义建党学说，深刻总结党的历史经验特别是新时代全面从严治党新鲜经验，围绕如何跳出历史周期率，创造性提出“党的自我革命”重大命题，强调以伟大自我革命引领伟大社会革命，为建设什么样的长期执政的马克思主义政党、怎样建设长期执政的马克思主义政党指明了方向。

2012 年，习近平总书记在主持十八届中央政治局第一次集体学习、在首都各界纪念现行宪法公布施行三十周年大会上发表讲话、登门走访 8 个民主党派中央和全国工商联时，先后强调历史周期率问题。习近平总书记指出，毛泽东同志和黄炎培先生在延安窑洞关于历史周期率的一段对话，至今对中国共产党都是很好的鞭策和警示。

2015 年，习近平总书记在省部级主要领导干部学习贯彻党的十八届四中全会精神全面推进依法治国专题研讨班开班式、中央统战工作会议上和十八届中央政治局第二十四次集体学习时，又分别强调了历史周期率和与之有关的问题。习近平总书记指

出，如何跳出历史周期率、实现长期执政？如何实现党和国家长治久安？这些都是需要我们深入思考的重大问题。综观世界近现代史，凡是顺利实现现代化的国家，没有一个不是较好解决了法治和人治问题的。党和法的关系是一个根本问题，处理得好，则法治兴、党兴、国家兴；处理得不好，则法治衰、党衰、国家衰。

2019年，习近平总书记在十九届中央纪委三次全会、省部级主要领导干部坚持底线思维着力防范化解重大风险专题研讨班开班式、“不忘初心、牢记使命”主题教育工作会议上，围绕历史周期率和与之有关的问题作出重要论述。习近平总书记指出，回顾改革开放四十年的历程，我们可以清楚看到，在进行社会革命的同时不断进行自我革命，是我们党区别于其他政党最显著的标志，也是我们党不断从胜利走向新的胜利的关键所在。四十年管党治党的经验深刻昭示我们：必须不断进行自我革命，同一切影响党的先进性、弱化党的纯洁性的问题作坚决斗争，实现自我净化、自我完善、自我革新、自我提高。腐败是党面临的最大威胁，坚决防治腐败是党自我革命必须长期抓好的重大政治任务。习近平总书记强调，反腐败斗争形势依然严峻复杂，零容忍的决心丝毫不能动摇，打击腐败的力度丝毫不能削减，必须以永远在路上的坚韧和执着，坚决打好反腐败斗争攻坚战、持久战。

2020年以来，习近平总书记在“不忘初心、牢记使命”主题教育总结大会、党的十九届六中全会、十九届中央政治局第四十次集体学习和十九届中央纪委四次、五次、六次全会等重要会议上，反复强调历史周期率和与之有关的问题。习近平总书记指出，十八大以来，我们以前所未有的勇气和定力推进全面从严治党，推动新时代全面从严治党取得了历史性、开创性成就，产生了全方位、深层次影响。特别是我们探索出一条长期执政条件下解决自身问题、跳出历史周期率的成功道路，构建起一套行之有效的权力监督制度和执纪执法体系，这条道路、这套制度必须长期坚持并不断巩固发展。习近平总书记鲜明指出，党的自我革命是我们党为跳出历史周期率给出的“第二个答案”，全面从严治党的伟大实践，“探索出依靠党的自我革命跳出历史周期率的成功路径”。必须坚持以党的政治建设为统领，坚守自我革命根本政治方向；必须坚持把思想建设作为党的基础性建设，淬炼自我革命锐利思想武器；必须坚决落实中央八项规定精神、以严明纪律整饬作风，丰富自我革命有效途径；必须坚持以雷霆之势反腐惩恶，打好自我革命攻坚战、持久战；必须坚持增强党组织政治功能和组织力凝聚力，锻造敢于善于斗争、勇于自我革命的干部队伍；必须坚持构建自我净化、自我完善、自我革新、自我提高的制度规范体系，为推进伟大自我革命提供制度保障。习近平总书记强调，勇于自我革命是党百年奋斗培育的鲜明品格。在各个历史时期，党坚持严于管党治党。进入新时代，我们就推进反腐败斗争提出一系列新理念新思想新战略，把全面从严治党纳入“四个全面”战略布局，探索出依靠自我革命跳出历史周期率的有效途径。党通过前所未有的反腐倡廉斗争，赢得了保持同人民群众的血肉联系、人民衷心拥护的历史主动，赢得了全党高度团结统一、走在时代前列、带领人民实现中华民族伟大复兴的历史主动。

2022 年 10 月，习近平总书记在党的二十大报告中再一次对党的自我革命进行了系统阐述。他指出，“经过不懈努力，党找到了自我革命这一跳出治乱兴衰历史周期率的第二个答案”，“反腐败是最彻底的自我革命”；要求“全党必须牢记，全面从严治党永远在路上，党的自我革命永远在路上，决不能有松劲歇脚、疲劳厌战的情绪，必须持之以恒推进全面从严治党，深入推进新时代党的建设新的伟大工程，以党的自我革命引领社会革命”。二十大党章把“坚持党的自我革命”作为党的百年奋斗宝贵历史经验之一写入总纲，增写“以伟大自我革命引领伟大社会革命”“党的自我革命永远在路上”的内容。这标志着新时代中国共产党人对共产党执政规律、社会主义建设规律、人类社会发展规律认识达到新高度新境界。

三、习近平总书记关于党的自我革命战略思想的重大时代价值和历史意义

习近平总书记在总结党的百年奋斗历史经验和探索破解历史周期率的伟大实践中，创造性提出党的自我革命重大命题，系统阐述党的自我革命内涵要义，深刻指明依靠党的自我革命跳出历史周期率的成功路径，形成关于党的自我革命战略思想。这一重要战略思想，源于实践、引领实践，是对马克思主义建党学说的原创性贡献，丰富了党的建设理论宝库，彰显了新时代中国共产党人推进党的建设新的伟大工程、增强改造客观世界和改造主观世界相统一的历史主动，对于以改革创新精神加强和完善自己，通过革故鼎新不断开辟未来，确保党始终成为中国特色社会主义事业的坚强领导核心，具有十分重大的意义。

新时代全面从严治党伟大实践开辟自我革命新境界。习近平总书记指出:“全面从严治党是新时代党的自我革命的伟大实践,开辟了百年大党自我革命的新境界。”自我革命是党百年奋斗的一条宝贵历史经验,也是管党治党、兴党强党的时代答案。中国特色社会主义进入新时代,党领导的伟大社会革命和自我革命进入一个新的历史阶段。以习近平同志为核心的党中央把全面从严治党纳入“四个全面”战略布局,以永远在路上的清醒、前所未有的勇气、勇毅前行的定力,推动全面从严治党取得历史性、开创性成就,找到了应对“四大考验”、战胜“四种危险”的“金钥匙”,成功书写了我们党以自我革命跳出历史周期率的新篇章。

伟大自我革命使我们党能够成功跳出历史周期率。习近平总书记在省部级主要领导干部学习贯彻党的十九届六中全会精神专题研讨班开班式上的重要讲话中强调:“在百年奋斗历程中,党领导人民取得一个又一个伟大成就、战胜一个又一个艰难险阻,历经千锤百炼仍朝气蓬勃,得到人民群众支持和拥护,原因就在于党敢于直面自身存在的问题,勇于自我革命,始终保持先进性和纯洁性,不断增强创造力、凝聚力、战斗力,永葆马克思主义政党本色。”我们党的伟大不在于不犯错误,而在于从不讳疾忌医,积极开展批评和自我批评,敢于直面问题,勇于自我革命。实践证明,伟大自我革命使中国共产党人在改造客观世界的同时自觉改造主观世界,能够始终掌握历史主动,准确识变、科学应变、主动求变,始终代表人民根本利益,始终走在时代前列,因而使我们党能够跳出历史周期率。

伟大自我革命能够保证党始终走在正确的发展道路上,不断增强党的政治领导力。我们党的先进性，首先就在于能够制定并坚持正确的政治路线，引领国家和人民胜利前进，因而能够赢得执政地位并长期执政。我们党一成立，就把为中国人民谋幸福、为中华民族谋复兴作为自己的初心使命，并把最终实现共产主义作为自己的远大理想。这是一个前无古人的探索性事业。为了找到实现这个宏伟目标的正确战略策略，我们党依靠伟大自我革命精神，进行了艰辛探索，最终找到不断取得成功的正确道路。党的百年奋斗历史表明，正是因为我们党勇于自我革命，能够始终坚持真理、修正错误，准确认识和把握不同阶段社会主要矛盾，确定正确的发展道路、各时期的中心任务以及方针政策，发生失误、错误能够依靠自身力量和人民支持及时纠正，特别是不发生或及时纠正颠覆性错误，使党的理论和战略策略能够顺应时代发展潮流、反映人民利益愿望，因而党始终能够把握历史发展大势，成为时代先锋、民族脊梁，引领中华民族伟大复兴事业始终走在正确的道路上。

伟大自我革命能够保持党的思想理论的先进性，不断增强党的思想引领力。马克思主义政党的先进性是由理论上的先进性奠定的，党在政治上的正确也取决于在理论上的清醒和坚定。马克思主义揭示了人类社会发展规律，是认识世界、改造世界的科学真理，是我们立党立国、兴党强国的根本指导思想。同时，马克思主义不是教条而是行动指南，必须随着实践发展而发展，必须中国化时代化。100 多年来，我们党坚持把马克思主义基本原理同中国具体实际相结合、同中华优秀传统文化相结合，不断推进理论创新、进行理论创造，并取得一系列重大理论创新成果，及时回答时代之问、人民之问，为推进伟大社会革命和伟大自我革命提供理论指南。这个过程同样是在伟大自我革命中完成的。党的百年奋斗历史表明，只有勇于自我革命，党才能不脱离实际、不固守教条、不落后于时代，党的理论才能与时俱进，才能不断开创马克思主义中国化时代化新境界。

伟大自我革命能够保持党的价值追求的人民性，不断增强党的社会感召力。马克思、恩格斯在《共产党宣言》中指出："共产党人为工人阶级的最近的目的和利益而斗争，但是他们在当前的运动中同时代表运动的未来。"列宁明确指出："党是阶级的先进觉悟阶层，是阶级的先锋队。"历史告诫我们，水能载舟，亦能覆舟。我们党为人民而生、因人民而兴、为人民而强，人民是党执政兴国的最大底气。党密切联系群众就"气血生"、能胜利，脱离群众就"肌无力"、会失败。保持党同人民群众的血肉联系是伟大自我革命的一个重要出发点和落脚点，而伟大自我革命是保持党同人民群众血肉联系的根本保证。100 多年来，我们党坚持以人民为中心的根本立场从未改变，全心全意为人民服务的根本宗旨从未改变，为人民谋幸福、为民族谋复兴的初心使命从未改变。同时，我们党始终旗帜鲜明地整治党内脱离群众的不良作风，从延安整风到历次整党、"三讲"教育、保持共产党员先进性教育活动、党的群众路线教育实践活动、"三严三实"专题教育、"不忘初心、牢记使命"主题教育、党史学习教育、学习贯彻习近平新时代中国特色社会主义思想主题教育，从"三反""五反"到整治"四风"、开展反腐败斗争，这些自我革命的举措都为着保持党同人民群众的血肉联系，以实现好、维护好、发展好人民利益为圭臬。人民群众反对什么、痛恨什么，我们党就坚决纠正什么、防范什么。实践表明，只有通过自我革命，为人民利益坚持好的、改正错的，坚决整治群众身边的腐败和不正之风，才能使我们党最坚决、最彻底地贯彻马克思主义群众观点和党的群众路线，坚持人民至上的价值追求；才能防范化解脱离群众这个最大危险，不断厚植党的群众基础，使党始终得到人民群众的支持和拥护，不断夯实执政根基。

伟大自我革命能够保持党不懈奋斗的主动性，不断增强党的持久战斗力。我们党致力于中华民族千秋伟业，百年恰是风华正茂。为什么我们党能够始终保持不懈奋斗的持久动力？一个重要原因就是具有伟大自我革命精神。100 多年来，我们党在进取中突破，于挫折中奋起，从总结中提高，以永不自满、永不懈怠的品格，不断扬弃自己、超越自己，持续提高领导水平和执政水平，不断强化居安思危的忧患意识和防范风险挑战的战略自觉。我们党胜不骄、败不馁，使丰功伟绩成为奋进的动力、艰难困苦成为进步的阶梯，不断从挫折走向成熟、从成功走向伟大。正是伟大自我革命精神激发了中国共产党人的不懈奋斗动力、伟大斗争精神，团结带领中国人民创造经济快速发展奇迹和社会长期稳定奇迹，在世界百年未有之大变局中造就“东升西降”趋势，绘就了人类发展史上的壮美画卷，深刻改变了中国人民和中华民族的前途和命运，深刻改变了世界发展趋势和格局，也郑重宣告了“历史终结论”的终结、“社会主义失败论”的失败。在新的赶考之路上，只要我们党继续自我革命，敢于斗争、善于斗争，就能成功应对“四大考验”、战胜“四种危险”，推动中国特色社会主义事业航船劈波斩浪、一往无前。

伟大自我革命能够保持党的肌体健康，不断增强党的自身免疫力。从本质上讲，党的纯洁性同先进性是一致的，纯洁性是先进性的重要体现。自我革命就是补钙壮骨、排毒杀菌、壮士断腕、去腐生肌，不断清除侵蚀党的健康肌体的病原体，不断提高自身免疫力。100 多年来，我们党始终把保持纯洁性作为党的建设的一个重要目标和抓手，客观分析不同时期、不同阶段腐败特点及其变化趋势，深刻认识党风廉政建设和反腐败斗争的重要性、严峻性、复杂性，制定科学的反腐败斗争方略策略，以严明纪律整饬作风，以雷霆之势反腐惩恶，强化不敢腐的震慑，推动党组织全面进步、全面过硬。同时，坚持和完善党和国家监督体系，完善权力运行机制，着力推动各种监督力量优化协同高效，扎牢不能腐的笼子，增强不想腐的自觉，坚决打赢反腐败这场输不起也决不能输的斗争，成功走出了一条中国特色反腐败斗争之路。党的十八大以来全面从严治党的实践表明，只有勇于自我革命，才能以刀刃向内的政治勇气向党内顽瘴痼疾开刀；才能以壮士断腕的决心“打虎”“拍蝇”“猎狐”，无禁区、全覆盖、零容忍；才能清除党、国家、军队内部存在的严重隐患，保证干部清正、政府清廉、政治清明、社会清朗。

2021 年 11 月，习近平总书记在党的十九届六中全会第二次全体会议上指出：“世界上那么多执政党，有几个敢像我们党这样大规模、大力度、坚持不懈反腐败？有些人吹捧西方多党轮流执政、‘三足鼎立’那一套，不相信我们党能够刀刃向内、自剜腐肉。中国共产党勇于自我革命的实践给了他们响亮有力的回答。”英国剑桥大学高级研究员马丁·雅克认为，“中国共产党无疑是过去100年中最成功的政党”，“中国共产党的非凡成就在于，其能够在100年的历史中，找到一种将巨大改革能力与中国社会和文化深刻结合的方法”。哈萨克斯坦《实业报》网站写道，中国共产党一直坚持全面从严治党，坚决打击腐败，不断提升自我净化、自我完善、自我革新、自我提高能力。这令它在复杂的形势下也能一直保持先进性和无私性，经受住各种考验。这也是中国共产党最与众不同之处。

“惟其艰难，方显勇毅；惟其磨砺，始得玉成。”回顾百年历程，中国共产党一路走向胜利，根本在于锻造了勇于自我革命的特质，探索出实现自我革命的成功道路，使我们党始终坚强有力，始终成为中国人民和中华民族的主心骨。在新的征程上，我们要把党建设成为始终走在时代前列、人民衷心拥护、勇于自我革命、经得起各种风浪考验、朝气蓬勃的马克思主义政党，就必须时刻牢记“中国共产党是什么、要干什么”这个根本问题，以正视问题的自觉和刀刃向内的勇气，不断把党的自我革命推向深入，以伟大自我革命引领伟大社会革命，给党和人民事业发展源源不断注入生机活力和磅礴力量。

第三节　两个答案相辅相成、协同发力

关于如何跳出历史周期率，毛泽东同志给出的“第一个答案”，反映了中国共产党人对执政党建设和国家长治久安的深层次思考，强调了人民监督政府的必要性，凸显了人民群众创造历史的主体地位，展现了我们党对于跳出历史周期率的高度自信。习近平总书记给出的“第二个答案”，继承了前人的不懈探索，凝结着党百年奋斗坚持自我革命的宝贵经验，反映了以伟大自我革命引领伟大社会革命的战略思想，创造性回答了马克思主义政党如何在长期执政条件下确保不变质不变色不变味、永葆先进性和纯洁性的重大问题，极大丰富了马克思主义执政党的建设理论与实践。

一、新时代我们党之所以能够提出“第二个答案”，既有汲取苏东社会主义国家共产党执政失败深刻教训的因素，更是我们党不断加强自身建设的结果

从苏东社会主义国家的经验教训看，人民监督至关重要，但人民监督发挥作用效果还要取决于执政党自身建设水平。在

这些社会主义政权垮台之前，人民并非没有监督，而是呼声不断、民怨四起。但执政者并不重视人民群众反映的问题，不敢自我革命，逐渐蜕化变质，在党内形成了既得利益集团，不再代表广大人民的根本利益，最终被人民抛弃。“惟以改过为能，不以无过为贵”，一个马克思主义政党，要保持先进性和纯洁性，实现崇高使命，就必须“以补过为心，以求过为急，以能改其过为善，以得闻其过为明”，一刻不放松地解决自身存在的问题，始终跟上时代、实践、人民的要求。实践证明，只有把人民监督和自我革命有机结合，才能永葆马克思主义执政党的政治本色和肌体健康。

二、自我革命和人民监督的相互关系

自我革命和人民监督这两个答案，都是我们党在建设长期执政的马克思主义政党方面获得的规律性认识。习近平总书记在十九届中央纪委六次全会上深刻揭示了跳出历史周期率两个答案的相互关系，强调：“一百年来，党外靠发展人民民主、接受人民监督，内靠全面从严治党、推进自我革命，勇于坚持真理、修正错误，勇于刀刃向内、刮骨疗毒，保证了党长盛不衰、不断发展壮大。”这告诉我们，自我革命和人民监督是我们党跳出历史周期率的一体两翼，必须整体领会、一体落实，做到内外协同、双轮驱动。

自我革命和人民监督具有内在一致性。两个答案是内在一致的，都有着共同的理论基础，自我革命和人民监督两个答案都遵循马克思主义基本原理，都建立在马克思主义唯物史观的理论基础上，以实现共产主义为最高理想和最终奋斗目标；都源于党的初心使命，在为中国人民谋幸福、为中华民族谋复兴这个根本问题上是完全一致的。具体表现在，两者的立场宗旨是一致的，都坚持人民至上、全心全意为人民服务；两者的目标指向是一致的，都是为了保持党的先进性和纯洁性，确保党不变质、不变色、不变味；两者的切入点是一致的，都坚持问题导向，聚焦影响党的先进性、弱化党的纯洁性的因素，聚焦人民群众反映强烈的腐败和作风等突出问题；两者的实施路径是一致的，都在党章、宪法和党规党纪、法律法规确立的制度规范下活动，通过坚持和完善党和国家监督体系强化对权力运行的制约和监督；两者的判断标准是一致的，都把人民拥护不拥护、赞成不赞成、高兴不高兴、答应不答应作为根本标准。

自我革命和人民监督具有相互促进性。人民监督是祛病除疴的"外在苦口良药"，自我革命是强身健体的"内在免疫因子"，两个答案是内因和外因的关系，相辅相成、相互促进。一方面，勇于自我革命才能自觉接受人民监督。我们党没有任何自己特殊的利益，无私才能无畏，无畏才能进行彻底的自我革命，才能真正从内心深处欢迎人民监督、主动接受人民监督，才能摆脱任何利益集团、权势团体、特权阶层的利益牵绊，同一切损害党的先进性和纯洁性的因素作最坚决的斗争。另一方面，人民监督有助于推进自我革命。由于"身在此山中"，不可避免存在认识上的"死角""盲区"，不可避免存在"灯下黑"现象。人民群众的眼睛是雪亮的，人民监督有助于我们更好地发现、认识自身问题。正如邓小平同志所指出的那样，有了各方面的监督，"我们就会谨慎一些，我们的消息就会灵通一些，我们的脑子就不会僵死起来，看问题就会少一些片面性”。在此基础之上，我们才能更有效地开展自我革命，不断实现自我净化、自我完善、自我革新、自我提高。

自我革命和人民监督在实践中协同并进。100多年来，我们党坚持内外双修，既注重发挥人民监督作用，更注重推进党的自我革命，保证了党从挫折中奋起、在战胜困难中不断成熟。一方面，我们党沿着“第一个答案”的思路，着力发展全过程人民民主，把民主选举、民主协商、民主决策、民主管理、民主监督等各个环节贯通起来，实现过程民主和成果民主、程序民主和实质民主、直接民主和间接民主、人民民主和国家意志相统一，权力运行得到了有效制约和监督。另一方面，我们党继承发扬党的光荣传统和优良作风，围绕保持党的先进性和纯洁性进行积极探索实践，从推进党的建设伟大工程到推进党的建设新的伟大工程，从提出“党要管党”，到“党要管党、从严治党”，再到“全面从严治党”；从“建设一个全国范围的、广大群众性的、思想上政治上组织上完全巩固的布尔什维克化的中国共产党”，到“把党建设成为有战斗力的马克思主义政党，领导全国人民进行社会主义物质文明和精神文明建设的坚强领导核心”，再到“把党建设成为始终走在时代前列、人民衷心拥护、勇于自我革命、经得起各种风浪考验、朝气蓬勃的马克思主义执政党”；从找到“民主新路”，到坚持“两个务必”，再到牢记“初心使命”、推进“自我革命”，为“第二个答案”的最终形成奠定了丰富生动的思想前提和实践基础。

总之，党在百年探索中形成的跳出历史周期率的“两个答案”是一个有机整体，二者相辅相成、相得益彰，充分体现了内因和外因、党性和人民性、继承性和发展性的辩证统一，共同保障了我们党在赶考路上不断考出好成绩，为我们党成功跳出历史周期率提供了最为有力的支撑。

后 记

大国反腐的关键词有二：一曰大国，二曰反腐。

大国之大，不在于体量大、块头大，而在于胸襟大、格局大、担当大。这本书中的大国，显然特指中国。

党的十八大以来，以习近平同志为核心的党中央领导全党全军全国各族人民攻坚克难、砥砺前行，全面建成小康社会目标如期实现，党和国家事业取得历史性成就、发生历史性变革，彰显了中国特色社会主义的强大生机活力，党心军心民心空前凝聚振奋，为实现中华民族伟大复兴提供了更为完善的制度保证、更为坚实的物质基础、更为主动的精神力量。中国共产党和中国人民以英勇顽强的奋斗向世界庄严宣告，中华民族迎来了从站起来、富起来到强起来的伟大飞跃。尤为重要的是，在引领新时代中国特色社会主义的伟大实践中，习近平总书记展现了作为马克思主义政治家、思想家、战略家的恢弘气魄、远见卓识、雄韬伟略以及深刻的洞察力、敏锐的判断力、丰富的理论创造力，以一系列原创性新理念新思想新战略回答中国之问、世界之问、人民之问、时代之问，创立习近平新时代中国特色社会主义思想，激荡起五洲四海的时代最强音。

大国气派、大国风格、大国力量、大国智慧、大国责任、大国担当……世界看到一个拥有 5000 多年文明史、14 亿多人口的东方大国走向伟大复兴的坚定与豪迈，感受到她为人类谋进步、为世界谋大同、一起向未来的情怀与风范。

大国之大，必有大国之重；大党之大，要有大的样子。

习近平总书记指出："中国共产党所做的一切，就是为中国人民谋幸福、为中华民族谋复兴、为人类谋和平与发展。""中国共产党是世界上最大的政党。大就要有大的样子。实践充分证明，中国共产党能够带领人民进行伟大的社会革命，也能够进行伟大的自我革命。"

强体魄于伟大自我革命，开新局于伟大社会革命。作为风华正茂的世界最大马克思主义执政党，我们党坚持以伟大自我革命引领伟大社会革命，以伟大社会革命促进伟大自我革命，发扬彻底的自我革命精神把全面从严治党向纵深推进，全面从严治党的政治引领和政治保障作用充分发挥，党风政风焕然一新，社风民风持续向好，真管真严、敢管敢严、长管长严氛围基本形成，党的自我净化、自我完善、自我革新、自我提高能力显著增强。反腐败斗争取得压倒性胜利并全面巩固，进入了始终保持零容忍的震慑，有腐必反、有贪必肃、发现一起查处一起的常态化阶段，形成了惩恶扬善、纠治并举的良性循环。在全面从严治党革命性锻造中，我们成功走出一条依靠制度优势、法治优势的反腐败之路，书写了人类反腐败斗争历史新篇章，必将深刻影响世界历史进程，必将为中华民族伟大复兴开启壮美航程，必将载入中华民族发展史册、人类文明发展史册！

中国成功的反腐败实践，为全球打击腐败贡献了中国智慧和中国方案。全球高度关注中国反腐。中国成功的反腐败铿锵步伐，见证了一个伟大的政党如何坚持人民至上的政治立场，为人民打造一个朗朗乾坤的不懈追求和初心使命。中国成功的反腐败经验，为加强党的自身建设、跳出历史周期率探索出一条成功道路，值得认真总结体会，不断发扬光大。

由于站位、境界、水平限制，书中错误在所难免，不当之处恳请批评指正。

反腐败斗争永远在路上。愿此拙作引发更多人关心、支持我国的党风廉政建设和反腐败斗争。让我们共同努力，将反腐败斗争进行到底，通过不懈努力换来海晏河清、朗朗乾坤！

图书在版编目（CIP）数据

大国反腐 / 李坤政著 . —北京 : 中国方正出版社 , 2023.5
ISBN 978-7-5174-1208-3

Ⅰ. ①大… Ⅱ. ①李… Ⅲ. ①反腐倡廉—中国—干部教育—学习参考资料 Ⅳ. ① D630.9

中国国家版本馆 CIP 数据核字（2023）第 107777 号

大国反腐
DAGUO FANFU
李坤政 著

责任编辑: 陈 勇 王旭婷
责任校对: 周志娟
责任印制: 李惠君

出版发行: 中国方正出版社
（北京市西城区广安门南街甲 2 号 邮编: 100053）
编辑部:（010）59594624 发行部:（010）66560936
出版部:（010）59594625 门市部:（010）66562733
邮购部:（010）66560933
网址: www. lianzheng. com. cn
经 销: 新华书店
印 刷: 北京中科印刷有限公司

开 本: 787 毫米 ×1092 毫米 1/16
印 张: 21
字 数: 217 千字
版 次: 2023 年 6 月第 1 版 2024 年 10 月第 4 次印刷

ISBN 978-7-5174-1208-3 定价: 52. 00 元